唯一的规则

我们的经典

唯一的规则

《孙子》的斗争哲学

李零 著

生活·讀書·新知 三联书店　生活書店出版有限公司

图书在版编目（CIP）数据

唯一的规则 ：《孙子》的斗争哲学 / 李零著 . --
北京 ：生活书店出版有限公司，2023.11
ISBN 978-7-80768-413-8

Ⅰ．①唯… Ⅱ．①李… Ⅲ．①兵法－中国－春秋时代
②《孙子兵法》－研究 Ⅳ．① E892.25

中国国家版本馆 CIP 数据核字 (2023) 第 088555 号

责任编辑 廉 勇
装帧设计 汐 和 几迟 at compus studio
责任印制 孙 明
出版发行 生活書店出版有限公司
（北京市东城区美术馆东街22号）
邮　　编 100010
经　　销 新华书店
印　　刷 天津睿和印艺科技有限公司
版　　次 2023年11月北京第1版
2023年11月北京第1次印刷
开　　本 880毫米 × 1230毫米 1/32 印张11.5
字　　数 210千字
印　　数 0,001–5,000册
定　　价 58.00元
（印装查询：010–64052612；邮购查询：010–84010542）

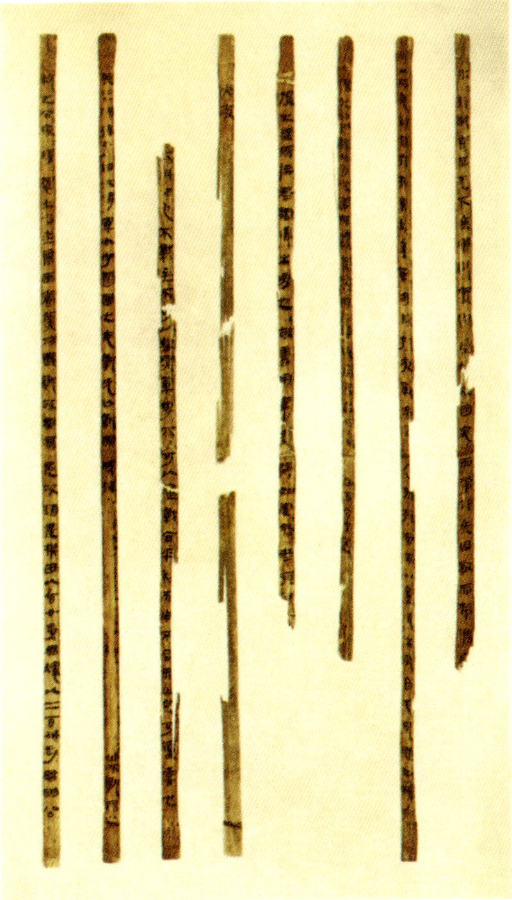

《孙子兵法》

银雀山汉墓竹简

题辞

富勒将军说，19世纪，西方出了“三卡尔”，一个是卡尔·冯·克劳塞维茨，一个是卡尔·马克思，一个是查尔斯·达尔文（英国的“查尔斯”就是德国的“卡尔”）。他们都是斗争哲学的先知。

中国也出过两个精通斗争哲学的人，一个是孙武子，一个是毛泽东。

兵法是谋略。谋略不是小花招，而是大战略。谋略管着技术，技术管着武器。

武器是器不是道，道是谋略。

人消灭武器，还是武器消灭人？难道只有消灭人类，才能最终消灭武器？

没有人，武器只是废铜烂铁。

兵不厌诈的意思是挑战规则。

唯一的规则，就是没有规则。

目　录

自序

《孙子》很短，只有约6000字，但叙述简练，道理深刻，常读常新，每次读，都有新的收获。

我读《孙子》，不止一遍，而是很多遍。

最初接触《孙子》，到底在什么时候？现在回想起来，还是上初中那阵儿。当时，我在中国人民大学校园内的新华书店买了一本郭化若将军写的《今译新编孙子兵法》（北京：中华书局，1962年）。这书还在手上。他是把《孙子》十三篇打乱了读，重新编排，让我觉得很刺激。

高中时，我又从我的同学张进京家找到两本很有用的书，一本是宋本《十一家注孙子》的排印本（上海：中华书局上海编辑所，1961年），一本是杨炳安先生的《孙子集校》（北京：中华书局，1959年）。他爸爸是中国人民大学哲学系的主任，家里有不少书。

当时，为了读《孙子》，我还从空军学院借了不少书，主要是军事教材一类。我有个亲戚在空军学院。

这是开始读。

插队，1968—1970年，我在内蒙古又一次读《孙子》，手头书太少，思胜于学。我是把精力放在义理和结构上，就像小时候玩玩具，拆了装，装了拆，近乎游戏。

1971—1975年，我回了老家。1974年，偶然在北京买到一本1974年2期的《文物》杂志，上面有银雀山汉简《孙子兵法》出土的简报。这一发现，对我是个不小的刺激，心里充满神秘感和探索的冲动，很想知道西汉古本和今本到底有什么不一样。

1975年，我陪父亲看书，才在首都图书馆看到文物出版社刚刚出版的线装大字本《银雀山汉墓竹简》〔壹〕（北京：文物出版社，1975年）和陆达节的《孙子考》（重庆：军用图书社，1940年）。北大图书馆，我也跑过，主要是查哈佛燕京学社的《引得》，从类书辑古书引文。

1976年，我写过篇文章，是对线装大字本《银雀山汉墓竹简》〔壹〕中《孙子兵法》上编整理工作的几点意见，文章由刘仰峤同志（刘青峰教授之父）转给夏鼐先生。

1977年1月下旬，中国科学院考古研究所把我的文章寄给银雀山汉墓竹简整理小组。5月1日，银雀山汉墓竹简整理小组给我写了感谢信（写于4月8日），并送我一本普及本银雀山汉墓竹简《孙子兵法》（北京：文物出版社，1976年10月）。这是竹简本的第二个整理本。我就是凭这篇文章，才进入中国科学院考古研究所。

1977—1983年，我在考古所工作，不但可以利用考古所的藏书，还有两个借书证，可以利用中国科学院图书馆和北京图书馆的藏书，从此眼界大开。1979、1981和1983年，我有三篇文章，是考证简本《孙子》，两篇发表于《文史》，一篇发表于《中华文史论丛》。俞伟超、李学勤和裘锡圭先生帮我改过文章，让我铭感终生。

精装本《银雀山汉墓竹简》〔壹〕（北京：文物出版社，1985年），是竹简本的第三个整理本。我手头的这本，卷前有题字，是1986年11月10日，我的岳父、岳母，已故的傅懋勣先生和徐琳先生，特意买了送我。这个本子，是我调到北京大学之后出的，最重要。他们给了我很多的鼓励和支持。我到北大后，一直讲《孙子兵法》。我写《孙子兵法》的书，主要都是成书于我到北大的二十多年里。

研究《孙子》，我跟《孙子》打交道，前前后后，已有三四十年。现在回头一看，以前的工作都是铺垫。

我有两本书，是对以往研究的总结。一本是《〈孙子〉十三篇综合研究》（北京：中华书局，2006年），一本是《兵以诈立——我读〈孙子〉》（北京：中华书局，2006年）。这两本书，前一本是旧作的汇编，主要侧重于文本考证，比较枯燥；后一本是我在北大中文系的讲义，主要侧重于知识背景的介绍和全书文句的疏通，可读性高，但细节太多。

这些都是铺垫。

没有这些铺垫，就没有现在这本书。

很多词句考证和相关知识，大家可以查这两本书，这里用不着再讲。

没有先前的“厚”，就没有现在的“薄”。

在这本书里，我想尽量避免重复，尽量突出重点，讲义理，讲思想，由博返约，回到当初关心的问题。

讲义理，就是把十三篇分成四组和上下篇，对全书的结构和思想重新梳理一遍，提纲挈领，用最简单最清楚的语言勾勒其轮廓。分析篇与篇的关系、章与章（即段落与段落）的关系、句与句的关系，我的讨论，首先重视的是《孙子》的内证。词语互见的查证，当然少不了。

讲思想，就是把兵法当作一种行动哲学、斗争哲学来讲，说明兵法是一种处于高度对抗状态下，急需灵活反应、判断胜于认知、行动胜于言语的思维方式。行动者的所有认知，都是“知之”加“不知”，千疮百孔，充满怀疑、猜测、危险性和不确定性。朝好了讲是“艺术”，朝坏了讲是“赌博”，特别不像“科学”。

我一直认为，这更接近人类思维的真相，也更能反映人类认识的全体。

至于军事本身，我也想进一步讲一下《孙子》“贵谋尚诈”的特点，让大家知道，“兵以诈立”的理由到底是什么，中国战略文化的特点到底是什么。

读这本书，大家不难发现，我对很多问题做了新的讨论，如：

（1）什么是“兵”？《孙子》中的“兵”字应该怎么翻译（《计》）？

（2）再论“筭”字和“算”字是什么关系（《计》）。

（3）对比“诈坑降卒”，讲“卒善而养之”的难能可贵（《作战》）。

（4）论中国的城市制度（形制、规模、数量）是定型于战国时期，后来发展不大，很多晚期城市还不如早期城市大（《谋攻》）。

（5）对“不可胜者，守也；可胜者，攻也。守则不足，攻则有余”的再讨论（《形》）。

（6）辨“仞”“寻”之异，指出“仞”是高度单位，“寻”是长度单位（《形》）。

（7）论林彪战术与“势”的关系。以前只讨论过“一点两面”，这次补充了“三三制”和“四快一慢”（《势》）。

（8）论地图的重要性：林彪、粟裕都是地图迷（《地形》）。

（9）对“诸、刿之勇”说的补充：《吴子》和《尉缭子》都推崇“死贼”（《九地》）。

（10）对“霸王之兵”说的补充：大国威慑也是“诈”（《九地》）。

（11）强调“用间”是“诈中之诈”，用间对道德是重大挑战（《用间》）。

（12）论朱逢甲《间书》体例之不善（《用间》）。

（13）辨“反间”的两种不同含义（《用间》）。

我还记得，《兵以诈立》出版后，中华书局让我和读者见面，在三联书店，我做过一次演讲。讲完，有位军事院校的读者提了一个问题，非常好。

他说，海湾战争后，我国正面临一场军事技术的大革命，现在，对我们来说，什么最重要？武器、技术还是谋略？换句话说，是“兵以诈立”，还是“兵以器立”，还是“兵以技立”？

这个问题给我留下深刻印象。因为，我想，所有读者，心里都会有这个问题。

为此，我想把“兵以诈立”重新解释一下，什么是“兵”，什么是“诈”，为什么“兵”要以“诈”为本。

战争总是充满诡诈。

人类社会总是充满战争或类似战争的活动，诡诈并不限于战争。

这对人类的道德是个挑战。

它不能不让人考虑，道德与诡诈到底是什么关系。

历史上，赤裸、直白，坦言诡诈者，其实最老实。韩非是老实人，马基雅维利也是老实人。真正的滑头，都是满嘴仁义道德。

军人最老实。《孙子》说“兵以诈立”，就是“兵以诈立”，绝不说靠“忠信”吃饭。

相反，大讲“忠信”者，往往都很滑头。

比如奸商都说，买卖讲究的就是“诚信”二字，货真价实，童叟无欺，但制假贩假、设局洗钱，让你冤无头债无主者，正是此辈。

还有政客，利益至上，他们心里说，人无恒敌，人无恒友，没有主义，只有交易，政治无诚信可言，但场面上，他们绝对不会这么说，开口全是天地良心。

过去，我们都以为，商业欺诈只存在于小商小贩、低层次，买卖大了，就是杀人越货的黑帮，也得金盆洗手。其实不然。眼前的事情，从三鹿奶粉到金融危机，给我们上了一课（也可以说是“上了一当”）。“无商不奸”，打击一大片，话不能这么讲，但“商”和“奸”还是有不解之缘。

过去，我们都以为，尔虞我诈的宫廷阴谋，全是专制暴君所为。现在怎么样？即使是“民主国家”的民选总统，照样撒弥天大谎。

读读《用间》篇吧，间谍不好听，但谁都离不开。古人离不开，今人也离不开。哪个大国，不是把间谍当宝贝？

《孙子》是兵书，本来是军人的读物，供军人活学活用，用来打仗的。承平时期，不打仗，《孙子》有什么用？日本人，真奇怪，他们在战场上输了，但尚武精神犹存，居然想出用《孙子》做买卖，研究营销，研究管理。

现在，风从日本来，坊间所出解读《孙子》之书夥矣，读者的兴奋点主要是买卖。这是真正的卖点。

我给老板讲过课，他们关心什么？我知道，主要是如何用《孙子》管理员工，如何用《孙子》指导商战。中国传统的阴谋诡计，如《三十六计》，很受欢迎。

他们是把《孙子》当《三十六计》读。

用《孙子》做买卖，首先有几个问题要搞清：

第一，商场是不是战场？（他们肯定说“是”，因为有竞争对手）

第二，你跟谁打？（他们肯定说是跟竞争对手打）

第三，你们打完了，谁倒霉？（可能是竞争对手，但最倒霉的恐怕还是老百姓，就像战场上一样）

总之一句话，兵家讲“兵以诈立”，你敢不敢说“商以诈立”？

“商以诈立”，老百姓还怎么活？

所以，我给自己立下规矩，古书就是古书，军事就是军事，思想就是思想，我不教你做买卖。

“兵以诈立”，可以。

“商以诈立”，不行。

《孙子》不是生意经。凡谋商机于兵法者，不必读此书。

2009年6月12日写于北京蓝旗营寓所

附记：5月15日，应刘源同志邀请，我曾到中国人民解放军军事科学院做演讲，题目是《说“兵以诈立”》，演讲内容就是摘自本书。

写在前面的话

《孙子》是兵书，但不是一般的兵书，而是兵书中的经典，不但在中国是经典，在世界上也是经典。有人说，这本书讲的都是普适原理，没有文化特点，也许过了一点，但这书讲的道理比较通用，文化心理的隔阂比较小，这是事实。中国古书，世界公认，争议少，谁都说好，这本书是代表。

兵法是研究人的大道理

《汉书·艺文志》把古书分为六类：六艺、诸子、诗赋、兵书、数术、方技，前三类属于人文学术，大体相当于现在的“文史哲”；后三类属于科学技术，大体相当于现在的社会科学和自然科学，当然还有相关的技术，当然还有现代人称为“迷信”的非科学成分。

中国传统：人文，经为首；科技，兵为首。

中国古代，兵学很发达，说别的可能脸红，这事一点儿不吹牛。历史上，中国的兵学最发达，搁到全世界去讲，也一点儿不吹牛。

研究人类社会，现代科学叫社会科学。社会科学主要有两大学问，一门是政治学，一门是经济学。经济学，发达比较晚，不如政治学。

《礼记·哀公问》有一段对话，很有意思：[1]

> 哀公问："敢问人道谁为大？"
>
> 孔子愀然作色而对曰："君之及此言也，百姓之德也。固臣敢无辞而对？人道，政为大。"

西方传统，研究人，主要有两门学问，一门是伦理学，一门是政治学。政治学和伦理学原来是搅在一块儿，老是分不清。古人都讲"以德治国"，我国这么讲，外国也这么讲。大家都盼望"好人政治"，相信"好人"搞出来的政治一定是"好政治"。

柏拉图作《理想国》，喜欢讲正义。他老把国家正义和个人正义混为一谈，把政治和伦理混为一谈。

这类想法，和我国差不多。比如孔孟一派的思想家就这样想。他们的想法很简单，没有小，焉有大？个人和家庭

1　参看：赵汀阳《坏世界研究——作为第一哲学的政治哲学》，北京：中国人民大学出版社，2009年。作者说，"我原来研究形而上学，考察了许多呆主意，后来研究伦理学，考察了许多傻主意，再后来研究政治哲学，又考察了许多坏主意"（5页）。他是把政治哲学定位于"坏世界研究"。他说，"世界首先是个坏世界，而人们幻想好世界。人们通过政治去研究坏世界，而通过道德去想象好世界。古代人看重理想，所以把政治学看作是伦理学的一部分，现代人认清现实，因此政治哲学成为了第一哲学"（1页）。该书即以《哀公问》的这段话作为题词。

是社会细胞，修身才能齐家，齐家才能治国，治国才能平天下。

这是小道理管大道理。

亚里士多德作《政治学》，才把伦理和政治分开来。他知道，希腊公民是生活于城邦之中的"城里人"，离开城邦，什么也不是，所以他有一句名言：人是政治动物。[1]

马基雅维利作《君主国》，第一次把政治当作一个"坏世界"来讲。他把政治从伦理剥离出来，才有了独立的政治学。他很像中国的法家，讲政治就是讲政治，不跟道德掺乎，非常诚实，非常坦白，非常严肃，因而也非常冷酷。

马克思也说，"人的本质并不是单个人所固有的抽象物，实际上，它是一切社会关系的总和"。

他们都强调大道理管小道理。

没有这个起点，就没有政治学，也没有社会科学。

中国的政治学，告别道德后的政治学，叫"刑名法术之学"。这门学问，毫无疑问，是由法家奠定。但法家成于秦也败于秦，在中国的道德世界始终抬不起头。只有它的兄弟学科一脉单传，留于后世。这就是中国的古典兵法。

1　原话有两种翻译，一种是"人类是自然趋向于城邦生活的动物"，一种是"人类在本性上，也正是一个政治动物"。参看：亚里士多德《政治学》，吴寿彭译，北京：商务印书馆，1965年，7 页。案："政治"（politics）一词是源于"城邦"（polis）。希腊公民是生活于城邦之中，亚里士多德所谓"政治动物"其实是"城邦动物"。

中国的政治学，在本质上是一种“兵法”。[1]战国晚期，天下流行的是“商管之法”“孙吴之书”(《韩非子·五蠹》)，治国和用兵分不开。特别是讲“大战略”，两者分不开。[2]现代军事学，头一条就是战争和政治的关系。中国的兵法，早就这么讲。

《孙子》开篇讲“五事七计”，“五事七计”的头一条就是“道”。“道”是政治。

我国古代，“道”是终极性的原理，管着一切小道理的大道理。

天有天道，地有地道，人有人道，各有各的大道理。数术讲天地，方技讲身体，是当时的“自然科学”。真正讲人，主要集中在兵书。

兵书是讲“人道”。

《鹖冠子·近迭》有一段话，和《礼记·哀公问》形成对照：

> 庞子问鹖冠子曰：“圣人之道何先？”
>
> 鹖冠子曰：“先人。”
>
> 庞子曰：“人道何先？”

---

1 赵汀阳说，“政治学研究的是政治策略，相当于有关权力和利益问题的‘兵法’；政治哲学研究的是政治的正当理由和原理，相当于有关权力和利益问题的‘法理’”(《坏世界研究——作为第一哲学的政治哲学》，2页)。

2 中国古代的法家，往往也是兵家。有趣的是，马基雅维利也是这样的人物，他不仅写了《君主论》，还写了《兵法》。

鹖冠子曰："先兵。"

作者生活于杀人盈野的战国晚期，当时的战争太残酷。其惨烈程度，空前绝后，只有上一世纪的两次世界大战可以相比。这对人的世界观是很大的刺激。没有经过战争的人，很难理解历史。

战争是困扰人类的大问题，兵法是解读历史的金钥匙。

中国人是把兵法当作研究人的大道理。[1]

兵法是一种斗争哲学

兵法研究的是人。

有人就有利益，有利益就有冲突，小则妇姑勃谿，大则你死我活。

人比动物更能"窝里斗"。

中国哲学史是中国学术现代化的产物。它是借西方哲学概念重新诠释中国的子学，胡适的《中国哲学史大纲》和冯友兰的《中国哲学史》是两部开山之作。他们都是纽约哥伦比亚大学的留学生。

兵书，按传统分类法，是附属于子学。中国的技术书

1　自古以来，最先进的科学技术、最严密的组织手段、最聪明的思想方法，都是首先用于战争。

都归子学。过去，儒经占据统治地位，子学低于经学，技术又低于子学，《孙子》没有地位。除了军人，除了喜欢议论军事的文人，没有多少人关注《孙子》，更不用说其他兵书。子学也好，兵学也好，都是赖西学而复兴。

胡适、冯友兰，他们讲先秦哲学，是以儒、墨、道为主，虽涉名法，旁及阴阳，但于兵书、数术、方技，全都不着一字。冯友兰讲他的“取材标准”，特别提到日本学者高濑武次郎的《支那哲学史》，讥讽该书太高抬《孙子》，竟把兵书列入哲学史的范围。

兵书是技术书，最讲实用，这样的书，难道也有“思想”，也有“哲学”吗？研究中国思想史的人，研究中国哲学史的人，他们会问。

我说，当然有——不但有，而且很有。战争，人命关天，千变万化，奥妙无穷，不动脑筋，不长心眼，那不是找死？

哲学是爱智之学，兵法最讲智慧，里面当然有哲学，而且是最聪明最机灵的哲学。我甚至可以说，中国式的思维，和兵法有很大关系，不懂兵法就不懂中国哲学。

1930年，冯友兰写《中国哲学史》第一篇，他曾拒收《孙子兵法》。但延安时代的中国共产党不这么看，武装斗争出身的毛泽东不这么看。

毛泽东研究兵法，主要在1936—1938年，兵法和哲学是一块儿读。1936年，他写信给叶剑英，让他派人到白区买《孙子兵法》。在《中国革命战争的战略问题》（1936年12月）中，他引用过《孙子·谋攻》（“知彼知己，百战不殆”）。1937年，他读过苏联出版的哲学书。在《辩证法唯物论（讲授提纲）》（《实践论》和《矛盾论》的前身，1937年7—8月）中，他引用过列宁的《哲学笔记》和《关于辩证法问题》，也引用过《孙子·谋攻》（同前）。1938年，他在延安组织过一个“克劳塞维茨《战争论》研究会”，读《战争论》，读恩格斯的军事著作，请何思敬从德文翻译，边译边讲。在《论持久战》（1938年5月）中，他引用过克劳塞维茨的名言（“战争是政治的特殊手段的继续”）。郭化若将军是这个研究会的成员，他写过《军事辩证法》（1999年），写过《孙子兵法之初步研究》（1939—1940年），写过《白话译解孙子兵法》（1944年）。他们都把《孙子》当作很有哲理的著作。1949年后，中国各大专院校的中哲史教材普遍讲《孙子》，讲《孙子》中的辩证法，应该说是延安的遗风。

1958年和1980年，冯友兰两次写《中国哲学史新编》，都收入了《孙子兵法》。今天大家都承认，中国思想史、中国哲学史，没有《孙子兵法》不行。甚至有学者认为，中国的辩证法就是起源于《孙子兵法》。[1]

1　参看：李泽厚《孙老韩合说》，收入所著《中国古代思想史论》，北京：人民出版社，1985年，77—105页；何炳棣《中国思想史上一项基本性的翻案：〈老子〉辩证思维源于〈孙子兵法〉的论证》，收入所著《有关〈孙子〉、〈老子〉的三篇考证》，台北：“中央研究院”近代史研究所，2002年，1—35页。

《孙子兵法》和毛泽东兵法，都很有哲学味儿。这种哲学是什么哲学？其实就是生存哲学，就是斗争哲学，就是以斗争求生存的哲学。

人与人斗，很残酷，但无法回避。这是人类生存的大问题。

人的所有行为，不管哪一种，都是对生存环境的反应。

英国战史家富勒说，19世纪，有“三卡尔”是讲这种哲学的先知，一个是普鲁士的卡尔·冯·克劳塞维茨，一个是德国的卡尔·马克思，一个是英国的查尔斯·达尔文（英国的“查尔斯”，就是德国的“卡尔”），他们分别从不同的角度讨论过这种哲学。[1]

克劳塞维茨的《战争论》出版于1832年，最早。1911年的《大战学理》是最早的中译本（从日文版节译）。此书是欧洲的《孙子兵法》，很有哲学味道，由于马克思、恩格斯的重视，由于列宁和苏联军事界的重视，由于毛泽东和延安军事界的重视，在我国影响很大。

马克思、恩格斯的《共产党宣言》出版于1848年，比前者晚16年。中国最早的译本是1920年陈望道的译本。由于十月革命，马克思的阶级斗争理论和无产阶级革命学说在中国也影响很大。

1　参看：J. F. C. 富勒《西洋世界军事史》，桂林：广西师范大学出版社，2004年，卷三，6页。

达尔文的《物种起源》出版于1859年，比《战争论》和《共产党宣言》都晚，但中国人知道进化论，却比《战争论》和《共产党宣言》要早。《物种起源》在中国出版是在1920年，但1898年，严复翻译的《天演论》（赫胥黎《进化论与伦理学》）已经把进化论介绍到中国。“物竞天择，适者生存”，在“亡国灭种”的“盛世危言”下，对中国人的震撼，简直如山呼海啸。其社会学的意义（救亡图存）要远远大于生物学的意义。

革命和战争有不解之缘，有目共睹。两者都是暴力，互为因果。现代的两次革命高潮就是和两次世界大战相伴随，不必多说。

今年（2009）是达尔文诞生200周年，值得纪念。他的《物种起源》，在美国常被人骂，被基督教原教旨主义者和保守主义者骂，甚至有人把他当马克思主义的源头骂，骂他，甚至超过了马克思。其实，《共产党宣言》比《物种起源》早11年。

古人讲战争，喜欢从含牙戴角、前爪后距，擅长使用毒药的动物说起。[1]战争确实很动物，兵法的很多想法都来源于打猎。

动物战争，一直是人类战争的参照。它们为了争夺食

1 李零《花间一壶酒》，北京：同心出版社，2005年，103—104页。

物，争夺水源，争夺领地，争夺交配权，打得不可开交。动物是一面镜子，可以照见人类的丑陋。动物是人类的老师，但“弟子不必不如师”。在种内攻击这一点上，人类比动物更突出。

动物，上天、入地、下海，无所不能。它们，浑身上下，全是高科技，雷达、声呐、远红外、GPS、电磁波、生化武器和各种伪装术，应有尽有。即使讲武器，论技术，动物也是人类灵感的源泉。我看电视，经常看跟动物有关的节目，就是从动物学军事。

人类非常好斗，既有生物学意义上的斗争，也有社会学意义上的斗争。这是个冷酷的事实。研究这个冷酷事实的哲学叫斗争哲学。

虽然，“斗争”二字，现在已经不时髦，但斗争依然存在。

兵书四门，贵谋尚诈

西汉晚期，刘向、刘歆把天下的兵书分成四门：权谋、形势、阴阳、技巧（《汉书·艺文志》）。前两类是谋略，后两类是技术。

（一）权谋

班固的定义是“权谋者，以正守国，以奇用兵，先计而后战。兼形势，包阴阳，用技巧者也”。

“权”是权变，“谋”是谋略。“权谋”是战略，是研究战争全局的大计。古代兵书，《司马法》《六韬》和《孙子兵法》，是权谋的代表作。战争全局，是“用兵”和“治国”的关系。比如《六韬》，既讲治国，又讲用兵，就是属于“大战略”研究。

“以正治国，以奇用兵”，这是《老子》的话（出第57章）。治国是靠“正”，御臣下也好，管老百姓也好，要守规矩，讲道德。但用兵不一样，它是对付敌人，想方设法，跟敌人拧着来。它靠的是反规则，这叫“奇”。比如《司马法·仁本》说，“古者以仁为本，以义治之之为正，正不获意则权。权出于战，不出于中（忠）人（信）”就是讲“以正治国，以奇用兵”。《孙子》讲“兵以诈立”，就是讲“以奇用兵”。

“先计而后战”，是《孙子》的特点。它以《计》篇为头一篇，先庙算，次野战，次攻城。计必先定于庙堂，然后才兵出于境，这就是“先计而后战”。

“兼形势，包阴阳，用技巧者也”，是说它有综合性，下面三类，它都讲，就像医书中的医经，不光有理论性，还有综合性。《孙子》，不但《汉志》著录的82篇本可能是四门都讲，今本十三篇也是如此。

（二）形势

班固的定义是“形势者，雷动风举，后发而先至。离合背向（乡），变化无常，以轻疾制敌者也”。

“形势”，是战术对策，好像医书中的经方，对症下药。它强调的是快速反应，灵活机动。兵书讲形势，对话体，最方便，但《孙子》不这么讲。它是把“形”“势”二字当一对矛盾，先作理论分析（《形》《势》《虚实》），再作过程描述（《军争》以下五篇），从“合军聚众”到“交和而舍”，从走到打，一环一环扣着讲。

“雷动风举”，就是“故其疾如风，其徐如林，侵掠如火，不动如山，难知如阴，动如雷震”。

“后发而先至”，就是“故迂其途而诱之以利，后人发，先人至，此知迂直之计者也”。

“离合背向，变化无常，以轻疾制敌者也”，就是“故兵以诈立，以利动，以分合为变者也”。

这些话，都出自《孙子·军争》。

（三）阴阳

班固的定义是“阴阳者，顺时而发，推刑德，随斗击，因五胜，假鬼神而为助者也”。

“阴阳”，是数术之学（古代讲天文地理的学问）和阴阳五行说（数术之学的理论）在军事上的应用，主要和天地有关。俗话说，诸葛亮“上知天文、下知地理”，就是指这类学问。这类学问，早期文献多已失传，读者要想了解，只能看出土材料。这里简单说几句。

“顺时而发”，是讲选择时日（术家叫“选择”），用兵要合于时令。古代的选择书经常讲用兵，兵书也经常讲选择。出土发现，子弹库帛书、睡虎地《日书》，很多数术书，都有这类内容。

“推刑德”，“刑德”是一种选择术，它和用兵关系很密切。马王堆帛书《刑德》就是这种书。孔家坡汉简《日书》也有这方面的内容。

“随斗击”，古代占卜，有一种工具叫式盘，当中是北斗，周围是二十八宿，北斗犹如表盘的指针，二十八宿犹如表盘的刻度。古人相信，斗柄指谁谁败，相反的方向才是吉。孔家坡汉简《日书》有《击》和《斗击》，就是讲这种数术，张家山汉简《盖庐》也有这方面的内容。

“因五胜”，是讲五行相胜的数术。虎溪山汉简《阎氏五胜》就是讲这类数术，孔家坡汉简《日书》也有这方面的内容。

“假鬼神而为助者也”，这类学问，充满迷信，但在古代，却是“高科技”。古代的军事气象学、军事地理学，就是集中在这一类。

《孙子》也讲兵阴阳，主要集中在后半部。一是《军争》到《九地》，《孙子》处处讲地形，涉及阴阳、顺逆、向背；二是《火攻》,《孙子》讲“发火有时，起火有日。时者，天之燥也；日者，月在箕、壁、翼、轸也，凡此四宿者，风起之日也”，讲“火发上风，无攻下风。昼风久，夜风止”。这类学问，古代叫风角。诸葛亮借东风，就是这种学问，古代属于兵阴阳。

（四）技巧

班固的定义是“技巧者，习手足，便器械，积机关，以立攻守之胜者也”。

“技巧”，和人有关，既和武器的使用有关，也和军事技能的训练有关。

“习手足”，“习”是习练，“手足”是人的手脚。古代的军事训练，包括单兵格斗和阵法操练。单兵格斗，也叫“技击”或“武术”，有徒手和器械两种。它包括手搏（拳术）、剑道（剑术）、射法等。古代的军事体育，角牴（摔跤）、蹴鞠（古代的足球）、博弈（六博和围棋），也属这一类。[1]阵法操练，主要是队列训练。现代的制式动作（如分列式）就是这种训练的遗产。

“便器械”，“便”是便利，这里指熟悉和掌握；“器械”指戈、矛、剑、戟、弓矢等武器。

“积机关”，“积”是储积，“机关”是机械性能复杂，

1　大家都说，奥林匹克精神是和平的精神。但具有讽刺意味的是，奥林匹克的所有运动项目，几乎都与军事有关。

用钩牙、齿轮、滑轮、皮带和绞车操作，带有自动或半自动特点的武器。[1]“机”是器之巧者，“关”是有控制装置。比如攻城守城的各种器械（如弩、炮和楼橹、轒辒之类），就是这类武器。

“以立攻守之胜者也”，指用于实战，特别是攻城和守城。大家读一下《墨子》中的城守各篇和宋代的《武经总要》，就会明白，中国古代最先进的武器，主要是用于攻城和守城。

谋略在先，技术居后，这是中国的传统。[2]

谋略的本质是什么？是“诈”。

再说“兵以诈立”

“兵以诈立”是《孙子》原书的说法（《军争》），后人叫“兵不厌诈”。我在北大讲《孙子》，就是用这四个字作我

1　我国古书中的“机关”有两个意思，一个意思是器官，如《鬼谷子·权》“故口者，机关也”；还有一个意思是自动或半自动的机械，如《论衡·儒增》说的“木鸢”，就是用“机关”操作。日语是用“机关”（kikan）翻译英语的organ，用“机关炮”（kikanko）翻译英语的machine gun（汉语作“机关枪”），用“机械”（kikai）翻译英语的machine。现代汉语的“机关”和“机械”是借自日语。

2　克劳塞维茨的《战争论》几乎不谈武器。有人说，这是“哲学家的失误”。参看：罗伯特·L.奥康奈尔《兵器史——由兵器科技促成的西方历史》，卿劼、金马译，海口：海南出版社，2009年，226页。其实，任何以谋略为主要对象的书，都不会把武器放在第一位。

的书名。

什么叫“兵以诈立”？我们要弄清两个概念，什么叫“兵”，什么叫“诈”。这两个字的含义并不简单，对研究《孙子》很重要。

（一）什么是“兵”？

《孙子》全书，第一句话是“兵者，国之大事”，第一个字就是“兵”。

这个字，现在的出版物，白话翻译本也好，英文翻译本也好，除我，几乎毫无例外，全都翻成“战争”，我必须指出，这样理解并不准确。正确翻法，“兵”是“军事”，不是“战争”。军事的概念比战争大，打仗有军事，不打仗也有军事。

我们要知道，现代汉语的“军事”一词，是从日语借用的外来语，相当于英语的military affairs。[1]卫灵公问陈，孔子对曰：“俎豆之事，则尝闻之矣；军旅之事，未之学也”（《论语·卫灵公》）。“军事”就是“军旅之事”，和军队有关的事，中国古书原本就有这个词，也叫“兵事”。[2]

1　现代汉语，“兵制”改叫“军制”，“兵法”改叫“军事学”，“兵书”改叫“军事著作”，很多“兵”字都换成了“军”字。许保林先生提到过这一现象，他以为，这是因为现代汉语的“兵”字含义缩小，无法概括所有军事问题，见他的《中国兵书通览》（北京：解放军出版社，1990年）4—5页。其实，中国的现代科学术语多借自日文。这是由翻译引起，而不是其他原因。

2　这两个词频见于《左传》《周礼》和《史记》《汉书》，含义很清楚，绝大多数情况都是指军旅之事，只有“兵事起”（如《史记·田叔列传》）或“兵连祸结”（如《汉书·匈奴传》）这样的话，可以把“兵”字解释为战争。

“兵者，国之大事”，正确的翻译是“军事，是国家的大事”。

“军”和“兵”是军人，是军队，既包括人，也包括他们的武器。“兵法”研究的“兵”是武装起来的人，而不是战争。古代训诂，没有以战训兵的例子。

什么是“兵”？古书用法有三个含义：

（1）“兵”是武器，相当于英文的arms。“兵”字的本义是兵器，但我们要注意，《孙子》中的“兵”字，没有一处是指兵器。[1]

（2）“兵”是军队，相当于英文的army。《孙子》中的“兵”，主要指人，不是军队，就是与军队有关的事。即使不打仗，照样有军事，古人叫“武备”，“武备”也属于军事。

（3）更确切地说，“兵”是用武器武装起来的人，即所谓武装力量（armed forces）。

这种词义辨析之所以重要，是因为人类战争史，武器的发展太快，令人眼花缭乱，很容易给人造成一种错觉，以为军事史就是武器史。马克思曾经说，商品世界是个头足倒置的世界。[2]武器的世界也是个类似的世界。

---

1 上世纪70年代，我到齐思和教授家请教。他问我，顾炎武说，先秦古书的“兵”字都是当武器讲，秦汉以来才当士兵和军队讲（《日知录》卷七），对不对？现在我的回答是不对。

2 马克思《资本论》第一卷第一篇第一章的第四节《商品拜物教性质及其秘密》，收入《马克思恩格斯全集》第23卷，北京：人民出版社，1972年，87—101页。

现代兵家几乎等于兵器家。

这里，我们要辨明的是，军事的主体是人，而不是武器。

（二）什么是“诈”？

韩非说，“繁礼君子，不厌忠信；战阵之间，不厌诈伪”（《韩非子·难一》）。这是“兵不厌诈”的出典。

“诈伪”的本义是什么？“诈”跟“作”有关，“伪”和“为”有关，都暗示着某种人为制造的成分。人为制造造什么？一是造形造势，造各种假象，二是造“攻其无备，出其不意”。形势重要，心理效果也重要。

在《兵以诈立》中，我曾提到，克劳塞维茨说，弱者比强者更偏爱“诡诈”。[1]这话很重要。但这里我想补充，“诈”分两种，“暗箭”固然是“诈”，“明枪”也可以是“诈”。而且一般地说，两种“诈”总是相互制衡，充分体现出什么叫“不平衡的平衡”。

人们往往容易记住的是弱者的“诈”，而容易忽略的是强者的“诈”，以为强者完全是依赖实力，根本不用“诈”。其实，依靠实力的“诈”同样是“诈”。有一位研究武器史的美国专家说得很清楚，“美国冷战军事思想的实质其实是一种欺骗，但是由于其外表太具有迷惑性，以至于对手不得

1　参看：克劳塞维茨《战争论》，中国人民解放军军事科学院译，北京：商务印书馆，1978年，第一卷，216页。

不认真对待”。[1]

当代有两种“诈”互相斗法：

（1）核讹诈（国家恐怖主义），苏美两强对抗，主要比武器，比国力（政治、经济、外交的总体实力），古巴导弹危机是典型案例。

（2）恐怖战术，弱对强，实力太不对称。弱方几乎一无所有，只有AK-47和“人肉炸弹”，“9·11”是典型案例。

这两种“诈”，都利用对方的恐惧，有强烈的心理震慑作用。前者是靠绝对优势，绝其交援，围死对方，困死对方，在气势上压倒对方，吓倒对方，用武器的优势抵消伤亡，用最小伤亡换取最大胜利。后者是靠不怕死的精神，你怕死，我不怕死，抓住强国和富人的最大弱点，朝死里整。

怕死有怕死的主意，不怕死有不怕死的主意。

《孙子·九地》有两段话，值得玩味：

一段话，是“夫（霸王）〔王霸〕之兵，伐大国，则其众不得聚；威加于敌，则其交不得合。是故不争天下之交，不养天下之权，信己之私，威加于敌，故其城可拔，其国可隳”。

一段话，是“令发之日，士卒坐者涕沾襟，偃卧者涕交颐，投之无所往，诸、刿之勇也”。

1　罗伯特·L. 奥康奈尔《兵器史——由兵器科技促成的西方历史》，403页。

“王霸之兵”靠的是实力，“诸、刿之勇”靠的是勇气。

唐且使秦，秦王以势压人，霸气十足。他说，你听说过“天子之怒”吗？那是“伏尸百万，流血千里”，这就是“王霸之兵”。唐且只有一个人，面对死亡的威胁，他说，那你听说过“布衣之怒”吗？那是“伏尸二人，流血五步，天下缟素”。这就是“诸、刿之勇”。

这不是血肉之躯和坚甲利兵的悬殊较量，而是人与人的拼死搏斗。

“兵以诈立”还是“兵以器立（或兵以技立）”

战略源于诡诈。中国，兵法挑战军法，兵法脱离军法，“兵不厌诈”是标志。从此才有战略研究。

中国的战略文化最发达。贵谋尚诈，是中国军事学的传统，这反映在兵书分类上。

上面讲兵书四门，权谋、形势是谋略，阴阳、技巧是技术。它把谋略摆在技术之上，这就是贵谋的表现。

中国讲谋略，权谋是大计，形势是小计，它是把权谋摆在形势前。

中国讲技术，阴阳和天地有关，技巧和人有关，它是把阴阳摆在技巧前。

这四门，无论是谋略，还是技术，都是强调人。武器往哪儿摆？是放在技巧下面讲，跟人搁在一块儿讲，没有独立的地位。

军事学是一门综合性的学问，不能拆开来，片面强调，像相声说的，眼睛和鼻子哪个更重要。“兵法”的“兵”是什么？“兵书”的“兵”是什么？它既是武器，也是军队，两者是结合在一起的，要说重要都重要。

大家说武器比人重要，从表面看，似乎很有道理。因为武器的进步，武器的革命，突飞猛进，太明显，人有什么进步？几千年都过去了，要从身体看，还是一鼻子两眼儿，没什么进步，不但没有进步，还有退步。武器越发达，人类越怕死。文明人，都是娇气得不得了。

武器发展快，武器真厉害，没错，但大家不要忘了，武器是人造出来的，人不是武器造出来的。武器可以杀人，人也可以消灭武器。消灭武器，才是人类的理想。[1]

可惜，现在的兵学，已经变成兵器学。很多人都相信，由于技术的发达，武器的重要性越来越高，人的重要性越来越低。人，变成废物点心。

人和武器，哪个更重要？这是老问题，不是新问题。

中国古代有个传说，是讲这个问题。据说，黄帝手下

1　人和动物不一样：动物的武器都是内置，上天所赐，与生俱来，无法解除武装；人类的武器都是外置，完全可以销毁。

有六个大臣，天官叫蚩尤，他是武器的发明者，历代祭祀，号称“兵主”，是个邪恶的战神。蚩尤反叛，黄帝伐之，九战九不胜，非常苦恼。最后，还是靠了两个人的帮助，才打败蚩尤，让他死得很难看。这两个人叫风后和玄女，一男一女，他们有高招。蚩尤有好武器，他们有好阵法（九宫八阵）；蚩尤会兴云作雾、飞沙走石，风后有指南车，可以辨方正位。指南车是什么？就是古代的GPS。这是高科技打败低科技。科技可以提高武器的性能，但科技的源头是人。

现在的武器，最厉害最厉害，莫过于核武器。1945年，美国在日本投了原子弹，当时都以为，武器发展到这一步，到头了。这是“终极武器”或“绝对武器”，[1]跟施瓦辛格演的那个电影（《终结者》）一样，它是“终结者”。美国有了这玩意儿，很得意，开始设计他们的“世界议会”，把联合国当自己家开的商店。大家都说，原子弹一出，谁都不用打了，打也没戏。它是“和平之神”！[2]但几乎同时，毛泽东在延安的窑洞里跟安娜·路易斯·斯特朗说，原子弹是纸老虎。[3]美国有了原子弹，也害怕，一怕自己下不了手，二怕

---

1 弗雷德里克·邓恩等《绝对武器——原子武力与世界秩序》，北京：解放军出版社，2005年。

2 这种“和平”，当时的意思，是美国少死很多人，后来大家才悟过劲儿，给它加了定语，叫“恐怖的和平”。

3 毛泽东《和美国记者安娜·路易斯·斯特朗的谈话》（1946年8月），《毛泽东选集》（一卷本），北京：人民出版社，1966年，1189—1194页。

别人有。而事实上，很快，苏联就有了核武器。武器是传染病，从来如此，现在怎么样？早就把世界传染了。大国都有这个“富贵病”，后边不让排队，但总有排队的。[1]

我说过，Discovery Channel有个节目，就是讲“终极武器”。它说，这种武器，一点不新鲜，人类一直追求这玩意儿，已经不知发明过多少次。

什么是“终极武器”？“终极武器”是人。武器当然可以消灭人，但全称的武器消灭全称的人，这是人类的自杀。

最近，美国打过四场战争。他们觉得，一口恶气，总算喘过来。大家说，美国的武器太厉害，不能不服，现在都什么时代了，“谋”还有什么用？“诈”还有什么用？人还有什么用？现在已经不是“兵以诈立”，而是“兵以器立”“兵以技立”。

这个问题很尖锐。但我说了，这不是一个新问题，而是一个老问题。

有人说，打仗如打架。打架，己所不欲，强加于人，看谁拳头硬，看谁拳头大，和打仗一样；除了动拳头，还要抄家伙。没有家伙，怎么行？武器确实重要。

战争，除了短兵相接面对面的肉搏，绝大多数情况都

---

1 冷兵器时代，弓弩一度是“终极武器”，但一经传染，也就不成其为“终极武器”。后来，火药发明，火器也是如此。核武器是不是“终极武器”？也不是，除非它把人类杀光。

是躲在武器后面打，谁都想找个称手的家伙，隔老远，就能打到对方，而对方却够不着自己。弓箭，已经包含了这种设计。这是古往今来一切武器发明者的共同追求。力量大、速度快、距离长，加精确打击，一样不能少，现在的火箭、导弹，后面还是这一套。

但打架和打仗，毕竟不一样。项羽说，“剑，一人敌”，不足学，要学就学“万人敌”（《史记·项羽世家》）。“万人敌”才是打仗。打仗是集团性的搏斗，千头万绪，千变万化，没有头脑行吗？人，四肢退化，大脑发达，要开运动会，什么都比不了动物，连参赛资格都未必有。进化半天，就剩这么件东西，你还说没用，这不是开玩笑？

很多人讲人，都是只讲身体，不讲脑袋。

高科技不是科技产品，不是武器，而是人的聪明才智，人的创造发明。科技和谋略的对立是人自身的对立，不是武器和人的对立。它们的关系，只是大道理管小道理。“谋”的意思是战略，战略的意思是对战争全局的通盘考虑。既曰全局，便既有军队，也有武器。科技只是其中的一部分。

有人说，在核武器面前，道德、勇气毫无用处。什么“二百米内硬功夫”，什么“人的因素第一”，全是笑话。

人，血肉之躯，不用说杀人无数的核武器，就连最原始的武器都抵挡不住，哪怕一根棍子、一块石头都可致人死命，这还用说吗！

武器从媒介和手段变成主体，使人产生一种错觉，好像战争，不是人和人打，而是武器和人打，武器和武器打。大家都揣着宝贝，你往天上扔个宝贝，我往天上扔个宝贝，看宝贝和宝贝在天上打。

这类说法，不是笑话，而是神话。我叫“当代封神榜”。

现在，由于武器的发达，有人开始幻想无人战争，不仅天上飞的是无人飞机，而且地上跑的是纳米战士。人还有什么用？这种神话，不但把我们的脑子搞傻，还导致了对战争的美化。从保存自己讲，是“零伤亡”，对国内民众好交代；从杀伤敌人讲，是“外科手术式的精确打击”，杀死的全是恐怖分子，没一个老百姓，多仁慈。

军队变成医院，杀人的都是大夫。

当代战争给我们描画的前景，不是“没有武器的世界”，而是“没有人的世界”。

然而，再好的武器，也不是神创，而是人的发明。即使现在，最先进的武器，也还离不开人的操作。即使最发达的军事强国，比如美国，也还养着陆海空三军。没有人的战争，目前还没发明。

没有人，武器和武器还打什么劲？那不是闹鬼了吗？

没有人的世界，武器只是废铜烂铁。

兵法，对人类道德的挑战

兵法是杀人艺术，军人是职业杀手，用不着美化。

古今中外，哪个国家，哪个民族，都离不开用兵，但谁都没法美化它，战争总是受到道德谴责。还有用间，那是“诈中之诈”。刺探情报搞暗杀，总不能光明正大。但政治家、军事家、外交家，谁都离不开间谍，谁都骂间谍，就跟人骂狗一样。

当然，他们都是只骂别人的间谍，不骂自己的间谍。自己的间谍自己疼，自己爱，隐蔽战线、地下工作，对谁都不可少。

《孙子·用间》说：

> 故三军之事，莫亲于间，赏莫厚于间，事莫密于间，非圣智不能用间，非仁义不能使间，非微妙不能得间之实。

在他看来，不是圣人，还不配当间谍。

兵法和道德有冲突，可谓由来已久。“兵以仁立”，还是“兵以诈立”，一直有争论。早在战国时期，荀子和临武君就吵这个问题，一吵就是两千多年。宋以来，很多人说，《司马法》是正，《孙子兵法》是奇。《孙子兵法》不如《司马法》。

荀子的学生，韩非，既学儒术，又学道家，他想区别这两个方面，折中这两个方面。

韩非讲过一个故事。晋楚城濮之战，晋文公问舅犯（他的舅舅狐偃，字子犯），我军将与楚人交战，彼众我寡，怎么办？舅犯说，我听说“繁礼君子，不厌忠信；战阵之间，不厌诈伪”，您只有一个选择，就是“诈之”。同样的问题，文公又问雍季（公子雍，晋文公的儿子）。雍季说，“焚林而田，偷取多兽，后必无兽；以诈遇民，偷取一时，后必无复”，意思是“诈”只能收一时之利，却非长久之计。文公表扬雍季，说很好，但采纳的却是“舅犯之谋”。晋国取胜后，论功行赏，照理说，舅犯功劳最大，但文公却把雍季排在舅犯之前。群臣不解，都说“城濮之事，舅犯谋也”，您怎么反而把他排在雍季的后面？文公说，这你们就不懂了，舅犯的话，只是“一时之权”，雍季的话，才是“万世之利”。孔子听说，大发感慨，说“文公之霸”是理所当然，他是“既知一时之权，又知万世之利”呀（《韩非子·难一》）。[1]

中国古代，虽有正奇之辨，道权之辨，儒家总是强调“仁义”高于“诡诈”，军法高于兵法，但在用兵的问题上，没人可以靠道德吃饭。泓之役，宋襄公的死就是教训。从此谁都知道，战争是靠“兵不厌诈”。

1　这里值得注意的是，晋文公问“彼众我寡”怎么办，舅犯的回答是“诈”。克劳塞维茨也说，弱者比强者更偏爱诡诈。

这是“兵不厌诈”的出典。

兵法对道德是最大挑战。我可以举两个例子。一个是诈坑降卒，一个是血腥屠城。

现代战争，有《日内瓦公约》，有红十字会组织，好像体育比赛，有一套规则。打仗是军人和军人打，不可袭击平民，不可屠杀和虐待放下武器的军人，叫“人道主义”。但打仗是杀人，杀人怎么还讲“人道主义”，一边杀一边救，本身就是讽刺。[1]

况且，就连这么一点儿“人道”，都来得如此不易。大家千万不要忘了，二次大战是怎么结束的，德累斯顿大轰炸，广岛、长崎的原子弹爆炸，那些死者，可并不都是军人呀，绝大多数都是平民。

古代战争，诈坑降卒、血腥屠城，全世界很普遍。白起坑长平，英布坑新安，成吉思汗屠城，丰臣秀吉筑耳冢，这并不是多么遥远的故事。南京大屠杀，就是现代版。

古人为什么会这么野蛮？原因很多。久攻不下，兽性大发，疯狂报复，是一个原因。折首执讯有功，也是常有的考虑。但更重要的是，他们嫌俘虏太麻烦，太危险。你如果设身处地想一下，几十万人，管吃管喝，疗病疗伤，那是谈何容易？这且不说，光是一个最简单的问题就不容回避。古

1　这类“人道”，后面有中世纪的武士传统和基督教传统。

代，即使赤手空拳，几十万人暴动，怎么防范。最简单的办法，就是把人都杀掉，杀不过来就坑。你只有理解人性的脆弱和人性的残忍，你才能理解，孙子讲“卒善而养之”（《作战》），这在古代有多不容易。

《孙子》这本书，是以说理为主，不是以讲故事为主，人物当然少。他的书，只有四个人：两个是恐怖分子（专诸、曹刿），两个是大特务（伊挚、吕牙）。“诸、刿”是勇敢的象征，“伊、吕”是智慧的化身，都是光辉形象。这对道德，本身就是挑战。

专诸、曹刿，是古代的刺客。《孙子》对他们，一点儿不嫌弃，还很推崇。

这是古风。

古代兵书，讲这种勇敢，不光《孙子》：

> 今使一死贼伏于旷野，千人追之，莫不枭视狼顾。何者？恐其暴起而害己也。是以一人投命，足惧千夫。今臣以五万之众，而为一死贼，率以讨之，固难敌矣。（《吴子·励士》）

> 一贼仗剑击于市，万人无不避之者。臣谓非一人之独勇，万人皆不肖也。何则？必死与必生，固不相侔也，听臣之术，足使三军为一死贼，莫当其前，莫随其后，而能独出独入焉。独出独入者，王霸之兵也。（《尉缭子·制谈》）

《吴子》《尉缭子》推崇的“死贼”也是恐怖分子。它们都推崇这种“拼命三郎”式的勇气，甚至说，以五万之众（或三军之众）“为一死贼”，本身就是“王霸之兵”。

伊挚、吕牙是商周的开国功臣，也是古人崇拜的对象。《孙子》以他们为例，要说明什么？他要说明的是，间谍不但很道德，还是道德的化身。不是大仁大义、大智大勇，还不配当间谍，只有圣人才配当间谍。

战争总要杀人，间谍总要不择手段，这种暴力，这种诡诈，谁都骂，先秦诸子都骂，现代的知识分子也骂。但任何一个政治家、军事家、外交家，都不可须臾离之。人类对暴力是又恨又爱，爱恨交织，爱恨之间还夹杂着恐惧。

“兵以诈立”，对军人来说，必须如此。除暴安良，不能不如此。

军人很坦白，仍有古风。

现在，承平之世，《孙子》的读者主要是商人。战争是流血的政治，政治是不流血的战争。很多人都以为，不流血的政治就是生意，就是买卖。

商人心里想，商场如战场，有竞争就有对手，有对手就有这一套。“商以诈立”“商以利动”，“商以分合为变”，推广于商，还有问题吗？好像没问题。

但商人也敢这么讲吗？不敢。相反，他们总是说，做买卖全靠“诚信”二字。

天下有贼，有大贼。窃钩者诛，窃国者侯。钱包是小贼偷的，金融海啸是大贼闹的。

我是研究兵法和方术的。领袖班、总裁班，他们请我讲课，我发现，他们最爱听两样东西，一是阴谋诡计，二是装神弄鬼。我想，三十六计那一套，他们肯定比我懂。所以，我就不讲了。

我是把《孙子》当兵书读，商战，我不讲。

兵法，对人类智慧的挑战

兵法是一种思维方式，它有三大特点：

（一）它是在高度对抗中思维。打仗是两军对抗，不是一厢情愿。我方的行动要取决于敌方，敌方的行动要取决于我方。在激烈的对抗中，我变敌变，敌变我变，瞬息万变。任何环节的改变都可能引发全局的改变，不可测的东西太多。特别是“人心难测”。“人心”是最大的变量。

（二）任何军事计划，都要落实到行动，在行动中修正，在行动中改变。不管事先有多充分的准备，多全面的调查，多周密的部署，都要跟着形势变。战斗需要的是马上接招，快速反应，而不是从容不迫，深思熟虑。思考，只是行动的一部分，甚至是一小部分，判断力胜于理解力。

（三）在战场上，已知总是包裹在未知之中，未知常常大于已知，尽管指挥者都想多知道一点，敌情我情，尽量了解，也做不到算无遗策，“料敌制胜”的“料”只是一种模糊判断，难免带有猜测和赌胜的成分。科学判断只是认识的一部分，整个认识，整个行动，都带有蒙的成分。

这种思维方式对人类智慧是一种巨大的挑战。

人类，在对抗中思维，在行动中思维，而不是像在实验室环境下，像看一只死老鼠那样思维，其实是认知的常态，大部分情况都如此。

孔子说，“知之为知之，不知为不知，是知也”（《论语·为政》），道理是对的。人类的思维总有这两部分，但王倪的问题问得好，你怎么知道你知道什么，你怎么知道你不知道什么（《庄子·齐物论》）。特别是“不知”，既然是“不知”，你怎么“知”。战场上，百密犹有一疏，再充分的侦察，再周密的预案，仍有很多漏洞。战场很残酷，一个判断做出，错就是错，不允许重复，不允许后悔，死者不可复生，亡国不可复存。这对科学是巨大挑战。

我们这个时代，据说是科学的时代，科学万能，已经覆盖一切。但即使今天，我们也得承认，科学只是思想的一部分。另一部分是什么？大家习惯说，那叫迷信。

兵法是科学还是迷信，这对科学史是个挑战，对思想史也是挑战。

我们都知道，打仗是要死人的，绝对开不起任何玩笑，不讲科学怎么行？但科学之所以叫科学，有一条非常重要，就是它总结出来的东西，都是屡试不爽可以重复的东西。《孙子》说，“兵无恒势，水无常形”（《虚实》），怕的就是重复，上一次管用，下一次照搬，是兵家的大忌。在战场上，没有什么是屡试不爽。

军队是最讲规则的地方，“军令如山”，必须服从，绝对服从。而兵法又是个挑战规则的东西，没有规则就是唯一的规则。

克劳塞维茨说“战争最像赌博”，[1]我也讨论过“卜赌同源”。[2]占卜当然是迷信。

兵法是研究测不准的东西，研究测不准的东西，在古代才是最高层次的东西。占卜也是研究测不准的东西。

古人的思维，科学和迷信总是搅在一起。我们甚至可以说，科学只是迷信的一部分。你别以为，这是讲古人的脑瓜。今人的脑瓜也是如此。比如赌马、摸彩票、预测足球，科学是要大打折扣的。

---

1 克劳塞维茨《战争论》，中国人民解放军军事科学院译，北京：商务印书馆，1978年，第一卷，41页。

2 李零《中国方术续考》，北京：中华书局，2006年，15—20页。

有未知，就有对未知的猜测；有对未知的猜测，就有迷信。

研究战史，总结成败，把流血的经验写成兵书，这是“沙里淘金”。

沙里淘金。金子被淘出来，才叫金子，没有淘出，只是沙子。金子是沙子中的精华，没错，但不是沙子的总体。沙子才是总体。

思想史是“沙子”史，“沙里淘金”史，不是“金子”史。

科学只是思想的一部分。

兵法，西人叫Art of War，Art是艺术。军事学是艺术还是科学，一直有争论。

其实，军事学是一门综合性的学科，里面既有自然科学，也有社会科学，也有可以称为艺术的谋略。

军队的武器装备和后勤保障，涉及各种军事技术，属于自然科学（第一层次）。

军队的战争筹款、军事预算，还有管理和训练，属于社会科学（第二层次）。

指挥艺术是小战略，政治艺术是大战略，属于战争艺术（第三层次）。

艺术才是处于最高层次的东西。

怎样读《孙子》

兵书作者，大多是“冷眼旁观者”“事后诸葛亮”，他们可能是政治家，可能是参谋人员，可能是随军记者（类似体育教练和体育记者）。真正的军人，特别是战斗在一线的指战员，一般都不写兵书。

读兵书的，就更是旁观者。

我是旁观者。

我读兵书，主要是两个角度，一个是军事史，一个是思想史。商战、管理类的推广，不属于我的讨论范围。这种学问，是日本人搞出来的，很像“文革”的“活学活用”（他们还有《兵论语》一类傻书）。凡是研究这类学问的，大都无师自通，不必用《孙子兵法》装门面。

阅读《孙子》，我有七点建议：

（一）《孙子》的精髓是谋略。研究谋略，最好读战史。西方兵法，最重战史。古典时代是以战史为兵书，现代兵书也喜欢凭战例讲话。谋略是求生术，死里逃生术。兵法是无数流血经验的总结。不知死，焉知生？血的教训，写进战史，谁敢不重视？我国也重视。我国军人读兵书，也要结合战例。

（二）他山之石，可以攻玉。中外战史，中外兵书，最好对着读。比如西方传统，重兵器，重实力，重勇气，重财力，重技术支持，重海外扩张，有一股凶蛮之气。他们喜欢强调的东西，往往是我们容易忽略的东西。我们贵谋尚诈，没有这些过硬的东西，谋、诈就被架空了，两者可以互补。

（三）兵法有主客之分、攻守之异，《孙子》尚攻，《墨子》尚守，不一样。孙子和克劳塞维兹也不同，克氏尚力，强调先兵后礼，孙氏尚谋，强调先礼后兵。这些都是正规战。毛泽东兵法强调非正规战。游击战和持久战，都是弱势兵法。弱势兵法更强调诡诈。我们要注意，《孙子》以外，还有其他类型的兵法。

（四）现代战争是总体战争，军、民的界线被打乱（拿破仑战争的时代就已出现），军事手段和非军事手段是轮着用。《战争论》注意及此，才有“战争是政治的继续”说。战略变成大战略。《孙子》论兵，牵涉多广，有君、将关系，有军、民关系，有军赋和出兵的关系，有伐谋、伐交、伐兵的关系。我们要注意，他的谋略也是大战略。

（五）读《孙子》，大家最陌生，可能莫过于其中的兵阴阳说。比如它讲地形，比如它讲火攻，都牵涉到这方面的知识。碰到方术知识，碰到方术术语，怎么办？大家可以学一点方术。方术是古人的自然知识，天文、气象、地形、地貌，都属于这种知识。我写过两本讲早期方术的书，[1]大家可

1　李零《中国方术正考》《中国方术续考》，北京：中华书局，2006年。

以参看。

（六）《孙子》讲武器，讲装备，主要集中在《作战》《谋攻》两篇。讲野战，重装备有马车、牛车，驰车、革车，各种战车；轻装备有甲、胄、戟、盾、矛、橹（蔽橹）、弓矢和弩。讲攻城，有楼橹、轒辒、距堙。《火攻》篇讲的“火”，也属于广义的武器。研究《孙子》，还要有兵器史的知识。武器属于兵技巧。

（七）兵技巧，还有个方面是技击和体育。技击（武术），包括手搏（拳击）、角牴（摔跤）、剑道和射法。体育源于军事训练，比如奥运会，田赛径赛、五项全能，追根溯源，全是军事训练。我国也如此。中国体育，射箭、投壶、蹴鞠（足球）、博弈（六博和围棋），也和军事有关。战争充满狂热，体育也充满狂热，和平时期，体会战争，最好的代用品就是体育比赛。

但我们不要忘记，战争可不是“公平竞赛”。

上篇　理论篇

第一组：权谋组

战争三部曲：庙算—野战—攻城

计篇第一

——运筹庙堂之上（贵谋）

《孙子兵法》是本很有逻辑很有条理的书。读这样的书，条理和结构很重要。我先把全书的结构讲一下，然后再讲第一篇。

我理解，《孙子》十三篇可以一分为二：前六篇是上篇，后七篇是下篇，两部分明显不同。为了讲述的方便，我把上篇叫“理论篇”，下篇叫“实战篇”。这里先讲上篇。

这六篇又可分为上下两半。前三篇是一组，后三篇是一组。

前三篇，讲庙算、野战、攻城，是“战争三部曲”。这是全书的引子。作者的讲法是“全景拍摄”。一上来，先带读者登高望远，一览无余，让大家对战争过程有一个总体印象。这三篇是用直观描述，读起来，比较容易。但整个描述，并不是事无巨细，面面俱到，而是采用粗枝大叶的写意手法，每篇各有一个重点，突出重点，强调重点。如《计》篇贵谋，《作战》贵速，《谋攻》贵全，各有强调。什么叫“权谋”？这就叫“权谋”。它体现的是大，博大精深的大。

后三篇，讲形、势、虚实，我叫“兵力的配方”。兵力的投入，哪个地方多，哪个地方少，属于指挥艺术。这种运用之妙，有很强的针对性，对象很具体，问题很具体，应该怎么讲？一般认为，讲对策，只能就事论事，但作者不这么想。先秦兵书，讲对策，一般都是用对话体，用设问解答的方式讲，就像看病，对症下药。但本书不是这样，它是用抽象的方式讲，着墨不多，却能曲尽其妙。古代的形势家言，多已失传，这是唯一从道理上把“形势”讲透的文章，最经典。它体现的是深，博大精深的深。

打仗，千头万绪，从何说起，《孙子》是从“计”说起。以计为先，就是以谋为先，从大处着眼，对战争全局有通盘考虑，这是兵权谋的本义，也是战略学的本义。[1]

《计》篇讲什么？讲庙算。

什么叫庙算？

庙算是在庙堂上计算。这种计算，也就是篇题所用的“计”字。这是出兵前的大事。庙堂，也叫朝廷，是古代国君和大臣议事的地方。古代出兵前，有两件大事，一是庙算，二是拜将授算。庙算，有两种算，一种是神秘的算，一种是实际的算。神秘的算是“能掐会算”的“算”，“卜算”的“算”，通过占卜，测试运气，古代很流行。《孙子》讲的

1 西人所谓“谋略”（stratagem）、“战略”（strategy）、“战术”（tactics）和“兵法”（art of war）等词本来是概念模糊的字眼，大体和“诡计”“将道”“兵法”一类意思有关。近二百年来，人们才专以strategy为“战略”，tactics为“战术”。参看：钮先钟《西方战略思想史》，桂林：广西师范大学出版社，2003年，导言2—4页。

算，不是这种算。它是通过比较敌我，定计决策，这是真算。有胜算，才选将，把庙算的结果，连同出征的权力，通过拜将授算的仪式，全部托付给将军。兵一出境，就全靠将军了——将在外，君命有所不受。

庙算是战争三部曲的头一步。此时，还没出兵，属于未雨绸缪的阶段。它要考虑的是战争全局，所有战争要素，都要摆出来，统筹一下，预测一下。

打仗好比下棋，首先要分敌我。围棋，分黑白子，黑白对弈，各占一半。象棋，分楚河汉界，双方各一套人马，也是一半对一半。庙算讲概率，敌我双方，50%对50%，也是各占一半。双方的胜率互为消长。谁得算多谁胜。

敌，《孙子》叫“敌”“人”或“敌人”，还有一个叫法是“彼”。

我，《孙子》叫“我”或“己”。

“敌”与“我”相对，“彼”与“己”相对。这是基本划分。

当时的战争，和现代西方一样，也强调到敌国作战，仗要在别人的国土上打。[1]《孙子》也把敌我比喻为“主客”，入侵和进攻的一方好比客人，叫“客”；挨打和防御的一方

1　二次大战后，美国在全世界驻军，在全世界打仗，打仗成瘾，有战争依赖症。每个总统至少要打一次大仗，除了越战刚结束的卡特。他们的韩战纪念碑上说，美国的“烈士”是为不认识的人民打仗，好像是在做好事，其实他们是为他们自己的国家打仗。

好比主人，叫“主人”。客人拜访主人，主人招待客人，送礼还礼，都是打。

打仗是全民动员，战争中的人，分五种角色。

第一是国君，《孙子》叫“君”“人君”或“主”。

第二是将帅，《孙子》叫“将”或“将军”。

第三是军官，《孙子》叫“吏”。

第四是士兵，《孙子》叫“士”“卒”或“士卒”。[1]

第五是人民，《孙子》叫“民”或“百姓”。

打仗不是赤手空拳，必须有各种武器。人要吃饭，马要吃草，粮秣也不可少。此外，还有帐篷、衣被和运送装备的车辆。所有这些都要花钱，花很多钱。物质的考虑也绝不可少。

所以打仗前，先要算一笔账。

《计》篇就是讲算账。《孙子》贵谋，精于计算，不光《计》篇，它的每一篇，从头到尾，字里行间，到处都体现着精打细算。账有大账，有小账，庙算是算大账。算大账就是“权谋”。“权”的意思是权衡，“谋”的意思是谋划。

古语，“计”是计算的意思，也是计划和计谋的意思。“计划”，古书也作“计画”，计划和计谋都是从计算而来，没有计算就没有计划，也没有计谋。计将安出？决心和主意

---

1 《孙子》里还有一些说法，如“兵”“众”“兵众”“军士”“士人”“兵士”。

从哪儿来，都是靠庙算。庙算就是总体预案。

古代的“计”是用什么算？答案是用一种叫“筭”的工具来算。“筭”是一种小棍，用竹、木、牙、骨制成，现在多称为“算筹”。本篇最后一段的“筭”就是这种工具。“筭”也叫“策”或“筹”。“计”，是靠摆小棍，数小棍。摆小棍，要分堆分组，排列组合，叫“画”或“划”，现代汉语的“擘画”“策划”和“筹划”，本来就是指这一类活动。刘邦打仗，主要靠两个人，张良出谋划策，韩信带兵打仗。前者属于参谋人员，后者属于指挥人员。张良给刘邦当参谋，“运筹帷幄之中，决胜千里之外”，古人叫“画策臣”。他给刘邦摆小棍，就是“运筹”。数小棍叫“数”，《老子》说“善数者，不用筹策”（第27章）。普通人计算，当然要用筹策，只有高明者才不用。现代汉语的“运筹”“决策”，本来就是指用筹策来计算。

《计》篇就是讲“运筹于庙堂之上”。

我把《计》篇分为四段：

第一段，是讲军事乃国之大事。

第二段，是讲定计于庙算。

第三段，是讲用计于实战。

第四段，是讲计（庙算）可预知胜负。

这四段，一头一尾短，开头点题，收尾总结，前后呼应；中间两段长，先讲定计，再讲用计，相映成趣。整个写法，简捷明了，很有章法。

下面讨论一下。

1.1　孙子曰：

兵者，国之大事，死生之地，存亡之道，不可不察也。

这段话是个引子，点题，点出全书的主题。题是什么？是“兵”。孙子讲话，头一个字就是“兵”。

“孙子曰”，《孙子》每篇开头都有这三个字。这三个字很重要，它说明，《孙子》各篇都是学生记录老师的话，话不是老师写的，而是学生听老师讲，当场记录加事后回忆加心得体会，整理成篇。“孙”是姓氏，“子”是尊称，“曰”是说，三个字加一块儿，等于说“孙老师如是说”，“孙老师这样讲”。古人讳名，对尊者一般不称名，这里只称“孙子”，不称他的名。[1]类似的称呼也见于《墨子》。《墨子》十论（《尚贤》等篇），每篇分上中下，它们的开头都作“子墨子曰”，意思也是说，这些都是墨翟墨老师写的书。

“兵者”，是军旅之事，和治兵、用兵有关的事。我把它翻成“军事”。《孙子兵法》之所以叫《孙子兵法》，一是

1　汉代的《孙子》有两种，一种是《吴孙子》（孙武的书），一种是《齐孙子》（孙膑的书），两种是祖孙相继的一家之学。这两种《孙子》都用“孙子曰”作每篇的开头。

有上面的“孙子曰”，二是好讲“用兵之法”。“用兵之法”，频繁出现（见于《作战》《谋攻》《军争》《九变》《九地》），是使用军队或兵力的方法，在《孙子》中也简称为“兵法”（《形》）。我们要注意，它的开篇第一个字就是“兵”字。这个字的含义，值得深入讨论，绝不可小看。现在，中国的白话译本多半把它翻成“战争”，[1]不太准确。我看到的英译本，一般翻成war、warfare，[2]也是这么理解。这些翻译，不太准确，古代训诂没这种讲法。没人说，“兵”就是战争。[3]“兵”字，古文字的写法，象双手持斤，本义是兵器，没错。但古人也把披坚执锐的士兵叫“兵”，引申义是士兵、军队或兵力。西方和我们有类似想法，他们的weapons和arms也是武器或武装，他们的soldiers（战士）或army（军队）也是指用武器武装起来的人，准确地讲，是armed forces（武装力量）。这里的“兵者”，下文的解释是“国之大事”，可见是指“兵事”。“兵事”是古书上固有的词（《左传》《周礼》有

---

1 如：郭化若《孙子今译》，上海：上海人民出版社，1977年，1页；中国人民解放军军事科学院战争理论研究部《孙子》注释小组《孙子兵法新注》，北京：中华书局，1977年，1页；吴九龙主编《孙子校释》，北京：军事科学出版社，1990年，17页。

2 前一种翻法，见Samuel B.Griffith，*Sun Tzu：The Art of War*，New York：Oxford University Press，1963，p.63；Roger Ames，*Sun Tzu：The Art of Warfare*，New York：Ballantine Books，1993，p.103；John Minford，*Sun Tzu：The Art of War*，New York：Penguin Books，2003，p.3。后一种翻法，见Ralph D.Sawyer，*The Seven Military Classics of Ancient China*，Colorado：Westview Press，p.157。还有人翻成military action，见Thomas Cleary，*The Art of War/Sun Tzu*，Boston：Shambhala publications，1988，p.41，与前者类似。

3 宗福邦等主编《故训汇纂》，北京：商务印书馆，2003年，196页。

这个词）。“兵事”也叫“戎事”（《左传》《礼记》有这个词）或“军事”（《左传》《周礼》有这个词），都是属于“军旅之事”。“军旅”是军队，不是武器。

我们要注意，中国的兵法，主要是讲兵力的使用，而不是武器的使用。兵家不是兵器专家。兵力的核心是人，是用武器武装起来的人。讲人自然有武器。[1]

顾炎武说，先秦古书的“兵”字都是当武器讲，秦汉以来才当士兵和军队讲（《日知录》卷七）。这个说法对不对？不对。别的古书不说，光《孙子》本身，就可否定这一说法。我统计过，《孙子》有71个“兵”字，“兵”当“兵器”讲，一条没有，绝大多数都应翻成“军队”或“兵力”，只有少数几句，比如下文的“兵者，诡道也”，还有后面的“兵闻拙速”“兵以诈立”，“兵”字应指“军事”或“军事学”。[2]《孙子》中的“兵”字，不仅前一类不能翻成“战争”，后一类也不行。这里，大家把“兵者”翻成“战争”，还勉强可以说得过去，但“兵者，诡道也”，也这么翻，就不通之甚了。

上面，我们说“兵事”“戎事”“军事”是一类词。“兵事”“戎事”，现在不流行。大家习惯使用的是“军事”一

1　没有武器的世界（人消灭武器），是人类的理想；没有人的世界（武器消灭人），是人类的悲剧。现在的战争还挣扎于两者之间。

2　“兵家”“兵法”等词也不能这么翻。

词。今语“军事”是借自日语，日语是用中国古语翻译西语的military affairs。

“国之大事”，军旅之事是国之大事，今天仍然如此。人类生活，一直充满战争，血流成河，泪流成河。前人注释这段话，总要提到一句话，就是刘康公说的“国之大事，在祀与戎”（《左传》成公十三年）。“祀”是祭祀，“戎”是军事。当时，这是一个国家最大最大的两件事。孔子说过一句话，“俎豆之事，则尝闻之矣；军旅之事，未之学也”（《论语·卫灵公》）。“俎豆之事”就是“祀”，“军旅之事”就是“戎”。古礼，祭祀属于吉礼，用兵属于凶礼。祭祀，古人都说好，但用兵却不同。战争是有组织的杀人，大规模的杀人，无论摆什么理由，都无法掩饰其残酷性。《老子》说，“夫兵者，不祥之器也”，“夫乐杀人，不可以得志于天下矣”，用兵是“丧事”，要以“丧礼”对待，“杀人众，以悲哀泣之；战胜，以哀礼处之”（第31章，此据马王堆帛书本）。

“死生之地，存亡之道”，是对应于上面两句。“死生之地”，见于《虚实》篇，作“形之而知死生之地”，是“死地”和“生地”的合称。《九地》篇也有“死地”，解释是“无所往者，死地也”，并有“陷之死地然后生”的说法，“死地”是对“生地”而言。《孙子》论地，有死地、生地。战地，不是“死地”，就是“生地”。“死生”不是地所固有，而是跟人有关，跟战势有关。这里，“死生之地”是对应于

“兵”，“存亡之道”是对应于“国”。古代兵出于境，进入实战，实战都是在地面上打，地形很重要。讲兵必讲地，讲地必讲兵。战场上，士兵是死是活，直接关系到国家的存亡，存亡属于“道”。“道”是国家命运。人曰“死生”，国曰“存亡”，两者有因果关系，但从句式上讲，两者是并列关系，都是“不可不察”的对象。作者讲兵事是大事，劈头用了“死生”“存亡”四个字，很抢眼。战争，是人命关天的大事，多少人的命都攥在你一个人的手上，这可不是儿戏。作者把将军叫“司命”，比作天上定人生死的神灵（《作战》《虚实》），真是一点不错。

“不可不察也”，“察”是细看，这里是说，不可不仔细考察、仔细研究。

1.2　故经之以五事，校之以计，而索其情：一曰道，二曰天，三曰地，四曰将，五曰法。道者，令民与上同意，可与之死，可与之生，而不（畏）危也；天者，阴阳、寒暑、时制也；地者，远近、险易、广狭、死生也；将者，智、信、仁、勇、严也；法者，曲制、官道、主用也。凡此五者，将莫不闻，知之者胜，不知者不胜。故校之以计，而索其情，曰：主孰有道？将孰有能？天地孰得？法令孰行？兵众孰强？士卒孰练？赏罚孰明？吾以此知胜负矣。将听吾计，用之必胜，留之；将不听吾计，用之必败，去之。

这段话，是讲“庙算”。讲到这里，才进入正题。

庙算是出兵前的节目。读《孙子》，我们要有“内外”的概念。“内”是国内，“外”是国外。出兵前的事是“内”，出兵后的事是“外”。[1]当时的战争，“内”“外”是两码事，不像现代，国内有国防部、大本营或参谋本部，有很好的联络工具，可以对派出的军队进行遥控。

春秋早中期，两国交战多在边境上的中间地带，战争规模比较小，战争时间比较短，当时还有不少国君亲征的事。但春秋晚期和战国时期，这种事就少了。连年累月的战争，深入敌境的战争，使国君亲征逐渐成为不可能。从此，内外有别，国君只管后勤保障，不管带兵打仗，打仗全靠将军。“内”是国君的事，“外”是将军的事。

这里的中间两大段，就是先讲“内”后讲“外”。它讲“内”，分两层，一是庙算，二是授算。

我们先说庙算。庙算，关键概念是所谓“五事七计”。

“五事”是比较敌我的五个项目，“七计”是围绕“五事”的七种比较和计算结果。这里的叙述，跟上面说的要素是什么关系，大家要特别注意。

它分三层：

---

1 《孙子》讲战争三部曲，也分内外。《计》篇是讲“内”，《作战》《谋攻》是讲“外”。“内”是庙堂，“外”是战场。

（一）开头三句话，是个提示。

“故经之以五事”，是拿敌我都有的五件事作比较项目。简本没“事”字，是省略，今本加“事”字，比较清楚。这是“五事”。

“校之以计”，“校”是检验、核对和比较，即一项一项比较，一项一项计算，看结果怎么样。下面有七组比较，七项计算。这是“七计”。

这里的“经之以五事”“校之以计”，都是靠摆小棍、数小棍。小棍是分成五组，一组一组数。

（二）接着讲“五事”。

“五事”，头一条是“道”。“道”是正义，是战争合法性，是战争背后的政治。战争要杀人，杀人的理由是什么，很重要。汤武杀桀纣，革对方的命，改对方的运，借口是天命变了，这是讲天道，讲宗教理由。《司马法·仁本》说，“人故杀人，杀之可也”（据曹操《孙子兵法》序引），杀人就该偿命，一命抵一命，这是讲人道，讲司法依据。古有“兵刑合一”说，就是讲这种依据。还有一种，比这两种更古老，是干脆不把对方当人，觉得打仗就像打猎，杀几个畜牲算什么，不但拿活人献祭，就是食肉寝皮，也理直气壮。这里的“道”是什么？是君民关系。有道是得民心，老百姓和统治者同心同德，同生死，共患难，绝不违背。孔子说，“自古皆有死，民无信不立”，“民信”比“足食”“足兵”还重要（《论语·颜渊》）。孟子也说，“天时不如地利，地利不如人和”（《孟子·公孙丑下》）。《孙子》讲的“道”就是“民信”和“人和”。它是把这样的“道”摆在其他四条之上。这里，“畏”是衍文。“不危”，简本作“不诡”，是不违的意思。后人读不懂这段话，以为“危”是疑惑，又添油加醋，加上“畏”字，变成不害怕也不怀疑，意思可通，但不是本来面貌。

下面两条，是“天”“地”。这里的“天”“地”，当然是和军事有关的天地。兵家讲天地，有门学问，叫兵阴阳，现代读者很陌生。其实，现代的军事气象学和军事地理学，按古代的概念，就属于兵阴阳。《孙子》也讲兵阴阳，但它讲天少，讲地多。讲天，主要在《火攻》；讲地，主要在《军争》《九变》《行军》《地形》《九地》。古代没有空军，舟师和水军也不是主要兵种。《孙子》是以地为主。

“天”，兵阴阳讲天，内容很多，如观星、望云、省气、风角、五音、鸟情，但这里强调，只是“阴阳、寒暑、时制也”。中国古代的宇宙论，是以阴阳五行说为基础。“阴阳”很重要。天有阴阳二气，互为消长，才形成“寒暑”。寒来暑往，四分，才形成春夏秋冬。春夏秋冬叫“四时”。四时的划分就是所谓“时制”。“时制”也叫“时令”。这几句话，简本多出“顺逆、兵胜也”。“顺逆”是阴阳向背，“兵胜”是五行相胜，也都属于兵阴阳。兵阴阳是数术之学和阴阳五行说在军事上的推广，本身是个大杂烩。现代科学，科学与迷信势不两立，但这门学问，既是科学，也是迷信。

“地”，也是兵阴阳的研究对象，也讲顺逆向背，但这里强调，只是“远近、险易、广狭、死生也”。地有“无人之地”和“有人之地”。“无人之地”是客观存在的地形地貌。如这里的“远近、险易、广狭”就属于“无人之地”。地有三维：长、宽、高。“远近”属于长短，“险易”属于坡度。地势险峻，近于90°，是“险”；平坦，近于0°，是“易”。“广狭”属于宽窄。今本没有“高下”，但简本有之。“高下”属于高低。可见三维全都讲到。有人之地是以战势分，行军有行军的地形，作战有作战的地形，有好几套分类。“死生”是最基本的分类。士兵在战地，不是死就是生，是死是活最重要。《九地》有“死地”，解释是“疾战则存，不疾战则亡”，它没提到“生地”，但这里提到了。“死地”是不战就得死的绝境，“生地”相反，是比较安全的地方。

“天”“地”的后面是“将”“法”。“将”“法”主要讲人。古代宇宙论，《老子》的讲法，最高最高是道，道下面是天、地、人。这里也是先讲道，再讲天、地、人。

“将”有五德，“智、信、仁、勇、严”，这个排序很有意思。“智”排第一，“勇”排第四。将德，智和勇，什么更重要？大家说，两者都重要，最好是智勇双全。但人类有脑体分工，军队也有。小说里，舞枪弄棒的，大家看重的是勇敢和武艺，摇羽毛扇的，主要是斗心眼。克劳塞维茨说，战争充满危险，勇气是军人的首要品质。但军人，当官的和当兵的不一样，将要智，兵要勇。指挥官，官越大，胆越小，深思熟虑，谨小慎微，本身就是胆量。[1]中国的军事传统是贵谋尚诈，最重智慧。《孙子》论“将”，所谓“上将”（《地形》），所谓“良将”（《火攻》），所谓“贤将”（《用间》），强调的都是智慧。《孙子》只有“智将”的说法（《作战》），没有“勇将”的说法。“信”是什么？是将帅的威信，将帅的权威性。它和“令”关系最大。将的“信”，不光是对部下讲信用，说话算话，让部下信得过，更重要的是，他得有威信，让部下服他，令行禁止，绝对服从。比如孙武用宫女练兵，三令五申不听，把队长拉出去砍了。司马穰苴与庄贾约，日中会于军门，期而后至，把庄贾绑了，斩首示众。他们都是拿国君的宠信开刀。拿这些人开刀干什么？就是为了让大家知道，军中无戏言。军中无戏言，就是“信”。“信”很重要，仅次于“智”。再下来才是“仁”和“勇”。“仁”是爱兵如子，赢得士兵爱戴；“勇”是杀敌致果，令敌闻风丧胆。

1　参看：克劳塞维茨《战争论》，北京：商务印书馆，1978年，第一卷，66—88页，197—201页。为了说明智慧的重要，他说，野蛮民族比文明民族更勇敢，但出不了天才将帅，希腊、罗马有天才将帅，是因为他们更智慧。这话有文化偏见。

兵家，吴起爱兵最有名，他是儒家，但搞恐怖主义，他也不含糊。恐怖主义，靠的是“勇”。孔子有句话，“仁者必有勇，勇者不必有仁”(《论语·宪问》)，这里也是把“仁”排在“勇”上。“严”和“法”有关，主要是执法严格，下面就是讲“法”。

“法”，不是一般的法，而是军法。如《司马法》，就是齐国的军法。军法包括的东西很多，俗话说“养兵千日，用兵一时”，凡与组建、供给、装备、训练军队有关的一切事，都属于军法。这里讲军法，主要讲三件事，“曲制、官道、主用”。“曲制”，是军队编制，军旅卒伍，各级有多少人。“官道”，是与“曲制”相配，讲各级编制，每一级设什么官。如军有军将，旅有旅帅，卒有卒长，伍有伍长，就是“官道”。“主用”，是和后勤保障有关。作者举例，专讲这三条。

作者讲完这五条，然后总结说，“凡此五者，将莫不闻，知之者胜，不知者不胜”。把它落实到“知胜”。“凡”字是总结上文。

（三）接着讲“七计”。

“故校之以计，而索其情”，是专门讲“计”，即从“五事”而来的七项计算。“七计”就是下表右栏的七句话。“七计”和“五事”是什么关系，可以看下表：

五事（比较事项）	七计（比较结果）
道	主孰有道?
天	天地孰得?
地	天地孰得?
将	将孰有能?
法	法令孰行? 兵众孰强? 士卒孰练? 赏罚孰明?

这里，“兵众孰强”“士卒孰练”“赏罚孰明”，好像是多出来的三条，其实不是。这三条，都属于军法的范畴，还是在“五事”的范围里。

这里的“五事七计”，它所涉及的各项，用克劳塞维茨的说法，是战略要素。[1]上面我们说，战略要素，有人的要素，也有物的要素。物的要素，里面有武器。现代战争，技术含量高，武器变得很重要，很多人都认为，人的因素已微不足道。但值得注意的是，《孙子》不这么讲。这本书，还是“人的因素第一”。这里，“道”“天”“地”“将”“法”五项，除去“天”“地”，都是讲人。“道”是讲君、民关系，“将”是讲将，“法”是讲将、吏、卒的关系，“兵众”“士卒”是讲“卒”。所有人的因素都被考虑到，没有一条是专讲武器。武器藏在哪里？大概是藏在“法令”之中，不是单独的一项。

---

1 克劳塞维茨《战争论》，第一卷，185—186页。

这是“五事七计”。

经过比较、计算，下面有一句话，“吾以此知胜负矣”，还是讲“知胜”。

下面一段话，有两个“听”字。这段话，主语是谁，历来有三种解释。一种是孙子对吴王说，如果你肯接受我的计，我就留下来；不肯接受我的计，我就走人。“将”是虚词，表示假想中可能发生的事。一种是以国君的身份讲话，意思是，如果将帅肯执行我的计，我就任用他；不肯执行我的计，我就撤掉他，“将”是实词，指将帅。还有一种可能，是说敌人是否中计，中就留下来，与敌周旋；不中，就赶紧撤离。三种解释，无论哪一种，都是指计的接受和实现，中间一种比较好。

上面说，庙算之后，要拜将授算。拜将授算就是授命。有授就有受。接受任命，就是这里的“听”。将军受命，才能召集军队，出兵于外。《军争》《九变》说“将受命于君，合军聚众”，“合军聚众”之后才是出兵。

1.3 计利以听，乃为之势，以佐其外。势者，因利而制权也。兵者，诡道也。故能而示之不能，用而示之不用，近而示之远，远而示之近。利而诱之，乱而取之，实而备之，强而避之，怒而挠之，卑而骄之，佚而劳之，亲而离之。攻其无备，出其不意。此兵家之胜，不可先传也。

上面是讲庙算，是讲定计。定计讲“知胜”，只是预测中的胜，预算中的胜，还不是真正的胜。真正的胜，是靠用计。用计才能“制胜”。“制胜”不在庙堂，而在战场。拿破仑有句名言，“首先是投入战斗，然后才见分晓”。简化一下，就是“投入战斗，才见分晓”。下面就是讲战场上的事。

战场上的事，已超出庙算，好像不属于“计”。但庙算结束，“计”没停止。战场上的一切，还是“计”的延续，既是“计”的实施，也是“计”的修正，所以搁到一块儿讲。

它分五层。

（一）头三句，“计利以听，乃为之势，以佐其外”。

“计利以听”，意思是，计算不但有利，而且还被接受。这是个承上启下的句子。一方面总结上文，一方面引出下文。下文是讲实战，讲计的执行。

“乃为之势”，于是才制造“势”。“势”是什么意思，下文有解释。

“以佐其外”，“外”，是对“内”而言。“外”是国外，“内”是国内。上文讲庙算，这里讲实战。庙算是在国内，实战是在国外。《作战》篇有“内外之费”，《用间》篇有“内外骚动”，“内外”都是指这两个方面。古人说，“计必先定于内，然后兵出乎境”（《管子·七法》）。“计定于内”是定于庙堂，“兵出乎境”是到国外作战。

（二）下面是解释“势”。

关于“势”，后面还要讲。这里的定义是，“势者，因利而制权也”。“利”，就是上面讲的“计利”，即计算上的优势。“权”即“权衡”的“权”，“权”是环状的砝码或秤砣类的重物，“衡”是秤杆类的平衡物。“权衡”，就是用“权”加在“衡”上，称量物体的重量，今语“加权平衡”就是反映这种含义。用作动词的“权”，是掂量轻重的意思。这里，“权”指权变。权变的意思，就是从称量的含义发展而来，从调节力量分配的含义发展而来。“因利”是发挥优势。“制权”是制造机变。

在《孙子》一书中，“形”“势”是一对矛盾概念，相反相成。后面的《形》《势》二篇就是专门讨论这对概念，请对照。这里只有“势”，没有“形”。没有，不是真的没有，只是没有出现这个字。其实，“因利而制权”，里面已经有“形”。我们要知道，“因利”的“利”就是“形”，“制权”的“权”就是“势”。“势”是“形”的发挥，“因利而制权”就是“因形而造势”。

“势”是“形”的发挥。“形”是什么？后面还要讲，这里只能简单说一下。“形”是有形可见，可以事先算出来的东西，是己所素定，单方面准备好的东西。这种事先准备好的东西，不是别的，就是自己的实力，自己的计算优势。“因利而制权”，就是利用这种优势，在战场上因敌变化，随时调节自己的对策。这些对策，千变万化，不可言传。它和“形”正好相反。

（三）下面是强调“诡”。

“兵者，诡道也”，这句话非常重要。“兵以诈立”（《军争》）也是讲这个意思。“诡诈”不仅是“势”的特点，也是“兵”的特点。兵不厌诈，是典型的中国智慧。

“诡”“诈”二字，很有意思。“诡”有违反的意思，我的解读是拧着来，成心让敌人难受，成心让敌人不舒服。“诈”，古代用法，和“伪”字有关，经常和“伪”字连用，含有伪装、欺骗的意思。下面的话就是讲这两个字。

“兵不厌诈”，唐代已有这种说法，来源是韩非的名言，“繁礼君子，不厌忠信；战阵之间，不厌诈伪”（《韩非子·难一》）。[1]我说，它是兵法成熟的标志。中国兵法，黄金时代是战国时期。荀子骂秦人“隆埶（势）诈，尚功利”（《荀子·议兵》）。“势”“诈”不仅是秦人的特点，也是所有战国兵家的特点，来源是齐国。齐国，商业发达，学术发达，人比其他地方的人鬼大。古人说，“齐人多诈”（《史记·平津侯主父列传》），那是一点不假。晋人也好，秦人也好，都是拜他们为老师，青出于蓝而胜于蓝。

诡诈，从一开始，就和“君子”的概念有冲突，和贵

1　李零《花间一壶酒》，北京：同心出版社，2005年，124—125页。

族道德有冲突。中国也有贵族，但礼坏乐崩，这类传统，崩溃特别早。我们比较滑。美国，大坩埚，什么族裔都有，在那儿居住的人，很容易对比。有些留学生说，“华人最滑”。“滑”有贬义，反义词是“老实”。“老实”当然是好词，但“老实”的另一面是“傻”，就像“滑”的另一面是“精”。

中国文明太悠久，我们的兵法，确实发达。

西方的军事传统，比我们有贵族气，但战争不是贵族决斗。想入兵法这个门的，都得放下贵族的架子，抛弃宋襄公那一套。中国，兵法特发达，但兵法也不是中国的专利。克劳塞维茨讲战争，他也说，“战略”一词，从语源上讲，本来就与诡诈有关。“诡诈是以隐蔽自己的企图作为前提的。”[1]西方也有诡诈。比如希波战争史，波斯强大，希腊弱小，希腊就经常玩诡诈。

兵法的产生，和兵不厌诈有关。“诈”，是以谋济力。克劳塞维茨说，兵力越少，越需要诡诈。[2]强者恃强，用不着要花招。糙招、损招，都是逼出来的。他说得好，弱者才更偏爱诡诈。[3]这点很重要。

动物，吃肉的厉害，还是吃草的厉害？当然是吃肉的厉害。人也一样。但曹刿的话很精彩，“肉食者鄙，未能远

1　克劳塞维茨《战争论》，第一卷，216页。

2　克劳塞维茨《战争论》，第一卷，218页。

3　克劳塞维茨对诡诈有较多的保留。

谋”，在“谋”上不行。

食草动物，遍地都是吃的，种群数量大，生育能力强，食肉动物比不了。老虎厉害，还是兔子厉害？当然老虎厉害。但兔子鬼大，还是老虎鬼大？还是兔子鬼大。兔子吃草，兔子能跑。兔子类的动物全都跑了，老虎就得饿死（饥饿是老虎的家常便饭）。

逃跑也是兵法。

（四）什么是“诡道”？下面有一串话。

头四句，“故能而示之不能，用而示之不用，近而示之远，远而示之近”，毛泽东叫“示形”。[1]这里有四个“示”字，“示”是什么意思？就是做给敌人看。做给敌人看的东西，当然有形。“形”和“势”有什么不同？最大不同，就是“形”可见，“势”不可见。但我们要注意，“形”和“势”虽为不同概念，但并非各自独立。其实，“势”是“形”的发挥，有“势”就有“形”，“形”不但是“势”的依托，还是它的表象。

“形”摆在前面，“势”藏在后面，两者可以不一样。你看见的“形”，不一定反映它后面的“势”。它可能是伪装，它可能是假象。比如这里的“示形”，就是制造假象。“诈”的本义，就是制造假象。

---

1 《毛泽东选集》一卷本（字典纸四卷合订本），北京：人民出版社，1966年，203页。

后八句，“利而诱之，乱而取之，实而备之，强而避之，怒而挠之，卑而骄之，佚而劳之，亲而离之”，特点是反其道而行之，成心跟敌人拧着来，给敌人制造麻烦，让它浑身不自在。伍子胥的“亟肄以罢（疲）之，多方以误之”（《左传》昭公三十年），毛泽东的十六字诀（“敌进我退，敌驻我扰，敌疲我打，敌退我追”），都是讲这类兵法。[1]苍蝇、蚊子最擅长这种兵法。“诡”字的本义，就是反着来。

最后，是“攻其无备，出其不意”。这两句也是名言。它强调的是捕捉战机。什么是战机？战机就是敌人的疏漏。“无备”是没设防，“不意”是没料到，都是敌人的疏漏。战场上的事，百密犹有一疏。胜利，不但要靠自己不犯错误，还要靠敌人犯错误。敌人不犯错误就坏了，你得想方设法，引导它犯错误，帮助它犯错误。《形》篇说，“故善战者，立于不败之地，而不失敌之败也”，敌人犯错误，千万不要错过。

（五）讲另一种“胜”。

作者说，“此兵家之胜，不可先传也”。这种“胜”，是另一种“胜”，不是摆小棍就能摆出来的“胜”，不是庙算上

---

1 据秦福铨说，1935年2月5日，周恩来与博古有一次长谈，曾提到“十六字诀”的来源。周恩来说，“我建议你认真研究一下‘十六字诀’，这是老毛秋收起义后在湘赣边界罗霄山中段‘占山为王’时，从一个山大王的‘打圈圈’战术中学到的，经过他在多次游击战、运动战中的应用，总结出来的经验，很适合驾驭目前的战争，是以少胜多、以弱胜强的法宝”。参看：秦福铨《博古和毛泽东》，香港：大风出版社，2009年，127—128页。

的“胜”。庙算的“胜”是“知胜”之“胜”，这里的“胜”是“制胜”之“胜”。战场上的事，瞬息万变，一念之差，结果可能完全改变，就像足球赛，很难预测。克劳塞维茨说，战争最像赌博。[1]毛泽东说，一上战场，兵法就全都忘了。这都是大实话。军事，凡是可以传授的东西，都是纸上谈兵；真正管用的东西，都没法传授。写在纸上，只能是一点原则性的东西。即使谈变，也是谈变中之常。

我们一定要有清醒的认识。

1.4　夫未战而庙筭胜者，得筭多也；未战而庙筭不胜者，得筭少也。多筭胜少筭（不胜），而况于无筭乎！吾以此观之，胜负见矣。

这段话是结语，话题又回到庙算。上面说“此兵家之胜，不可先传也”，那是讲“制胜”之“胜”。这样的“胜”，现在还谈不上，但庙算的“胜”可以讲一下，在出兵之前，有个大概的估计。

“未战”，这两个字说明，“庙算”是在实战之前。

“庙筭”，指出兵前，君、将在庙堂上进行的计算。“筭”（音 suàn），后世古书多用“算”字来代替。“庙筭”

1　克劳塞维茨《战争论》，第一卷，41 页。

就是“庙筭”。许慎把“筭”和“算”当两个字，“筭”是算筹，当名词用；“算”是计算，当动词用。[1]这种划分并不可靠。如果照此划分，“庙筭”的“筭”就应写成“算”，但这里的六个“筭”字写法一样，银雀山汉简和宋本都这么写。其实，从古文字材料看，“筭”和“算”的关系并不是这样。我们看秦代和西汉的简牍帛书，“卜算”“计算”的“算”都是写成“筭”，并不写成“算”。“算”恐怕是另一个字，原先和“纂”“篹”等字有关。“算”代替“筭”，恐怕是西汉以后。宋本的写法很古老，还保留了西汉的书写习惯。[2]

“得筭”，这里的“筭”才是算筹。下文“多筭”“少筭”“无筭”的“筭”也是。

“多筭胜少筭，而况于无筭乎”，意思是得筭多的一方会战胜得筭少的一方，更何况是战胜一根筭都没有的一方呢？今本“少筭”，下面多出“不胜”二字。这两个字是后人加上去的。加上这两字，就成了“多筭胜，少筭不胜，而况于无筭乎”，意思不一样。

兵家的思维，是在敌我双方的激烈对抗中思维，不是

---

1 《说文解字·竹部》：“筭，长六寸，计历数者。”“算，数也。”

2 睡虎地秦简《日书》乙种提到“不可卜筭、为屋”（简191贰），整理者说：“筭，当为筮字之误。”（睡虎地秦墓竹简整理小组编《睡虎地秦墓竹简》，北京：文物出版社，1990年，248页）。案：我有点怀疑，“筭”字本来并不从弄，而是从筮从廾。如史懋壶的“路（露）筭”（《殷周金文集成》修订增补本，北京：中华书局，2007年，第六册，09714），很可能就是“露筭”。巫字的早期写法像王，筮与筭古音相近（筮是禅母月部，筭是心母元部），“卜筭”与“卜筮”可能是一回事。

在静态观察下思维。敌我双方斗心眼，敌变我变，瞬息万变。庙算上的算，投入战场，还要不断修正，随时随地调整。投入战场，不是庙算的结束，而是庙算的延续，任何算都是未知加已知，带有概然性、模糊性，不大可能是“满打满算”，再周密的考虑，也做不到“算无遗策”。

《孙子》以《计》为先，这是贵谋。我们要记住这一点。

作战第二

——决胜千里之外（贵速）

上一篇讲庙算。讲完庙算，就该讲实战了。实战，第一步是野战，第二步是攻城。这里先讲野战。

兵权谋，强调“先计而后战”（《汉书·艺文志·兵书略》）。“先计”是先庙算，“后战”是后实战。这个定义，估计就是根据《孙子兵法》。

《计》篇讲庙算，定计是一段，用计是一段。定计是庙算，用计是野战和攻城。真正的庙算只限于定计。定计以后是“拜将授算”。这种仪式，《孙子》没有讲，但它提到“将受命于君，合军聚众”（《军争》《九变》）。“合军聚众”，不光是把军队组织起来，还要把他们武装起来。兵车，要从武库中拉出来，武器和甲盾要发下去，古人叫“授甲授兵”。“授甲授兵”，《孙子》也没讲，但《左传》中有描述。这些事，都属于“内”。“内”是国内。

有了人，有了武器，两者加在一起，才叫“兵”。有了“兵”才谈得上“用兵”。用兵是在国外。古人说，“计必先定于内，然后兵出乎境”（《管子·七法》），计定于内，才兵出于外。兵出于外，就是越过边境，开进敌国。“开进”的学问很大，这里也没讲，但《九地》篇的结尾讲了，可参看。开进以后，才有“示形”“造势”，“因利制权”，“以佐其外”。“外”是国外。

前面，我们已经讲过，庙算之前，庙算之后，战争的准备还有很多环节。此书没讲，但我们要心里有数。[1]

“作战”，“作”是发动，表示“始用战”；“战”有广狭二义，广义的“战”是泛指一切战争、战役和战斗，狭义的“战”则专指野战，特别是列阵而战的野战。讲到这一步，战争的序幕才真正拉开，“内”与“外”的转换才得以完成。

什么叫“野战”？我可以把这两个字拆开来讲。

（一）什么是“野”？

我国古代，建城选址，讲究表里山河。山，有如城墙，可以作城市的屏障，但很少把城建在山上。他们选址，都是选择高山之下、大河之上，有水源又不会被水淹，比较平坦也比较高亢的地方。大河顺山谷流，冲积出平原，利于农业；大道沿河边走，构成道路网，利于交通，才是城市所依托。城市周围的“野”往往都是这种“野”，不是田野就是荒野，兵车易于开进，阵形易于展开。

中国早期有国野制，国野对立是城乡对立。国是首都（包括城里和城外的郊区），野是它外面的乡村。次级城市，

1　第一是庙算前的武备，军赋制度和演习训练；第二是庙算后的拜将授算和授甲授兵；第三是出兵前的祃祭和誓师；第四是出兵前的伐交。

古代叫都、县（都是有宗庙的大县），都、县的外面也有乡村环绕，这种乡村叫鄙。无论哪种城市，都是“农村包围城市”：城市是核心，乡村是外围，点是包在面里。打仗，总是从外往里攻，先打外面，再打里面。野战顺利，才会兵临城下。故野战是第一步，攻城是第二步。

总之，野战是在旷野里打。

（二）什么是“战”？

《春秋左传》有“五十凡”（50个凡例），其中一条，叫“皆陈曰战”（《左传》庄公十一年），意思是只有双方摆好阵势才能开打，这样的“战”才叫“战”。可见“战”的概念从一开始就和“陈”（即“阵”的本字）有关，和车徒混编，靠阵法打仗有关。

春秋早期的野战，多在两国接壤的空旷地带，古人叫“疆埸”（埸音yì）。比如齐鲁长勺之战的长勺就是位于临淄和曲阜之间的边界上。当时，打法很简单，都是速战速决，短可短到一顿饭的工夫，长也长不过一天，双方摆好阵势，呼啦一冲，胜负立见。距离近，时间短。

这种打法，后来有改变。春秋晚期和战国时期，深入敌国互为主客的战争逐渐增多。《孙子》把到国外打仗叫“为客”。“为客”的麻烦是补给线太长，花钱太多，耗时太久，时间和金钱都是问题。《作战》就是针对这两个问题。

总之，“野战”是泛指城市以外的战斗，[1]有别于攻城的战斗。

我把《作战》分为五段：

第一段讲“费”，打仗费钱。

第二段讲“耗”，打仗耗时间。[2]

第三段讲“抢”，取敌之利，就地补充。

第四段讲“快”，强调速战速决。

第五段是说，将军要“知兵”，懂得上面的道理。

这五段，前两段是讲“用兵之害”，后两段是讲“用兵之利”。“用兵之利”是针对“用兵之害”。最后一段是总结。

2.1　孙子曰：

凡用兵之法，驰车千驷，革车千乘，带甲十万，千里馈粮，〔则〕内外之费，宾客之用，胶漆之材，车甲之奉，日费千金，然后十万之师举矣。

打仗，要有钱有粮，有人有武器。这一切要精打细算。

军事家要精通战争经济学。

《孙子兵法》有一大特点是精于计算，处处都要算账。

1　现代军语的“野战”是借自日语，日语是借中国古语翻译西语，英文叫field operation。field是森林和建筑以外的空地，和我们的概念还不完全一样。我们的“野”是指城外。

2　这两条，《火攻》篇叫“费留”。

庙算只是预算，这里是第二次算账。

“凡用兵之法”，是《孙子》常用的说法。《作战》《谋攻》《军争》《九变》《九地》开头都有这类话（《谋攻》开头作“夫用兵之法”，《九地》开头作“用兵之法”，其他作“凡用兵之法”）。《谋攻》《九变》的当中，《军争》篇的结尾，也有这类话（除《军争》篇的最后一句是“此用兵之法也”，其他都作“故用兵之法”）。古书讲条例，喜欢用“凡”字，习称“凡例”或“发凡起例”。比如《春秋左传》有所谓“五十凡”，就是这种东西。“凡”字总是同“法”有关，同规则有关。“法”的反面是“变”，“变”是与规则相反的东西。“用兵之法”，不是使用武器的方法，而是使用军队或使用兵力的方法。军人是披坚执锐用武器武装起来的人，讲人自然有武器。战国以来，兵书多称“兵法”。“兵法”就是“用兵之法”的简称。兵书分两种，一种是军法，一种是兵法。军法是条例规定，讲的是建军之法、治兵之法。兵法是指挥艺术，讲的是行师之法、用兵之法。兵法是脱胎于军法，但还保留着它的某些特点。比如《司马法》讲军法，《尉缭子》讲军令，就经常用“凡”字开头的句式。这种句式可以叫“条例体”。《孙子》也有这类用法。这里是讲，当时的用兵规模一般有多大，要花多少钱。

下面的话，是先讲“兵马”，再讲“粮草”，再讲“花钱”。

（一）兵马

作者讲战争动员的规模，只用三句话，“驰车千驷，革车千乘，带甲十万”。前两句是说战车有多少，后一句是说战士有多少。

读《作战》，读《谋攻》，我们要学点军制史，学点兵器史，知道古人靠什么打仗。

早期野战，商周时期，主要是车战。车战是靠马拉的战车。快马、轻车和利刃是中国青铜时代的发明。

马是军事文化的象征。比如两周时期的“司马”，就是古代的军事长官。比这更早，商代的军事长官，甚至就叫“马”。

马是欧亚大陆的“军事传染病”。驯化马，最早出现于中亚，距今约6000年。后来南传到西亚、北非，西传到欧洲，东传到东亚。美洲和澳洲比较晚，是欧洲殖民者带过去的。

马车也是中亚的发明，距今约4000年。马车是马和轮的结合，轮的发明很伟大，距今也有6000年。

马的使用，都是先拉车，后骑乘，全世界一样。故车兵先于骑兵。骑兵的发展要取决于很多条件，一是马嚼子（还有马笼头和缰绳），二是马鞍子（和肚带），三是马镫子，还有一身短打扮的“胡服”。

我国，古书说“奚仲作车”（《世本·作篇》佚文），似乎夏代就有车。但考古发现，中国最早的驯化马和战车都是出现于商代晚期，距今约3000年。

古代军种，主要是陆军。[1]陆军，早期是两个兵种，车兵、徒兵（步兵）混编；晚期是三个兵种，车兵、骑兵、徒兵混编。《孙子》没有提到骑兵。

我国古代的三大兵种，车兵、步兵和骑兵，都和北方民族有很大关系。车兵，不是华夏的发明，而是北方民族的馈赠。步兵，本来很古老，但车战时代是附属于战车，不是独立建制的兵种。骑兵，早期也没有。春秋晚期，“毁车为行”（《左传》昭公元年），独立建制的步兵从晋国崛起，是为了对付擅长山地作战的戎狄，特别是山西北部的无终戎（注意：这种戎是属于“山戎”）。战国晚期，骑兵从赵国崛起，也是为了对付匈奴南下的骑兵。它们都和对付北方民族的流动作战有关。

草原地区对世界军事史的贡献很大。

这里讲车，车是野战的重要装备。

古代的车分两类，一类是战车，一类是辎重车。战车是马车，古人叫“小车”；辎重车是牛车，古人叫“大车”。《孙子》也讲这两种车。如下文“破车罢马”就是马车，“丘

---

1 古代没有空军，除了陆军，只有海军。我国，用船打仗，不管内河，还是海上，都叫舟师或水师。欧洲古典时代，地中海沿岸的战争，经常都是两栖作战，海军很发达。同一时期，我国记载比较少，可考者只有吴越两国的舟师。

牛大车”就是牛车。但这里讲的两种车，都是战车，不包括牛车。

“驰车”是比较轻便、利于驰骋的战车；“革车”也是战车，相当于“装甲车”，有皮甲装护，比较坚固，比较笨重。前者利于攻，后者利于守。曹操说，“驰车”是战车，“革车”是辎重车。不对。“革车”也是战车。[1]

这里，“驰车”是以“驷”（音sì）计，“革车”是以“乘”（音shèng）计。“驷”是以马计，四匹马驾一辆车叫一驷；“乘”是以车计，一辆车叫一乘。“千驷”是1000辆，“千乘”也是1000辆。两种战车加一块儿，一共有2000辆。“带甲”，指穿戴甲胄的战士，数量是“十万”。早期，车徒编组，盛行十人制，一辆战车配甲士10人，3人在车上，7人在车下，其他徒兵，没有甲胄。战国，甲胄进一步普及，带甲之士，数量激增，古书常用这个词，但这个词，可能更早就有，比如《国语》的《吴语》和《越语》就有这个词。这里，“十万”是总数，既包括车上的，也包括车下的。古代战车，一般为三人制：车左居左，执弓矢；车御居中，执辔（缰绳）；车右居右，执戈矛。如果将帅在车上，也是居中，执桴鼓。2000辆战车，车上的甲士要有6000人。其他

1　他是把“驰车”当《司马法》的“轻车”，“革车”当《司马法》的“重车”。但《司马法》的“轻车”是战车，“重车”是辎重车。古书中的“驰车”“轻车”“革车”都是马拉的战车，用以载人；“重车”是牛拉的辎重车，用以载兵器、衣装、粮秣。革车绝不是重车。

人，94000人，是跟在战车后面跑。

商周时期，战争规模有多大？主要看两样，一是战车有多少，二是兵员有多少。

牧野之战，武王克商，据说“革车三百两，虎贲三千人”（《孟子·尽心下》），总共只有300辆战车，3000名战士。春秋早期，还是这种制度。春秋时代的大国，一般都有1000辆战车，当时叫“千乘之国”（《左传》哀公十四年），但实际作战，往往只有几百辆。“千乘之国”，只有甲士一万，加上徒兵，大概也就三万多人。但春秋晚期不一样，有些大国已突破这一规模。如晋、楚两国，战车很多，大约在5000辆左右，兵力可能超过15万人。

这里讲的规模，是反映春秋晚期的规模。这个数字，比起春秋早、中期的车千乘、人三军（约37500人）当然要大。过去，辨伪学家说，春秋不可能有车两千、士十万，恐怕是低估了当时的水平。《孙子》的话，不一定是夸大。

（二）粮草

“千里馈粮”，是讲军队开拔后的运输补给问题，下文叫“远输”。

上面讲“兵马”，人要吃饭，马要吃草。十万人吃饭，是个大问题。2000辆战车配8000匹战马，也需要很多草料。这里还没算驾辎重车的牛。驾车的牛有多少，《司马法》讲的丘赋制度，是出一匹马就要出三头牛，照此推算，2000辆马车，就得配6000辆牛车。8000匹马，6000头牛，这个数字很大。

（三）花钱

“内外之费”，“内”是国内，“外”是国外。它包括三项开支。

“宾客之用”，“宾客”是外交使节。这里是指用于外交的巨大开支，当时的外交官，很多都是说客和间谍。这是第一项开支。

“胶漆之材”，胶漆是修缮战车、戈矛之柄、弓弩和盾牌的主要材料。这是第二项开支。

“车甲之奉”，战车和甲胄，要不断补充。这是第三项开支。

“日费千金”，这句话也见于《用间》篇，是讲每日的开支。我计算过，当时的“千金”是374公斤重的铜。古人常以“千金”形容价值很高，如“一诺千金”，后人还把富贵人家的女孩称为“千金”。这里是极言其多，不一定是精确数字。

“然后十万之师举矣”，是讲军队开拔，兵出于境。

此篇是讲野战，但并没有具体讲野战怎么进行，重点是讲战争动员，前提是我刚才讲的一系列制度。

用兵之害的头一条是费钱。

这段话很重要，它说明，中国古代，战争动员，规模非常大。早在春秋晚期，规模就很大。当时，一个面积不足今日一省的国家，就能养一支两千辆战车、十万人的军队。春秋时期，大家挂在嘴边的还是“千乘之国”，顶多有五千辆战车。到了战国时期，则常有“万乘之主、千乘之君”的说法。

战国中期以来，七大国都有几十万军队，秦国甚至有上百万军队。当时，各国的领土和人口都很有限，但养兵之多，难以想象。比如，秦灭六国，光是著名的“四大战役”（伊阙之战、鄢之战、华阳之战、长平之战），死伤就达上百万，完全是“世界大战”的水平。

2.2　其用战也，胜久则钝兵挫锐，攻城则力屈。久暴师则国用不足。夫钝兵挫锐，屈力殚货，则诸侯乘其弊而起，虽有智者，不能善其后矣。故兵闻拙速，未睹巧之久也。夫兵久而国利者，未之有也。

这段话有四个“久”字，都是讲耗费时间。耗费时间是“用兵之害”的第二条。

“其用战也”，是指投入野战。我们要注意，这里的“战”是放在“攻城”前面讲，明显不同于“攻城”。

“胜久则钝兵挫锐”，过去有争论。下文有“故兵贵胜，不贵久”，似乎“胜”和“久”应分开读，但旧注多以“胜久”为一个词，认为“胜久”和“速决”相反，是胜于持久，即靠消耗战，把敌人拖垮。[1]作者认为，这样做很不值，其实是自己把自己拖垮，不但对野战不利，还影响到下一步的攻城。“钝兵挫锐”，比较简单，是消耗兵力、挫伤锐气的意思。大家要注意，“胜久”是一个词，下文“故兵贵胜，不贵久”正是拆解这个词，意思是说，“胜”才是目的，“久”不是目的，我们看重的是“胜”，而不是“久”。大家不要把“胜”字放到上一句，读成“其用战也胜”。[2]还有人说，“胜”“速”双声，“胜”应读为“速”，也不可信。[3]“胜”是书母蒸部字，“速”是心母屋部字，古音相差甚远。

“攻城则力屈”，野战久拖不决，不仅对野战不利，还对后面的“攻城”不利，造成后劲不足，攻城攻不动。这是讲连带的后果。“屈”（音 jué），是耗尽的意思。

“久暴师则国用不足”，这里又出现了一个“久”字。

---

1 曹注无说。旧注多以“胜久”为一词，如杜牧曰：“胜久，谓淹久而后能胜也，言与敌相持久而后胜，则甲兵钝弊，锐气挫衄，攻城则人力殚尽屈折也。”梅尧臣曰：“虽胜且久，则必兵仗钝弊，而军气挫锐；攻城而久，则力必殚屈。”王皙曰：“屈，穷也。求胜以久，则钝弊折挫，攻城则益甚也。”张预曰：“及交兵合战也，久而后能胜，则兵疲气沮矣。千里攻城，力必困屈。”

2 古人也有这种读法，如贾林曰：“战虽胜人，久则无利。兵贵全胜，钝兵挫锐，士伤马疲则屈。”现代学者多采用这种断句，如杨炳安《孙子集校》（北京：中华书局，1959年），6—7页；郭化若《孙子今译》（上海：上海人民出版社，1977年），54页；中国人民解放军军事科学院战争理论研究部《孙子》注释小组《孙子兵法新注》（北京：中华书局，1977年），14页；杨炳安（《孙子会笺》（郑州：中州古籍出版社，1986年），20—21页。案：明赵本学《孙子校解引类》说“‘胜’上疑脱一‘贵’字”，乃妄改。杨氏说《武经》系统各本如此，不确。宋本《武经七书》、金施子美《武经七书讲义》、明刘寅《武经七书直解》都没有这个字。

3 杨炳安《孙子会笺》，20—21页。

“久暴师”是长时间把自己的军队暴露在国外。“暴”（音pù）是暴露的意思。“国用不足”是指国家的财政入不敷出。

“屈力殚货”，“屈”，音义同于上文，“殚”（音dàn），也是消耗殆尽的意思。“人”是人力资源，既包括前方的将士，也包括后方的百姓。“货”是钱财。

“则诸侯乘其弊而起”，“诸侯”指交战双方以外其他国家的君主，“弊”是衰败。这也是讲野战久拖不决的后果。

“虽有智者”，简本作“虽知者”。“知者”等于“有智者”。“虽有智者”，不是说“即使是有/智慧的人”，而是说“即使是/有智慧的人”。

最后两句，作者的结论很简单，“兵闻拙速，未睹巧之久也”，即兵家讲究的是快，宁肯在“快”字上下笨功夫，也绝不在“慢”字上抖机灵。

春秋早期，旷日持久的战役少，攻城也少。《孙子》讲的战争到底有多长，《作战》篇没说，但《用间》篇说了，是“相守数年，以争一日之胜”，可见很长。这样长的战争，春秋时期好像还没有，比较像是后起的特点，战国时期的特点。

2.3　故不尽知用兵之害者，则不能尽知用兵之利也。善用兵者，役不再籍，粮不三载，取用于国，因粮于敌，故军食可足也。国之贫于师者远输，远输则百姓贫；近师者贵卖，贵卖则百姓财竭，财竭则急于丘役。（力屈）〔屈力〕（财殚）中原，内虚于家。百姓之费，十去其（七）〔六〕；公家之费，破车罢马，甲胄矢弓，戟楯矛橹，丘牛大车，十去其（六）〔七〕。故智将务食于敌，食敌一钟，当吾二十钟；萁秆一石，当吾二十石。故杀敌者，怒也；取敌之利者，货也。车战，得车十乘以上，赏其先得者而更其旌旗。车杂而乘之，卒善而养之，是谓胜敌而益强。

这段话和下面一段是讲“用兵之利”，即什么对用兵有好处。

开头两句，“故不尽知用兵之害者，则不能尽知用兵之利也”，是讲“用兵之利”和“用兵之害”的关系。“用兵之利”是针对“用兵之害”。“用兵之害”有两条，一是费钱，二是耗时间。对策也是两条，一条是抢，一条是快。这里先讲第一条。

这段话是针对第一段话，第一段话讲战争规模大，补给线长，前方后方开销大，三大问题，关键是补给难。

补给之难分两方面，一是征发，二是运输。

（一）征发

征发属于军赋制度。《孙子》中的军赋制度，特点是什么都征，第一是征兵员，第二是征马车、牛车（包括马牛）

和各种武器，第三是征粮草，这里都讲到了。

本篇开头，“带甲十万”是讲第一样；“驰车千驷，革车千乘”是讲第二样，“千里馈粮”是讲第三样。

下文，“破车罢马，甲胄矢弓，戟楯矛橹，丘牛大车”，也是讲第二样。

（二）运输

作者说，“国之贫于师者远输，远输则百姓贫；近师者贵卖，贵卖则百姓财竭，财竭则急于丘役”，“远输”是长途运输，补给线太长。上面讲的“千里馈粮”就是“远输”。“远输”的危害是劳民伤财。

读这段话，我们可以看一下后面。《用间》篇开头有段话，也是讲“远输”。它说，“凡兴师十万，出征千里……内外骚动，怠于道路，不得操事者，七十万家”。“远输”对百姓的伤害是，10万人打仗，要有70万家负责后勤保障，很多人被政府征调，全在这条补给线上搞运输，顾不上种地，把家里的地荒了，老百姓吃不饱，穿不暖，这叫“百姓贫”。

还有一个伤害，是物价上涨。古代打仗，军队所过，常设军市，突然跑来一堆人，需求太大，供给不足，会引起物价上涨。老百姓不但要吃没吃，手里的钱也毛了，这叫“百姓财竭”。

如此劳民伤财，再从国内征发，是雪上加霜。

这里提到“丘役”。丘役就是“丘赋”(《左传》昭公四年)。

丘赋的制度是什么时候出现的？现在还不太清楚。至少春秋中期的晚段已有。如公元前590年，鲁“作丘甲”(《春秋》成公元年)，就是较早的记载。公元前538年，“郑子产作丘赋”(《左传》昭公四年)，也是这种制度。兵书，《司马法》中有这种制度，《孙子》中也有这种制度。

《司马法》讲军赋，分两种，都是“算地出卒”。一种是十进制，一种是四进制。十进制，是按井、通、成、终、同、封、畿出赋。四进制是按井、邑、丘、甸、县、都出赋。

这里的“丘役”是属于后一种。它是从丘这一级征牛马，从甸一级征战车、辎重车和战士，并包括甲、盾、戈等兵器。

丘出的牛马，《司马法》佚文叫“匹马丘牛”。这里也提到“丘牛大车”。

战争有三大消耗，一是粮食短缺，二是武器消耗，三是人员伤亡。

(一)粮草

俗话说，“兵马未到，粮草先行”。这一条很重要。人要吃饭，马要吃草，没有粮草怎么打仗？

古代军赋，兵员、车马是主要征集对象。比如《司马法》佚文讲的两种出军制度，就是如此。它们都没提粮草。但春秋晚期以来，因为战争规模扩大，战争时间延长，粮草的问题越来越重要。

说到征粮草，有件事很有名。公元前484年，季康子想以“田”为征发单位，在鲁国征军粮。“田”是什么？“田”就是“井”，一井之地，合900亩。上面提到，《司马法》的两种军赋，都是以“井”为基础。事先，季康子派他的管家，孔子的学生冉求，向孔子征求意见。孔子对这种新制度很不满，有尖锐批评。他批评什么？主要是说，征粮太多，不合古制。

孔子的话，有两种记载，分别见于《左传》哀公十一年和《国语·鲁语》，两条不一样。后一条比前一条更重要，它直接提到粮草的征发。原文是：

> 先王制土，籍田以力，而砥其远迩；赋里以入，而量其有无；任力以夫，而议其老幼。于是乎有鳏寡孤疾，有军旅之出则征之，无则已。其岁，收田一井，出稯禾、秉刍、缶米，不是过也。先王以为足。若子季孙欲其法也，则有周公之籍矣；若欲犯法，则苟而赋，又何访焉！（《国语·鲁语》）

孔子说的“先王”之法，应该出自当时还在的“周公之典”（见《春秋左传》哀公十一年）。他说，周公征粮是量力而征，远近、有无、老幼、鳏寡、孤独、病弱，都要斟酌，打仗才征，不打仗不征。征，也很少，顶多一井出40把禾秆、1把柴火、16斗米。[1]

一井出16斗米是什么概念？我可以替大家算一下。

（1）古代“算地出卒”，不管10家出一个兵，7.68家出一个兵（均见于《司马法》佚文），一井顶多出一个兵。这16斗米是多少？是一个士兵的口粮。

（2）古代士兵，每顿饭，标准分五等：“半食”，每顿吃1/2斗；“参食”，每顿吃1/3斗；“四食”，每顿吃1/4斗；“五食”，每顿吃1/5斗；“六食”，每顿吃1/6斗（《墨子·杂守》）。

（3）当时人，每天吃几顿饭？一般是两顿饭。每个士兵，定量最高，一天也顶多吃一斗米；最低，一天只能吃1/3斗。

（4）这样算下来，16斗米，最多能吃48天，最少能吃16天，平均下来，大约也就是一个月的口粮。

西周时期，春秋早中期，战争规模小，时间短，这点粮草也就够了。但照《孙子》讲的“凡用兵之法”，10万口人吃饭，8000匹马吃草（还没算牛），恐怕不行。所以，上面讲的那个故事，故事的结果是，第二年一开春，季氏一

1　一井，也叫一田，方一里（1里×1里），合900亩。禾是用来喂牛马的禾秆。刍是用来烧火做饭的柴火，也叫刍藁。米是人吃的谷米，没舂的叫粟，脱壳的叫米。稷禾是40把禾秆，秉刍是1把柴火，缶米是16斗米。

意孤行，不管孔子高兴不高兴，还是按田征赋（《春秋》哀公十二年、《左传》哀公十二年）。

（二）装备

粮草有了，还有武器。

第一类武器是车，战车和辎重车：

（1）“破车罢马”。是指马车，包括上面说的驰车和革车。

（2）“丘牛大车”。是从丘征发上来，用牛拉的辎重车。

这两种车，上面已经谈到。

第二类武器是单兵使用的武器和护具：

（1）“甲胄矢弓”。

（2）“戟楯矛橹”。楯音dùn，同盾；橹音lǔ，是大可蔽身的盾牌。“矛橹”，《十一家注》本作“蔽橹”，“橹”或“蔽橹”都是长可蔽身的大盾。

甲，用来护体；胄，用来护头；盾、橹，用来抵挡矢石。这些是防御性的武器，类似动物的甲壳。

进攻性的武器，戟、矛、弓、矢，都是靠锋刃杀人，类似动物的爪牙和犄角。

戟，同戈是一类，是戈的变形，详下。

矛，是刺兵，一锋两刃，以锋为主。

弓矢，以弓送矢，以矢杀人，可用于远程射杀。

《十一家注》本，“弓矢”作“矢弩”。弩是用弩机控弦的射具，杀伤力比一般的弓矢更大。

这里没提到的武器是戈和剑。

戈，是勾兵。戈头用青铜制造，叫“戈”，戈柄用竹木制造，叫“柲”。戈头，形状有点像镰刀，横置于长柄上，与长柄垂直。其前端，有如刀的锋刃，叫“援”；后端，有如刀的短柄，叫“内”；援、内之间有横格，用以缚柲，叫“阑”。戈的特点是“旁敲侧击”，用“勾啄”（勾和凿）的方法杀人，因此柄是扁的。

商代的戈，以一字形为主，有援有内，并流行銎内戈、曲内戈、三角援戈，丁字形的戈也已出现。

两周时期的戈，以丁字形为主。这种戈，戈刃向下延伸，叫“胡”；在阑侧加孔，便于穿绳缚柲，叫“穿”（从一穿到四穿不等）。丁字形的戈，通常是由援、胡、内三部分组成。

战国秦汉，戈加矛刺，向十字形发展，才有多枝的戟。戟的本义，就是指多枝。它的发展趋势是，戈援逐渐上扬，援胡连线逐渐接近45°，戈内也逐渐上扬。戈援、戈内，每一面都有刃，前冲，侧击，左右挥砍，每个方向都有杀伤力。三叉戟、多戈戟，也是适应这种发展趋势。

剑，也是一锋两刃，但与戈、矛、戟不同，属于短兵，没有柄，主要用于近身格斗。

古代打仗，武器从哪儿来？有两种制度。一种是春秋早期的制度，武器藏在国家的武库里，民间不大有，出兵前才授甲授兵；另一种是春秋晚期的制度，武器不光由国家供应，还从民间征发。如《司马法》讲丘赋，说丘甸要出戈、盾（佚文）。《春秋》说鲁“作丘甲”（成公元年），还从丘甸征甲。

战国以来，武器的需求急剧增加，光从民间征发不够，还靠罪犯制造。当时，有用货币、实物或劳役抵罪的制度。用来抵罪的东西，经常是武器，如睡虎地秦简的律令，就有用甲、盾赎刑的例子。出土发现，很多兵器都是犯人造。

武器，车最贵。夺车等于夺坦克。作者说，“车战，得车十乘以上，赏其先得者而更其旌旗”，对兵车最看重。

（三）兵员

战斗减员，非战斗减员，情况如何，原书未说，但减员就要补充。从哪儿补充？从远离身后的大后方？太远。如果能利用敌方的战斗人员，岂不更好？下文“卒善而养之”就是针对这一问题。

针对三大消耗，作者的对策是：

（1）“役不再籍，粮不三载，取用于国，因粮于敌，故军食可足也”，“故智将务食于敌，食敌一钟，当吾二十钟；萁秆一石，当吾二十石”。

这是讲吃敌人的粮食。

“役不再籍，粮不三载”，是说不要多次征发。这里

“役”是征发人力，“籍”是注册登记。古代老百姓，吃粮当兵，要注册登记，登记姓名、籍贯，来自某郡某县某里，这叫“伍籍”。“役不再籍”，是说国内征兵，征多少算多少，出兵之后，就不再从国内抓壮丁。“粮不三载”，是说军粮也不再从国内运输。“再”“三”不是实际数目，只是表示多次。

“取用于国，因粮于敌，故军食可足也”，作者说“役不再籍，粮不三载”，那一切吃的用的从哪里来？答案是，先从国内征一次，以后就不征了，什么都靠敌人，一切就地解决。

“故智将务食于敌”，就是讲吃敌人的粮食。

“食敌一钟，当吾二十钟；萁秆一石，当吾二十石”，是说就地征粮和从国内征粮相比便宜得多，价格比是1∶20。古代称粮食多用量器，称草料多用衡器。“食敌一钟”是讲粮食。“钟”是齐国的容量单位。齐国量制分两种。姜齐量制是四升为豆，四豆为区，四区为釜，四釜为钟，属于四进制；陈齐量制是四升为豆，五豆为釜，五釜为区，十区为钟，属于十进制。两种量制，都是以“钟”为最高一级。姜齐量制的“钟”是256升，陈齐量制的“钟”是1000升。孙武时代的“钟”应该是前一种，折合今制，约合205公升。“萁秆一石”是讲草料。“萁”同“萁”（音qí），是豆秸。“秆”（音gǎn），是谷草。这两样都属于草料。“石”（音shí，今读dàn），是重量单位。齐国的一石，折合今制，约合30公斤。

（2）“故杀敌者，怒也；取敌之利者，货也。车战，得车十乘以上，赏其先得者而更其旌旗。”

这是讲夺取敌人的战车。作者说，杀敌靠愤怒，夺敌靠奖赏。如果有人能夺取10辆战车，一定要奖赏先得者。“更其旌旗”，是说更换旌旗，把敌车变成己车。

（3）“车杂而乘之，卒善而养之。”

这是讲兵员和武器的补充。怎么补充？不是从后方往前方送，而是取之于敌，就地补充。“车杂而乘之”，是把缴获的战车和自己的战车混编在一起。这是补充武器。“卒善而养之”，是优待俘虏，把俘虏养起来，反过来为我方作战。这是补充兵员。这两条，前一条容易，后一条难。

古代战争很残酷，种族灭绝，司空见惯。这是笨办法。如果不杀，抓回来当奴隶，才比较聪明。但养活奴隶，谈何容易？它有两大前提，一是除了自己吃，还有余粮，二是有办法对付俘虏暴动。仔细想想，全是人对付动物的办法。[1]

当时，俘虏人的人比现在残忍，被俘虏的人比现在害怕，非常敏感。

古代战争，对待俘虏，经常是活埋。比如长平之战，赵

1　人类打猎，最初也是逮住就杀，后来才学会畜养、繁育和驯化动物。畜养、繁育和驯化的前提也是这两条，一要有多余的粮食，二要有足够的安全。

军在战场上只死了5万人，40万人都是俘虏。这么多人，吃住疗伤怎么办？发生暴动怎么办？白起很头疼，也很害怕。古人碰到这种事，想法很简单，干脆全都杀掉。怎么杀？用刀剑斩杀，太麻烦，他们觉得，活埋最省事，所以“诈杀降卒”很普遍。白起说，“赵卒反覆，非尽杀之，恐为乱”，除把年幼的240人放归，全部活埋（《史记·白起王翦列传》）。[1]

秦灭六国是这样，六国造反也是这样，一报还一报。比如项羽，就是到处坑杀。司马迁说，楚军沿途“阬杀人以千万数，布常为首虐”（《史记·黥布列传》）。新安之战，“楚军夜击阬秦卒二十余万人于新安城南”，理由是“秦吏卒尚众，其心不服，至关中不听，事必危，不如击杀之”（《史记·项羽本纪》），同样害怕俘虏暴动。[2]

---

1 《史记·赵世家》：“括军败，卒四十万人降武安君。武安君计曰：‘前秦已拔上党，上党民不乐为秦而归赵。赵卒反覆，非尽杀之，恐为乱。’乃挟诈而尽阬杀之，遗其小者二百四十人归赵。前后斩首虏四十五万人。赵人大震。”1995年，山西省考古研究所等单位发掘过遗址中的永录1号尸骨坑，坑中尸骨几乎都是先杀后埋，推测是阵亡的赵卒。参看：山西省考古研究所等《长平之战遗址永录1号尸骨坑发掘简报》，《文物》1996年6期，33—40页。案：长平之战的遗址尚未全面揭露，永录1号尸骨坑只是个面积不足25平方米、埋尸130个的小坑。这一发现，既不能证实也不能推翻司马迁的记载。有人怀疑司马迁的说法，参看：王树新等《战国长平之战新考》，北京：军事科学出版社，2007年，95—99页。司马迁的年代离长平之战（前260年）并不太久，他讲七国史，秦国史料最丰富，秦尚首功，对斩首捕虏的记载最重视，此说不容轻易否定。更何况，坑杀降卒，古代很普遍，当时杀人多，不止这一数字。这里仍用《史记》旧说。

2 坑杀降卒的将军，内心也不是滋味，往往害怕报应。如白起自杀前就说，“我固当死。长平之战，赵卒降者数十万人，我诈而尽阬之，是足以死”（《史记·白起王翦列传》）。李广跟王朔发牢骚，说自己身经百战，反无尺寸之功以封侯。王朔说，“将军自念，岂尝有所恨乎”。李广说，“吾尝为陇西守，羌尝反，吾诱而降，降者八百余人，吾诈而同日杀之。至今大恨独此耳”（《史记·李将军列传》）。

我们不要以为，只有古代野蛮人才会这么干。现代战争，虐杀俘虏，包括活埋，这样的事仍然很多。南京大屠杀就是显例。

《孙子》的时代，还没有《日内瓦公约》，也没有“缴枪不杀，优待俘虏”这一说。联系这样的背景读《孙子》，你会觉得，“卒善而养之”，实在不容易。

粮食就地补充，武器就地补充，兵员就地补充。这三条加起来，就是所谓“胜敌而益强”。

2.4　故兵贵胜，不贵久。

这段话只有七个字，是讲“用兵之利”在于“速”。

它是针对第二段。第二段说“用兵之害”在于“久”，这里就是针对“久”。“久”的反义词是“速”。

前人注释这段话，都说“兵贵胜”是强调“速”。如孟氏说“贵速胜疾还也”，梅尧臣说“上所言，皆贵速也”。因此有人干脆在“胜”字上加了个“速”字。如赵本学《孙子校解引类》就提到过这类妄改，说“一本‘胜’上有‘速’字，非是”。

上面提到，有学者认为，这里的“胜”应读为“速”，[1]

1　杨炳安《孙子会笺》，20—21、31—32页。

也不对。

我们不必添字解经，也不必改字解经。

作者说“兵贵胜，不贵久”，从字面含义讲，他强调的是“胜”而不是“速”。但我们应该分析一下他所谓的“胜”。

打仗，目的都是求胜。“胜”是什么意思？只是把敌人打败打服，让对方屈服于自己的意志，不是拼消耗，不是拼持久。胜可胜于“速”，也可胜于“久”。胜于“久”，就是第二段讲的“胜久”。“胜久”是持久战，靠持久取胜。这里讲“不贵久”，就是不贵“胜久”，不贵“胜久”贵什么？当然是贵“胜速”。这样的“胜”当然是“速胜”。

兵贵神速，机不可失，时不再来，“快”对军事很重要。

古代战争，骑马民族的特点是速度快，来如洪水，去如飘风。《孙子》论战，主于“为客之道”，也强调快。古今中外，到别国作战，毫无例外，都强调快。

快的道理是什么？是怕补给跟不上，反制措施是什么？是拖、耗。这是以慢制快。对方拖、耗怎么办？还有反反制措施。反反制措施是什么？主要是抢。不抢不行。你抢，他就坚壁清野，斗争是反反复复。

骑马民族之所以快，是因为他们有特殊的补给方式，牛羊随行，不需转输粮饷。他们擅长抄掠，擅长就地补充给养。抢是对付拖、耗。他们是靠抢掠维持其“无后方作战”。历史上的侵略战争都靠“抢”，《孙子》的办法也是“抢”。

第二次世界大战，苏联对付德国，中国对付日本，都是采用持久战。毛泽东写《论持久战》就是讲这种反制措施。他说，战略可以持久，但战术还靠速决。[1]

快仍然很重要。

2.5　故知兵之将，民之司命，国家安危之主也。

这段话是全篇的结语，可以和《计》篇的开头对着看。

“知兵之将”的“兵”是军队或军事，不要翻成“武器”，不要翻成“战争”。军旅之事是人命关天的大事，当将军的不可不细心研究。《计篇》开头说，“兵者，国之大事，死生之地，存亡之道，不可不察也”，这里的“知兵之将”，就是深明此理的将军。

“司命”，是天上的星官，掌握人的生命。《史记·天官书》说，文昌宫有六星，其中第四星叫司命。司命是定人死生寿夭的神。文昌六星，还有一颗星叫司中，是第五星。司中也叫“司过”或“司祸”，则是计人罪过、定人寿数的神。

1　《毛泽东选集》一卷本（字典纸四卷合订本），北京：人民出版社，1966年，228—229页。

前者是大司命，后者是少司命。《孙子》把将军比喻为这种神，是因为人民的死生、国家的安危，全都攥在他一个人的手里。

谋攻第三

——强攻不如智取（贵全）

这是第一组的最后一篇。《谋攻》是讲攻城，讲完野战讲攻城。战争三部曲，攻城是最后一步。[1]

这个阶段，用长跑打比方，就是到了最后冲刺的阶段。冲刺，体力消耗很大，脑袋一片空白，呼哧呼哧大喘气，能不能顶下来，是大考验。战争，前面是野战，尸横遍野，好不容易才兵临城下。轮到攻坚，死伤更多。眼看就要胜利了，就是打不下来，甭提多窝火，很多人会急眼，大吼一声，"跟丫拼了"。其实这种关头，才最需要冷静，最需要智慧。不光是军事智慧，还有政治智慧。这种智慧是什么？就是"谋"。

"谋攻"就是以谋攻城，用聪明的办法攻城。

在攻城的问题上，《孙子》特别强调"谋"，认为"强攻不如智取"。为什么"强攻不如智取"，作者有一番讲法。他知道，政治和军事是此消彼长，相互转换。"谋"是政治，既是开头，也是结尾。他是始于谋而终于谋，好像打太极

1　野战和攻城可能都是很多次，互相交织在一起，但野战在前，攻城在后，是个大致的顺序。讲完野战讲攻城，是一种概括的讲法。

拳，左回右转，回到原地。“谋”是贯彻始终的东西。

战争，开头怎么开，学问很大，收尾怎么收，学问也很大。

《孙子》尚谋，认为最好是“不战而屈人之兵”。这话，现在最有名。很多人都曲解这句话，滥用这句话，以为孙子是和平主义、菩萨心肠，以为他会相信，战争是智力游戏，只要在纸上算一下，有数字优势，敌人就会投降。这是不对的。

我们要知道，“不战”只是理想态。不发一兵一卒，不费一枪一弹，自己零伤亡，对方也零伤亡，当然好。但这种理想态，只存在于战争的一头一尾。一头是还没打，在和、战之间；一尾是快打完了，在战、和之间。

战前，庙算阶段，问题还在政治和外交的范围内，当然是“不战”。比如你摆了一通小棍，什么都比对方强，而且强的不是一星半点儿，而是强很多。你把结果通知对方，说你根本不是个儿，认输吧，对方就自动认输了，这可以叫“不战而屈人之兵”。

还有，就是攻城。战争接近尾声，也是个机会。双方打到这份儿，野战，对方输了；守城，也快守不住了。再打下去，只是拖延时间，无谓伤亡。这时候，你再把信递过去，申明大义，晓以利害，讲好条件，给他台阶下，不是无条件投降，而是有条件投降，[1]对方可能就真的投降了，不投降也同意停火谈判了。这也可以叫“不战而屈人之兵”。

但中间，打得热火朝天，你不能这么讲。

战争三部曲，是逐步升级，仗之所以会打起来，肯定是双方谈不拢，什么政治、外交的努力都归于无效。你再厉害，对方“不屈”，你有什么办法？还是免不了一战。如果双方已经开打，而且打得不可开交，你还谈什么“不战而屈人之兵”，那不是笑话吗？

《孙子》为战争手段排队，是按这个理想态来排队，越和平的手段越摆在前边，越暴烈的手段越摆在后边，道理讲不通才动粗。整个顺序是“先礼后兵”。作者认为，如果庙算就能解决问题，最好，这叫“伐谋”。退而求其次，才靠外交，这叫“伐交”。外交不行，才靠野战，这叫“伐兵”。野战不行，才靠“攻城”。“攻城”是“不得已”，属于下下策。作者是把“谋”摆在第一，叫“上兵伐谋”。

“上兵伐谋”，古人有一种说法，叫“攻心为上”（《三

1　战争打到最后，受降是门大学问。“无条件投降”还是“有条件投降”，结果大不一样。参看：［英］J. F. C.富勒《西洋世界军事史》，钮先钟译，桂林：广西师范大学出版社，2004年，卷三，524—525页。二次大战结束前，美国算过一笔账，如果自己跟日本决战，得死100万人，于是请苏联出兵东北，给美国当垫背，于是往日本扔原子弹，逼日本无条件投降。这是美国理解的“不战而屈人之兵”。富勒爱吃后悔药，他说，此事很不划算，一是坐大了苏联和中共，二是背上了道义上的黑锅。罗斯福犯了个大错误，他不应该讲“无条件投降”，而应该讲“有条件投降”，只要悄悄给日本天皇捎个信，说我们不会让你当战犯，我们会保留你的位子，就用不着费这个劲儿了。他是个极端保守主义者，反苏情结甚重。战后，美苏争霸，没大英帝国什么事，让他犯酸。

国志·蜀志·马良传》引《襄阳记》)。我们要知道，城有城墙，心有心墙，敌人的最后一道防线是心理防线。孔子说，“三军可夺帅也，匹夫不可夺其志也”(《论语·子罕》)。这个“志”字，绝不可小看。

孔尚任《桃花扇》，第三十五出，史可法守扬州，传令三军将士，他有四句话，“上阵不利，守城”，“守城不利，巷战”，“巷战不利，短接”，“短接不利，自尽”(《誓师》)。“自尽”是最后一道防线。

谋攻属于攻心，既攻其谋，也夺其志，归根结底是要“屈其志”。“战争的特点是‘以力服人’，只有打在身上，才会疼在心上。光斗心眼不行，光斗力也不行。战争是力量、智慧和意志的综合较量，去其力不够，破其谋也不够，关键是要屈其志。归根结底是要瓦解敌人的抵抗意志。”[1]

善伐谋者都是软硬兼施，既要给守敌施加心理压力，让他走投无路，又要给他舒缓心理压力，防止他自寻短见，这个分寸很难拿，比当心理大夫都难。

《孙子》聪明就聪明在，它能看出“逐步升级”的反面是“逐步降级”，物极必反，升级升到头，就升不上去了。升不上去怎么办？当然是“逐步降级”。“逐步降级”，就是给对方找台阶，让他有条往下走的道儿，不要一下子从高处

1　李零《兵以诈立——我读〈孙子〉》，北京：中华书局，2006年，120页。

跳下来。

我把《谋攻》分为五段：

第一段，讲“全”比“破”好。

第二段，讲“谋攻”比“强攻”好。

第三段，讲“量力”原则。

第四段，讲“中御之患”。

第五段，讲“知胜”。

3.1　孙子曰：

夫用兵之法，全国为上，破国次之；全军为上，破军次之；全旅为上，破旅次之；全卒为上，破卒次之；全伍为上；破伍次之。

这段话，“用兵之法”，也是一种条例。它讲的是全利原则。

“全”是对“破”而言。

这里讲“五全五破”，一共有五级。第一级是“国”，后面四级是“军”。

《孙子》论兵，总是把“兵”和“国”联在一起，“军”和“国”联在一起。比如《计》篇说“兵者，国之大事”，《火攻》说“此安国全军之道也”。古语“安全”，对《孙子》来说，就是“安国全军”。

“国”和“军”的关系，是“内”与“外”的关系，政治与军事的关系。

这里是先讲“国”，再讲“军”。整个顺序，是从大往小讲。

（一）国

这里的“国”是什么意思？有两个可能，一个可能是当国土讲的“国”，一个可能是当首都讲的“国”。

当国土讲的“国”，本来作“邦”，是表示封土的范围。这个字常和“家”字连用，一般写成“邦家”。汉代避汉高祖刘邦的讳，才改成“国”。

当首都讲的“国”，本来就作“国”。古人常以首都代指国家，所以避讳，是以这个字代替“邦”。国是中心城市，有别于都、县。都、县是次级城市。一般情况，打下一个国家的首都，这个国家就亡了。[1]

这里的“国”到底是哪一种国，还不好肯定。但本篇讲攻城，说是首都，倒很合适。

（二）军

“军”是中国古代军制的最高一级。这个字的本义是驻屯。一个军，大约有10000人或12500人。

---

1 欧洲也有类似概念。比如罗马，本来只是一座城，但也可代指统一了亚平宁半岛的罗马共和国，甚至可以代指征服了整个地中海地区的罗马帝国。

（三）旅

“旅”比“军”小。“旅”是贵族子弟的一种编组单位，好像八旗子弟的“旗”，字本身就像人在旗下。旅有大旅，也有小旅，小旅500人，大旅2000人。东周时期，军、旅之间还有一级，是师。“师”字也有驻屯之义。西周，只有师，没有军，师是最高一级。后来有了军，师就变成军、旅之间的一个单位。一个师，有2500人。

（四）卒

“卒”是车徒编组的基本单位。“卒”，可读为“倅”（音cuì）或“萃”，“倅”有附属之义，“萃”有集聚之义，它是指附属于战车的士兵。卒也有大卒和小卒，小卒100人，大卒200人，都是指一辆战车可以配备的士兵。

（五）伍

“伍”是中国古代军队编制的最低一级。一个伍，只有5人，是士兵战术编组中最小的单元。它已包含前、后、左、右、中，纵可成行，横可成列，还可组成小方阵，阵法的雏形已在其中。我们甚至可以说，所有战术编组，都是起源于伍。卒、伍之间，有时还有什、两和队，什是10人，两是25人，队是50人。卒以下，有什则无两，有两则无什。

读这段话，我们要有一点古代军制的小常识。下面是一个简表：

卒伍之制	军旅之制
伍（5人）——汉代同	旅（500人）——略相当于汉代的部（400人）
什（10人）——汉代同	大旅（2000人）——略相当于汉代的校、营（800或2000人）
两（25人）——汉代同	师（2500人）——汉代无师
队或小戎（50人）——汉代叫队或屯	——
卒（100人）——汉代叫卒或官	军（10000人）——汉代的军较小（3200或4000人）
大卒（200人）——汉代叫曲	大军（12500人）——汉代没有这么大的军

上表，左栏是卒伍之制，右栏是军旅之制。古代征兵分两层，卒伍之制是一层，军旅之制是一层。卒伍各级是从“里”征上来，在“里”这一级定编；军旅各级是从“里”以上征上来，在“郊”这一级定编（据《管子》《国语·齐语》）。

卒伍之制，是以百人为常制。它是徒兵编组的制度，人是基本单元。伍是5人，什是10人，两是25人，队是50人，卒是100人。100人是一个战车组。

军旅之制，是以万人为常制。它是战车编组的制度，车是基本单元。旅由5个战车组组成，相当于“伍”；师由25个战车组组成，相当于“两”；军由100个战车组组成，相当于“卒”。

这类编制，都是十进制，即从5人（伍）或10人（什），一层层向上递进。“什伍之制”是它的基础。

军队采用十进制，以百人、千人、万人为单位，世界很普遍。

古代军赋，征兵征粮征武器，有三种制度：

（1）国制（按十进的户籍制度征兵）：

比（5家）：出伍（5人）；

闾（25家）：出两（25人）；

族（100家）：出卒（100人）；

党（500家）：出旅（500人）；

州（2500家）：出师（2500人）；

乡（12500家）：出军（12500人）。

（2）野制甲种（按十进的里制征兵）：

井（9家，1平方里）：3家出马1/10匹、士1/10人、徒1/5人；

通（90夫，10平方里）：30家出马1匹、士1人，徒2人；

成（900夫，100平方里）：300家出车1乘，士10人，徒20人；

终（9000夫，1000平方里）：3000家出车10乘，士100人，徒200人；

同（90000夫，10000平方里）：30000家出车100乘，士1000人，徒2000人；

封（900000夫，100000平方里）：300000家出车1000乘，士10000人，徒20000人；

畿（9000000夫，1000000平方里）：3000000家出车10000乘，士100000人，徒200000人。

（3）野制乙种（按四进的里制征兵）：

井（9家，1平方里）：马1/16匹，牛3/16头；

邑（36家，4平方里）：马1/4匹，牛3/4头；

丘（144家，16平方里）：马1匹、牛3头；

甸（576家，64平方里）：车1乘、马4匹、牛12头、甲士3人、步卒72人；

县（2304家，256平方里）：车4乘、马16匹、牛48头、甲士12人、步卒288人；

都（9216家，1024平方里）：车16乘、马64匹、牛192头、甲士48人、步卒1152人。

《左传》讲的"丘甲""丘赋"是属于第三种。《孙子》讲的军赋制度，也是属于第三种。它们都是从都、县以下的丘、甸开始起征，所以叫"丘赋""丘役"。这种制度，春秋中期以来就有。

这里，值得注意的是，原文讲"五全五破"，不是讲自己，而是讲敌人。虽然作者肯定反对拼消耗，也非常重视保全自己的实力，但这里讲的"全"和"破"却不是我方的"全"和"破"，而是敌方的"全"和"破"。[1]

1　什么叫"全利"？过去我的解释是"以最小消耗，换最大胜利"。这个解释不够准确。参看：李零《兵以诈立——我读〈孙子〉》，北京：中华书局，2006年，121页。

战争，谁都知道保全自己。自己这边零伤亡，少花钱，多办事，还不耽误工夫，谁都同意。但敌人那边呢，就不一样了，打个稀巴烂，活该，没人心疼。什么叫“最大胜利”？把人杀光，把城打烂，多解气，很多人以为，这就叫“最大胜利”。但作者说，这根本不算“最大胜利”。[1]

在他看来，敌人不投降，就叫他灭亡，当然有道理，但把敌人消灭光，并不是战争的目的。战争的目的是“屈人之兵”，怎么屈法，大有文章。你是杀光、烧光、抢光，最后占领一个废墟好呢，还是保留一个完整的国家或城市，让对方活下来好呢，两者完全不一样。

历史上，骑马民族擅长野战，机动和速度，农业民族比不了。但他们也有他们的致命弱点，就是对攻城比较怵。农业民族有定居城市，擅长高筑墙、广积粮。骑马民族有快马，侵掠如火，很厉害，但势如破竹，却往往止步于城下。他们久攻不下，打下来就屠城，是常有的事。守方，知道城破，只有一死，也一定会死守。你越死守，我越强攻；你越强攻，我越死守。双方的火越拱越大。

战争，前面是政治，后面也是政治，不知此，很可能

1　古代战争的最后结果，往往都是把敌国的人民全部杀光，把城市夷为平地，把金银财宝抢掠一空。这种战争方式，在现代备受道德谴责，但并未消灭。现代人类到底文明了多少？仍是一个很大的问题。二次大战，德、意的法西斯暴行，日本的南京大屠杀和“三光政策”就不用说了，即使是英、美这样的“文明国家”，又怎么样？打到最后，不也是军人、平民一块杀？在欧洲，有德累斯顿大轰炸；在亚洲，有广岛、长崎的核爆炸。“文明的杀人”也毕竟是杀人。

军事大胜，政治大败。

暴力的使用，本来是为了“屈人”。不服就打，打服了再说，是很多军人的想法。他们考虑的往往只是战场上的输赢，“前因”是什么，不想；“后果”是什么，也不想。仗，打完就完了，根本没有“预后”的考虑（如恢复秩序、战后重建和治疗心理创伤）。因此经常是赢在战场，输在人心，最后得到的是一个烂摊子，越收拾越乱，甚至埋下另一场战祸。

中国古代哲人有一句名言：

> 夫乐杀人，不可以得志于天下矣。（《老子》第31章）

这句话，就是放在今天，也值得玩味。

3.2 是故百战百胜，非善之善者也；不战而屈人之兵，善之善者也。故上兵伐谋，其次伐交，其次伐兵，其下攻城。攻城之法，为不得已。修橹轒辒，具器械，三月而后成；距堙，又三月而后已。将不胜其忿而蚁附之，杀士卒三分之一，而城不拔者，此攻之灾也。故善用兵者，屈人之兵而非战也，拔人之城而非攻也，毁人之国而非久也。必以全争于天下，故兵不顿而利可全，此谋攻之法也。

这段话分三层意思：一层是承上而言，讲“全利”的重要性，按“全利”原则，给各种军事手段排队；一层是讲

“攻城之法”，即单拼武力的攻城方法；一层是讲“谋攻之法”，即不用武力的攻城方法。“攻城之法”，违反全利，最糟糕。“谋攻之法”，符合全利，最聪明。

（一）给军事手段排队

“百战百胜”，本来是好词，好得不得了。一个指挥者，胜多败少就不错了。打一百次赢一百次，连常胜将军也做不到。但作者说，这还算不上“善之善者也”。什么叫“善之善者也”？作者说，是“不战而屈人之兵”。关键是“不战”。他认为，“战而胜之”，不管胜多少次，都没法和“不战而胜”相提并论。

根据这个原则，给战争手段排队，作者得出的顺序是：“伐谋”第一，“伐交”第二，“伐兵”第三，“攻城”第四。他是把“伐谋”排在第一，把“攻城”排在最后。《孙子》的“战争三部曲”就是这个顺序。历史的顺序，逻辑的顺序，都是这么个顺序。

（二）攻城之法

这里说的“攻城”是指用武力直接强攻，甭跟敌人废话，打。

墨子讲城守，说“薪食足以支三月以上”（《墨子·备城门》），守三个月，已经很长。但这里说的攻城，光是准备工作，就六个月：准备攻城器械，三个月；修距堙等工事，又三个月，还不算攻城的时间。

半年过去，开始攻城，拼命三郎式的将军，没有本事，光有脾气，是最最坏事的。“将不胜其忿而蚁附之”，死的全是士兵。浪战强攻的结果是“杀士卒三分之一”；“杀士卒三分之一”的结果是“而城不拔”，这当然是灾难。

攻城，古代最难。春秋战国，楚围宋城最有名。古人说，楚围宋城有三次，“庄王围宋九月，康王围宋五月，声王围宋十月”（《吕氏春秋·慎势》），墨子和公输般斗法，据说是第三次。

宋城，在今河南商丘，1990年，中美联合考古队经考古钻探，发现其范围，按古代标准，是个非常大的城（超过方七里，近于方八里）。

“轒辒”（音fén yūn），是一种有皮甲装护的运兵车，用这种车运兵于城下。

“距堙”（音jù yīn），是一种攻城用的土坡，先填壕，再起土附于城，贴着城墙修台阶。

“蚁附”，是像蚂蚁爬墙那样，用人海战术，强行登城。

“杀士卒三分之一”，简本作“杀士三分之一”。“杀士”是成语，见于《孙膑兵法·杀士》《尉缭子·兵令下》。“杀士”是说让士兵当敢死队，冒矢石冲锋，既不是自己杀，也不是被敌人杀。

（三）谋攻之法

“伐谋”的特点是三个“非”字：

（1）“屈人之兵而非战也”，是讲野战。

（2）“拔人之城而非攻也”，是讲攻城。

（3）“毁人之国而非久也”，是讲灭其国而结束战争。

这三条，“非战”“非攻”“非久”，都是本之“全利”的原则，即所谓“必以全争于天下，故兵不顿而利可全”，作者说，这就是“谋攻之法”。

“贵全”是此篇的宗旨。

说到攻城，我们应该讲一点有关知识。

城市，是定居农业的发明。中国的军事文化，是墙文化。土墙是墙，砖墙是墙，列阵而战的人墙也是墙。墙和阵，是农业民族的特点。长城是这种文化的象征。

我国城市，特点是四四方方，棋盘式布局，宫寝、宗庙、社稷、陵墓，全都集中在一块儿。

古代城防，主要靠三样东西，第一是城墙，第二是城壕，第三是城楼。古代的城，城门有门楼，四角有角楼，马面有敌楼，都可用于守望。城中的高楼和高塔，也可用来料敌。定州的开元寺塔，就叫“料敌塔”。

攻城和守城，属于古代的兵技巧。刘歆《七略》的《兵书略》本来有《墨子》的城守各篇。古代的兵技巧家言，只留下这本书。

墨子非攻，是古代著名的反战分子。非攻的办法是什么？是教人守小国，保护自己，免受大国欺凌。古人讲城守，墨子是祖师爷。不读《墨子》，无以知城守。《墨子》讲守，是针对攻。攻守的知识，都在这本书。当时，攻城手段有十二种，号称“十二攻”(《墨子·备城门》):

（1）临。即临车，是一种可以移动的塔楼，也叫隆。临车的作用是居高临下，可以窥见守敌的活动。对付临车，主要手段是连弩。

（2）钩。即钩车，有带长臂的钩爪，可甩臂而挥之，用以砍砸城垣。钩车和下面的冲类似，也是用来破坏城垣。

（3）冲。即冲车，是一种破坏城垣的撞城车，也可用来破坏城门。

（4）梯。即云梯，可以折叠展开，前端有双钩，可以搭在城头上。

（5）堙。即上“距堙”，是贴着城墙往上修筑的斜坡，供士兵登城。

（6）水。是以水灌城。对付水攻，有两个办法，一个办法是在城中穿井凿渠，泄水于内；一个办法是把船绑在一起，当水上的临车和水上的轒辒，运兵突围，决城外河堤，泄水于外。

（7）穴。不是挖地道。《墨子》十二攻，应该有火攻，但没发现。我怀疑，这里的“穴”字可能是“火”字之误，下面的“空洞”才是讲挖地道。

（8）突。据《六韬·豹韬·突战》，是指攻方的突破，而不是攻城的地道。对付突，主要是在城墙四周挖突门，每100步一个。突门，古书多见，是从里面开口，并不挖透，必要时才挖透的门。守城，一般是躲在城里，被动挨打，有了突门，才能主动出击。

（9）空洞。是指在城墙上挖洞或在城墙下挖地道。古代，在城墙上挖洞，是像挖隧道那样挖，边挖洞，边打支架，好像矿井一样。对付挖地道，主要办法是两条，一条是用眼睛从高处往下看，看地面上有什么迹象；一条是“听瓮”，听敌人在什么地方挖土，然后对着挖地道，用火烧，用烟熏，用水灌。

（10）蛾傅。是步兵的密集强攻。“蛾傅”即本篇的“蚁附”，蛾同蚁，傅通附。它是以蚂蚁缘墙，比喻这种人海战术。对付蚁附，主要手段是行临（一种放在城头上可以左右移动的临车）和矢石汤火。

（11）轒辒。是一种装甲运兵车。它用皮革做成棚状的车厢，前面封死，士兵是从后面钻进去。它的作用主要是运兵和填壕。

（12）轩车。即古书中的楼车和巢车。它是一种车上竖杆，杆上悬屋，可自动升降的塔楼，有如悬空的楼阁或树上的鸟巢。古代城防，制高点很重要，守方凭借城楼，可以居高临下。楼车和巢车，是反制措施。这类车，也叫橹或楼橹。《谋攻》篇的“橹”是这种橹。

《墨子》十二攻，可以分为三类：

一类是攻城器械，如临车、轩车可以登高，辒辒可以运兵填壕，冲车、钩车可以破坏城墙，云梯可以登城。《谋攻》的“修橹辒辒，具器械，三月而后成”就是讲这一类。

一类是与攻城有关的土木工程，如空洞是挖洞挖地道，距堙是堆土为坡（其实还应包括搭桥越壕、运土填壕）。《谋攻》的“距堙，又三月而后已”就是讲这一类。

一类是攻城方法，如水攻、火攻和突（突破），还有蚁附。《谋攻》的“将不胜其忿而蚁附之”就是讲这一类。

3.3　故用兵之法，十则围之，五则攻之，倍则分之，敌则能战之，少则能逃之，不若则能避之。故小敌之坚，大敌之擒也。

这里的“用兵之法”，也是一种条例，主要讲“量力而行”。

六种手段，“围”“攻”“分”“战”“逃”“避”，到底用哪一种，要看手上的兵力有多少，请看下表：

较大优势	较小优势或均势	劣　势
围（围而不攻）：10倍	分（分割后歼灭）：2倍	逃（逃跑）：少
攻（用武力强攻）：5倍	战（列阵对战）：势均力敌	避（躲避）：不若

上表分三组：

“围”和“攻”，与攻城有关。

“分”和“战”，与野战有关。

“逃”和“避”，是不战不攻。

“围”是围城，围而不攻，把守敌困在城内，没吃没喝，坐以待毙。围而不攻的好处是避免打。但你要围而不攻，一定要有10倍于敌的兵力，足以围点，足以打援，让外面的进不去，里面的出不来，支持较长的时间。

“攻”是攻城，即用武力把城直接打下来。攻城和守城，两者不对等，攻方的投入总是远远大于守方。大多少？这里说，是5倍于敌。

“分”是分割，一块大蛋糕，一口吃不下，可以切开来吃。分割敌人，各个击破，至少要2倍于敌。

“战”，古人有两个定义，一个是“钧则战，守则攻”（《管子·侈靡》），一个是“皆陈曰战”（《左传》庄公十一年）。“战”是势均力敌的对抗，与“攻”不一样，“攻”是对“守”而言，属于不对称。力量相等，摆好了才打，计谋使不上，“成败决于志力”（《左传》庄公十一年的注疏），“志”是意志，“力”是力量，“两强相遇勇者胜”，要能打也敢打。

“逃”是兵力比敌人少，见势不好就跑。

“避”是兵力不如敌人，因此躲着敌人。

“故小敌之坚，大敌之擒也”，传统解释是，弱小的一方，自不量力，非跟强大的敌人较劲儿，肯定会被敌人活捉。我的解释不太一样，是参考《荀子·议兵》。《议兵》说，“是事小敌毳（脆）则偷可用也，事大敌坚则涣焉离耳”，意思是，如果对手很脆弱，还可以侥幸占点便宜；如果对手很坚强，则刚一交手就会土崩瓦解。原文“小敌”是弱小的对手，“大敌”是强大的对手，和这里用法应该一样。“坚”不是坏词，而是形容对手很坚强。两相对照，我认为，原话是说，如果弱小的一方能集中优势兵力，虽小而坚，即使强大的一方也会被活捉。

古代围城要有10倍的兵力，攻城要有5倍的兵力，原因何在？要考虑当时的城市规模和人口。这里讲一点筑城史的知识。

我们先讲规模。

（1）城圈大小

中国古代的城有多大，一般是以“方多少里”来计算。“方多少里”的意思是说，城墙每边的边长有多少里，而不是现在说的多少平方里。如方百里的意思是100里 × 100里。古代1里=300步，1步=6尺，1尺=23.1厘米。下面是推算的一组数字：

方九里：长宽3742.2米；

方八里：长宽3326.4米；

方七里：长宽2910.6米；

方六里：长宽2494.8米；

方五里：长宽2079米；

方四里：长宽1663.2米；

方三里：长宽1247.4米；

方二里：长宽831.6米；

方一里：长宽415.8米。

中国古城，公元前三千年到公元前两千年已经比较大，很多都达到方一里或方二里。商周古城，很多都达到方四里（如偃师商城、郑州商城）。东周古城，更大。各国首都，往往都超过方九里（如赵邯郸城、中山灵寿城、燕下都、郑韩古城、齐临淄城、楚纪南城）。[1]

（2）城墙高度

中国古代的城墙有多高，一般是以“雉”来计算。“雉”是版筑的单位。每块版，长1丈，宽2尺。五块版，从上到下排列，是一堵。一堵是长宽各一丈。三堵横排，长3丈，高1丈，是一雉。下面是据此推算的一组数字：

高九雉：高20.79米；

1　这几座古城的规模大约是：赵邯郸城，3240米×4880米+505万平方米；中山灵寿城，4000米×4500米；燕下都，4500米×4000米+3500米×3700米；郑韩古城，5000米×4500米；齐临淄城，4500米×4000米+1400米×2200米；楚纪南城，4500米×3500米。参看：徐宏《先秦城市考古学》，北京：北京燕山出版社，2000年，146—165页。案：这六座大城都超过方九里，其中燕下都和齐临淄城，几乎和明清北京城差不多大，其他四座，也有明清北京城的四分之一大。明清北京城，东西不到7000米，南北不到8000米。唐长安城也比明清北京城大。

高八雉：高18.48米；

高七雉：高16.17米；

高六雉：高13.86米；

高五雉：高11.55米；

高四雉：高9.24米；

高三雉：高6.93米。

城墙高度，东周古城，有些还保留着高大城墙。比如新郑古城，即使是现存高度，也可达到18米。

（3）城墙厚度

古书不大讲，但东周古城，很多还在地面。它们的厚度一般都大于高度，往往有20—30米或30—40米。城壕的宽度也差不多有这个数。[1]

中国古城，从一开始就比较大。我到过不少东周古城，都比后世的县城大，不是大一点儿，而是大很多。

中国的城市网主要奠定于东周时期，以后没有太大发展。[2]城市规模变化不大。筑城体系一脉相承。唯一变化是，宋以来，火炮出现，在土墙外面包砖（从南北朝时期就已有

1　工程兵工程学院《中国筑城史研究》课题组《中国筑城史》，北京：军事谊文出版社，1999年。案：最近发现的良渚古城，东西长1500—1700米，南北长1800—1900米，墙厚可达40—60米。

2　西汉时期的城市总数，县、道、国、邑，全部加起来，有1587个（《汉书·百官公卿表上》）。这个数字相对稳定，后来增加不多。清代的府厅州县也只有1700多个，现在的县、市也只有2300多个。

包砖），如此而已（不像欧洲采用棱堡，降低胸墙）。[1]

古代的城，人口有多少？我们也要有一个估计。

东周时期和秦汉时期，很多城都是“万户之邑”。万户以上的县是大县，万户以下的县是小县。“万户之邑”的人口大约是四五万。万户以上的城，当时也有不少。[2]

攻城，需要的人很多。

古代守城，多半是男女老少齐动员。《墨子·备城门》说，敌人10万，四面来攻，攻城队形，最宽是500步，4000人足以应之。其他三面，可能用不了这么多人，大概一共有10000人也就够了，敌我比例约为10∶1。

上面说，围城要10倍于敌，攻城要5倍于敌，和《墨子》的说法大致吻合。

攻城是以十当一，守城是以一当十。

3.4　夫将者，国之辅也。辅周则国必强，辅隙则国必弱。故君之所以患于军者三：不知军之不可以进而谓之进，不知军之不可以退而谓之退，是谓縻军；不知三军之事而同三军之政，则军士惑矣；不知三军之权而同三军之任，则军

1　明清北京城，北城是防御重点，最高最厚。但高度不足12米，厚度不足22米。高度和厚度都比不了东周的大城。

2　西汉时期，国土面积有400多万平方公里，人口有近6000万。《汉书·地理志》记载了七个四万户以上的大城，如长安城有8.8万户，人口达到246200人。现代县城，人口比古代大约翻了10倍左右，大县可以上百万，中等县城也有几十万，几万人只是小县。

士疑矣。三军既惑且疑，则诸侯之难至矣，是谓乱军引胜。

这段话，是讲“中御之患”。什么叫“中御之患”？可看下面这段话。

武王问太公曰：“立将之道奈何？”

太公曰：“凡国有难，君避正殿，召将而诏之曰：‘社稷安危，一在将军。今某国不臣，愿将军帅师应之。’将既受命，乃命太史卜斋三日，之太庙，钻灵龟，卜吉日，以授斧钺。君入庙门，西面而立，将入庙门，北面而立。君亲操钺持首，授将其柄曰：‘从此上至天者，将军制之。’复操斧持柄，授将其刃曰：‘从此下至渊者，将军制之。见其虚则进，见其实则止，勿以三军为众而轻敌，勿以受命为重而必死，勿以身贵而贱人，勿以独见而违众，勿以辩说为必然。士未坐勿坐，士未食勿食，寒暑必同。如此，则士众必尽死力。’将已受命，拜而报君曰：‘臣闻国不可从外治，军不可从中御。二心不可以事君，疑志不可以应敌。臣既受命，专斧钺之威，臣不敢生还。愿君亦垂一言之命于臣，君不许臣，臣不敢将。’君许之，乃辞而行。军中之事，不闻君命，皆由将出，临敌决战，无有二心。若此，则无天于上，无地于下，无敌于前，无君于后。是故智者为之谋，勇者为之斗，气厉青云，疾若驰骛，兵不接刃，而敌降服。战胜于外，功立于内，吏迁士赏，百姓欢说，将无咎殃；是故风雨时节，五谷丰登，社稷安宁。”

武王曰：“善哉！”（《六韬·龙韬·立将》。《淮南子·兵略》略同）

“国不可从外治，军不可从中御”，是说内外有别，国有国道理，军有军道理，不能乱掺和。“将受命于君”之后，国内的事归君主管，不能从国外处理；国外的事归将军管，不能由国内遥控。国君遥控，对三军是大患。

“中御之患”有三条：

第一条是不懂打仗，瞎指挥，明明不该进攻，却命令士兵进攻，明明不该退却，却命令士兵退却，束缚军队的手脚。

第二条是不懂军中的事务，却非要参与军队的管理，让士兵困惑。

第三条是不懂各级军吏的权限，却非要参与他们的任命，让士兵怀疑。

作者认为，这是自毁其军，白白让其他国家捡便宜、看笑话。

3.5 故知胜有五：知可以（与战）〔战与〕不可以（与）战者胜，识众寡之用者胜，上下同欲者胜，以虞待不虞者胜，将能而君不御者胜。此五者，知胜之道也。故曰：知彼知己，百战不殆；不知彼而知己，一胜一负；不知彼，不知己，每战必败。

《计》篇的结尾是讲“知胜”，此篇的结尾也是讲“知胜”，大家可以对照一下。这里的讲法更细。

这是全文的总结。内容分两层。第一层是讲“知胜之道”，一共有五条。第二层是讲“知彼知己”，一共有三条。两层是互为表里。

作者讲“知胜之道”，第一条是可不可以打，这是基本判断，可以打不打，错；不可以打而打，也错；只有可打就抓紧机会打，不可打就坚决不打，才对。整个战争前，要不要出兵，有这个判断；野战、攻城，每个战役、每个战斗前，要不要打，也有这个判断。“庙算”的“庙”是下决心的地方，前方的营帐（帷幄之中）也是下决心的地方。前三篇，每篇都有这个问题。这条定下来，才谈得上其他四条。

第二条，可不可打、要不要打的问题解决后，接下来的问题是怎么打。“众寡之用”，就是讲怎么打。这是《形》《势》《虚实》三篇要讲的事。形、势、虚实三条，都属于“众寡之用”。这是把兵力投入战场后，为将者必须考虑的事。

第三条，怎么打的问题解决后，如何执行计划、贯彻意图，关键是“上下同欲”。什么叫“上下同欲”？就是上下通气，沟通得好，协同得好，将、吏、卒，心往一处想，劲往一处使，同心同德。这类问题，《军争》以下五篇讲得最多。

第四条，“以虞待不虞”，是敌我双方斗智慧，斗情报，彼此猜透猜不透、料到料不到的问题。战场上，千变万化，变量很多，最大最大的变量是什么？是人心。想法变了，什么都跟着变。前面三条，不管准备多充分，计划多周密，你不知道敌人想什么，敌人知道你想什么，全是白搭。《计》篇讲运用之妙，说“此兵家之胜，不可先传也”，什么东西这么神？主要是八个字：“攻其无备，出其不意。”这种想法，《孙子》多处讲。如《虚实》篇讲虚实之用，诀窍就是“出其所必趋，趋其所不意”。《九地》篇讲“为客之道”，关键也在“兵之情主速，乘人之不及，由不虞之道，攻其所不戒也”，“运兵计谋，为不可测”。三个“不”，“不虞”“不意”“不测”，都是说猜不透、料不到。

第五条，是呼应第四段，也是讲国君不要拖将军的后腿。古代打仗，将军管打仗，国君管后勤，各有分工。上面几条，都是将军可以掌控的事。但将军本事再大，没有自由度，也是白搭。

这是“知胜之道”的五条。

上面这五条，前三条，“知可以战与不可以战者胜”“识众寡之用者胜”“上下同欲者胜”，都是讲自己这一边可以决定的事，属于“知己”；“以虞待不虞者胜”不一样，是讲应敌，属于“知彼知己”；“将能而君不御者胜”，是呼应上一段，是上面五条的结语，也可以算“知己”。可见，关键还是“知彼知己”。问题就两个方面，一方面是敌人，一方面是自己。

下面就是讲“知彼知己”。

“知彼知己”，是回到《计》篇的老问题。《计》篇的“五事七计”，就是靠比较敌我来定计。定计的基础是实力计算。

怎么算？很简单。

“知彼知己，百战不殆”，胜率是100%。

“不知彼而知己，一胜一负”，胜率是50%。

“不知彼，不知己，每战必败”，胜率是0%。

“谋攻”的“谋”就是“计”，转一圈，我们又回到原地。

这是一个圆满的结束。

第二组：形势组

兵力的配方：形—势—虚实

形第四

——众寡之用一（备战）

现在，讲完第一组，“权谋”就讲完了。这三篇是过程描述，全景描述，每篇各有一个重点，我叫“三贵”。“三贵”的共同点是什么？是强调“谋”，强调通盘考虑，强调对人力的消耗、物资的消耗、金钱的消耗、时间的消耗，要算大账，算总账，有经济学头脑，脚踏实地，没有任何虚头巴脑的东西。这样的“谋”，是大局观的“谋”，总体观的“谋”。用现代概念讲，就是战略。

贵谋、贵速、贵全，全都属于战略原则。

下面这一组是讲“形势”。“形势”也是一种谋略。形势家的特点是会支着，懂得因时因地因敌，拿出相应的对策，好像高明的医生，能够根据病情深浅、阴阳表里、寒热虚实，给病人下方，斟酌用量，增减其味。我把这种谋略叫“兵力的配方”。“兵力的配方”，其实是战术。

先秦兵书讲战术，通常采用问答体，有什么问题说什么问题，想哪儿说哪儿，什么武器用什么武器对付，什么战法用什么战法对付，兵来将挡，水来土掩，都是战术问答。这样讲战术，问题是开放性的，答案是随机性的，比较灵活，坏处是头痛医头，脚痛医脚，不能深入本质，上升到理论层次。

《孙子》讲战术，不是这么讲。它是从理论上讲，从本质上讲，用抽象概念讲。

抽象是什么？就是遗形取神，舍形而下，求形而上。美女美，但美不等于美女（苏格拉底之辩）。白马白，但白马也不等于马（公孙龙之辩）。怎么讲美，怎么讲白，没有抽象不行。

"形势"就是一种抽象。拆开来讲，形是形，势是势，合起来呢，又是一个词，好像一个钱币有两个面。这一组文章，哲学的味道最浓。西方汉学家要把这个词的准确含义翻成他们的语言，很难。我看过的英译本，翻得都不好。

先秦兵书讲"形势"，最经典的叙述就是这三篇。不读这三篇，无以知"形势"。

什么叫"形势"？《兵书略》的定义是，"雷动风举，后发而先至，离合背向，变化无常，以轻疾制敌者也"。大意是说，走得隐蔽，打得突然，机动灵活、快速多变，战术非常巧妙，并没说明"形势"是什么意思。[1]

这一组的三篇和下一组的五篇都是讲形势，角度不一样，这一组是从理论讲，下一组是从实战讲。我们要想了解

1　这五句话，估计是根据《孙子》，但不是根据这一组，而是后面的第三组，即《军争》等五篇。

“形势”是什么意思，还是要看这一组。

“形势”是什么？银雀山汉简《奇正》说，是“有所有余，有所不足，形势是也”。这个说法最简单。它是指兵力的部署，这个地方多一点，那个地方少一点，就像行棋布子。《孙子》的说法是“众寡之用”(《谋攻》的最后一段)。这是把“形”“势”二字合起来讲，笼统地讲。

“形”和“势”分开来讲，两者要对着看。它们是同一样东西的两个不同侧面。

什么是“形”？什么是“势”？我们可以从词义上概括一下。

（1）“形”和“型”有关，本来是指范铸的模型（陶范），既指模型本身（当名词），也指用这种模型赋形于他物（当动词），以及用这种模型制造出的另一个器形（当名词）。

（2）“势”和“设”有关，本来是指创设某种东西，制造一种格局，制造一种形势。这种格局、这种形势就叫“势”。

（3）“形”和形状、形态、形式等义有关。“形”是静态的东西（有如固体），有固定形状；“势”是动态的东西（有如液体和气体），没有固定形状。[1]

（4）“形”和形象有关。“形”是有形可见的东西，“势”

1　如《虚实》说“故兵无常势，水无常形”，就是以水喻势。

是看不见的东西。[1]

研究“形势”，我们要注意，“形”和“势”，不是两回事，而是一回事。理论上我们可以把两者分开，实际上分不开。我们讲“形”，“形”里面一定有“势”；我们讲“势”，“势”外面也一定有“形”。两者是互为表里。外面是“形”，里面是“势”。

蓄势待发的“势”，它是躲在“形”的背后，就像藏在枪膛里的子弹，只有等它发射出来，你才知道它的厉害。

射击，第一是装弹，第二是瞄准，第三是扣动扳机。装弹是“形”，瞄准是“势”，扣动扳机是“节”。《势》篇说，“势如彍弩，节如发机”。

“形”和“势”，两者可能一致，可能不一致，不一致就是假象。“示形”的“形”，真真假假，很多都是假象。

汉朝的荀悦有一个解释，最好。他说，“形”是“大体得失之数”，“势”是“临时进退之机”（《前汉纪·高祖皇帝纪》）。比如，庙算上的“大体得失之数”，就是属于“形”；战场上的“临时进退之机”，就是属于“势”。

“形势”，《孙子》是分三篇讲，这三篇是什么关系，我们也可以讲一下。

《形》篇讲“形”。“形”是己所素备，和自己关系更

1　如《计》篇所谓“示形”，所示之形都是可视之形（案：示与视同源）。

大。这篇主要讲“备战”。

《势》篇讲“势”。“势”是因敌而设，和敌人关系更大。这篇主要讲“应敌”。

《虚实》也是讲“势”，但不是点上的“势”，而是面上的“势”。点上的“势”是“奇正”，面上的“势”是“虚实”。光有点上的“势”，只能应敌，保证点上不败，还不足以取得整个战局的胜利。这篇主要讲“制胜”。

三篇有递进关系。

《形》篇讲“形”，但对“形”字却几乎什么都不说。全篇从头到尾，根本就不提“形”字，好不容易看到一个“形”字，还是在文章结尾，最后一个字。而且就是说到最后，也还是没有定义，只是打比方，用高山决水打比方。

《孙子》讲“形”，到底有什么说法，下一篇倒是有一个解释，叫“强弱，形也”。

“强弱”的概念是来自实力。实力，第一是国力，第二是军力。军力是靠军赋，军赋是靠国力。归根结底是靠国力。本篇第三段就是讲军赋。

用兵的前提是手上有兵，有兵才能用兵。备战的关键是军赋，有田有粮，有民有兵，才能打仗。此篇的重点是讲军赋。“形”不光是个抽象概念，还是个实实在在的东西。

《孙子》论兵，最爱讲“胜”，从头到尾，哪篇都讲，但讲得最多，要数此篇。这篇有一个特点，不知大家注意到了没有，就是这篇的“胜”字特别多，比哪篇都多。它一共有26个“胜”字。

这里讲“胜”，主要就一个意思：先求己胜，再求胜敌。先求己胜，就是“形胜”。

什么叫“形胜”，大家最好读读下面这段话：

> 故有形之徒，莫不可名。有名之徒，莫不可胜。故圣人以万物之胜胜万物，故其胜不屈。
>
> 战者，以形相胜者也。形莫不可以胜，而莫知其所以胜之形。形胜之变，与天地相敝而不穷。形胜，以楚越之竹书之而不足。形者，皆以其胜胜者也。以一形之胜胜万形，不可。所以制形壹也，所以胜不可壹也。故善战者，见敌之所长，则知其所短；见敌之所不足，则知其所有余。见胜如见日月。其错胜也，如以水胜火。
>
> 形以应形，正也；无形而制形，奇也。奇正无穷，分也。分之以奇数，制之以五行，斗之以[形][名]。分定则有形矣，形定则有名〔矣〕。（银雀山汉简《奇正》）

“形胜”这个词，《孙子》没直接讲，但概念已经包含在它论胜的话里了。“形胜”，就是“以形相胜”，以实力相胜。本篇讲“胜”，还只是“见胜”，还不是“所以胜”，还不是“措胜”，还不是因敌制胜。因敌制胜是下一篇的内容。

《形》篇很短，我把它分成四段：

第一段，讲形胜在己不在敌。

第二段，讲形胜易见易知。

第三段，讲知胜在于军赋。

第四段，讲形胜如深谷决水。

4.1　孙子曰：

昔之善战者，先为不可胜，以待敌之可胜。不可胜在己，可胜在敌。故善战者，能为不可胜，不能使敌之必可胜。故曰：胜可知，而不可为。不可胜者，守也；可胜者，攻也。守则不足，攻则有余。善守者，藏于九地之下；善攻者，动于九天之上，故能自保而全胜也。

这段话一共用了10个“胜”字，重点是讲“形胜”。“形胜”是靠自己的实力取胜，靠自己的优势取胜。

“昔之善战者，先为不可胜，以待敌之可胜。不可胜在己，可胜在敌”，此篇的“善战者”，简本没有“战”字，都是作“善者”，下同。这里讲胜，有先后之分，有敌我之分。“先为不可胜，以待敌之可胜”，强调的是“先”，而不是“后”；“不可胜在己，可胜在敌”，强调的是“己”，而不是“敌”。[1]前者是还没动手，后者是已经动手。前者是说自己

1　这里，“在己”“在敌”，只是从原则上讲。实际上，备战也有针对性，并不是单方面的事情。

有实力，在实力对比上有胜算，先立于不败之地；后者是讲你要打败敌人，不能光靠自己，还得靠敌人帮助。敌人不犯错误，不好办，一旦犯错误，千万别错过。这个机会，在敌不在我。“形胜”是因形为胜，靠自己的实力为胜。这只是胜之半。另一半是《势》篇的重点。前者只是胜利的前提，还不是后果，后果同样重要。

“故善战者，能为不可胜，不能使敌之必可胜”，上文讲“先为不可胜”，这里讲“能为不可胜”，都有“为”字。这两个“为”字，为的只是“形”，还不是“势”。这里的“不可胜”是“形胜”。“形胜”只是胜之半，“胜”的另一半是“使敌之必可胜”。“必可胜”是决定性的胜，最后的胜。最后的“胜”，要靠“势”。没有“势”，还没有最后的胜。“形胜”之胜只是备战之胜，还不是应敌之胜。备战之胜只是预期的胜，还不是实际的“胜”，实际的“胜”要靠跟敌人过招，一招一招，逼近胜利。

“故曰：胜可知，而不可为”，前面有两个“为”字，都是讲自己这一面要先立于不败之地。先立于不败之地，就是为胜利打下基础。这个基础可为，但到底能不能战胜敌人，还是要到战场上才能见分晓。备战是前提，不是后果，后果怎么样，不能全看自己，还要看敌人。敌人要到战场上见。这话和《虚实》篇的一句话正好相反。《虚实》篇说，“故曰：胜可为也”。这两句话，表面矛盾，其实，并不矛盾，各是强调问题的一个侧面。“胜可知，而不可为”，是说实力强弱有先定之数，事先就可以估计出来，不是临时能造出来的，实力是造不出来的，而“胜可为也”，是说真正的胜利，最后的胜利，不可事先传授，只能在实际战斗中，因应敌情。实力的发挥，要靠人的主观能动性，从“势”的角度看，还大有可为。

“不可胜者，守也；可胜者，攻也。守则不足，攻则有余”，这里，值得注意的是，今本“守则不足，攻则有余”，简本是作“守则有余，攻则不足”，两种写法，完全相反。简本是西汉文本，当然很古老，但今本的写法，也不是宋以来才有，同样很古老。例如《汉书·赵充国传》《后汉书·冯异传》《潜夫论·救边》的引文就和今本一样。为什么这里会有截然相反的两种写法，这里面很有名堂，不可忽视。我分析，文本的歧异，可能是源于义理的不同，关键是对“不可胜者，守也；可胜者，攻也”理解不一样。今本的理解，是以“不可胜者”为敌，“可胜者”为己。己方是取攻势的一方，敌方是取守势的一方。取攻势的一方是因为有余，实力优于对手；取守势的一方是因为不足，实力不如对手。简本的理解，和这种理解不一样，它是把这里的“不可胜”和“可胜”等同于上文的“不可胜”和“可胜”。上文“先为不可胜，以待敌之可胜。不可胜在己，可胜在敌”，“不可胜”是指己，“可胜”是指敌。如果两处一致，这里的

“不可胜”还是指己，“可胜”还是指敌，则“不可胜者，守也；可胜者，攻也”就是指我守敌攻。“守则不足，攻则有余”，简本作“守则有余，攻则不足”，大概是基于这样的理解：我守是因为我有足够的实力，敌攻是因为实力不如我，其实攻不如守，守方是强势，攻方是弱势。这种理解，听上去有点别扭，但也有一定道理。比如克劳塞维茨就说，一般都以为，攻者强，守者弱，其实相反。[1]因为很多情况下，攻方比守方消耗大，守方会显得有余，攻方会显得不足，很多军事家都有这种经验之谈。

“善守者，藏于九地之下；善攻者，动于九天之上，故能自保而全胜也”，这句话，简本和今本也不一样，简本强调守，没有“善攻者”。它是说，善守者先立于不败之地，把自己埋藏得很深，好像藏于九地之下，把自己保护得很好，然后又不失时机，一旦发现敌人的弱点，就突然发起进攻，好像雷霆万钧，动于九天之上，非常突然，非常意外。这里的“九天”“九地”，就是古书常说的“九天”“九野”，“九天”极言其高，“九地”极言其下。[2]最后一句，“自保”就是下文所说的“立于不败之地”，“全胜”就是下文所说的“不失敌之败也”，这两条加起来，才是“全胜”。

1　克劳塞维茨《战争论》，中国人民解放军军事科学院译，北京：商务印书馆，1978年，第一卷，14页；第二卷，476—479页。

2　李零《〈孙子〉十三篇综合研究》，北京：中华书局，2006年，426—429页。

4.2 见胜不过众人之所知，非善之善者也；战胜而天下曰善，非善之善者也。故举秋毫不为多力，见日月不为明目，闻雷霆不为聪耳。古之所谓善战者，胜于易胜者也。故善战者之胜也，无智名，无勇功，故其战胜不忒。不忒者，其所措胜，胜已败者也。故善战者，立于不败之地，而不失敌之败也。是故胜兵先胜而后求战，败兵先战而后求胜。善用兵者，修道而保法，故能为胜败之政。

"形"是显而易见的东西，明摆着的东西。

"见胜不过众人之所知，非善之善者也；战胜而天下曰善，非善之善者也"，是说实力太悬殊，胜负之分太明显，这样的仗打赢了，本在情理之中，算不上什么大本事。这里的两个"非善之善者也"，简本只作"善者"。"非善之善也"，可能是后起的说法。如《太平御览》卷三二二作"非善之善也"，宋本皆作"非善之善者也"。"善之善者"，是比"善战者"更高的善战者。

"故举秋毫不为多力，见日月不为明目，闻雷霆不为聪耳"，这三句话，都是形容胜得太容易。"秋毫"，秋天，鸟兽的毛最细，形容轻。

"古之所谓善战者，胜于易胜者也"，上句，简本只作"所谓善者"，这里是指通常所谓"善战者"；下句，属于"形胜"。"形胜"是凭计算优势取胜。《计》篇最后一段就是讲这种胜。

“故善战者之胜也，无智名，无勇功，故其战胜不忒”，这也是讲“形胜”。“形胜”是自立于不败之地，然后才求胜敌。这种胜，是在备战这个环节上胜，有实力保障，保险系数大，没有太多悬念。“故善战者之胜也”，简本作“故善者之战”。“忒”音tè，是差错的意思，这里指反常和意外。“不忒”，是说得失之数，大体如此，不会有什么太大的意外，总是八九不离十。

“不忒者，其所措胜，胜已败者也”，是说为什么没有意外，原因是，我方的举措，皆有胜算在握，还没动手，就已经在计算上打败了敌人。“其所措胜，胜已败者也”，简本作“其所错（措）胜败者也”，连下读，没有第二个“胜”字。“措胜”，见下《虚实》篇，作“因形而措胜于众，众不能知”。“因形”是利用优势，“措胜于众”是把这种优势落实到军人的行动上。

“故善战者，立于不败之地，而不失敌之败也”，“立于不败之地”属于“形”，“而不失敌之败也”属于“势”。战争还没开始，我方拥有优势，自立于不败之地，这只是胜数的一半，另一半要取决于敌人。敌人犯不犯错误，是个很大的变数，只有进入实战，进入敌我双方的对抗，才能做出判断。

这里讲“形胜”，我们要注意，作者讲的战争，都是大国间的战争，类似两次世界大战的那种战争。这种战争，都是由国家支持的正规战争，强弱之形定，则胜负之分见。实力比诡诈更重要。

大国，是凭实力打仗。实力是综合概念，科技、经济、政治、外交、军事，五种实力是合在一起用。因此，战争的政治性和总体性很强，一切好像都属于“正”。虽然，大国也用诡诈，诡诈主要是讹诈，即战略威慑，但虚声恫吓，后面有硬东西。它的优势是在这里。

战争不光这一种，还有另一种，历史上，弱胜强，夷胜夏，流寇胜官军，不靠这些。他们在实力上没有优势，怎么办？照样有他们的打法（如持久战、游击战）。今天所说的非法武装、恐怖分子，他们也有他们的打法。我们不能说，只有正规的战法才叫战法，不正规的战法就不属于战法。兵法不光属于强者。

《司马法·仁本》：“古者以仁为本，以义治之之为正，正不获意则权。权出于战，不出于中（忠）人（仁）。”这段话很有名。“正”是政治，“权”是战争。古人认为，“权”是因为“正”行不通，不得已才用之。其实，“形”和“势”的关系也有类似之处。前者也是一种“正”，后者也是一种“权”。

对大国来说，“形”和“势”，区别很明显，但对弱势的对手来说，“形”和“势”几乎是一体，后者比前者更看重“诈”。这种“诈”是没有实力优势的“诈”，当然比强势的兵法更看重“谋”，而不是“力”，看重“势”，而不是“形”。

4.3　兵法：一曰度，二曰量，三曰数，四曰称，五曰胜。地生度，度生量，量生数，数生称，称生胜。故胜兵若以镒称铢，败兵若以铢称镒。

《孙子》所谓“形”，核心概念是实力。实力是有定数的，可以用数学的方法，一项一项算出来。

“兵法”，这里是讲制度，讲军赋制度。军赋制度是古代的出军法，属于军法，即广义的兵法。它不仅包括征兵，也包括征武器、征粮草。一切人力资源和军用物资都在被征发之列。

用兵的前提是养兵、练兵、治兵。养兵靠后勤保障，练兵靠训练装备，治兵靠指挥管理。这三条又有一个总的前提，是征兵。只有把兵征上来，有兵在手，你才谈得上养兵、练兵、治兵、用兵。这是基础的基础。

《计》篇讲实力有五大指标：道、天、地、将、法。五大指标，主要是政治指标、军事指标和天时地利。这里也有五大指标，全是经济指标。军赋制度是一切制度的基础。经济是政治、军事的基础。

军赋制度，古人也叫“料地出卒之法”或“算地出卒之法”。怎么算？怎么料？这是一笔大账。账分五步算，一环扣一环：

第一是“度”。“度”是长度，主要用来丈量土地。古代长度单位多用十进制（一引10丈，一丈10尺，一尺10寸，一寸10分）。古代丈量土地，常用步法。用步法量长宽，计算土地面积：六尺为步，百步为亩（100步 ×1步），百亩为顷（100步 ×100步），九顷为井或九顷为里（300步 ×300步）。查田定产，是军赋制度的基础。

第二是“量”。“量”是容量，主要用来计算粮食。古代容量单位，早期有四进制（如姜齐量值），也有十进制（如陈齐量制）。四进制便于几何切割，但与十进制不好换算；十进制是通过四加一变成五，再进到十。汉制五量，是一斛10斗，一斗10升，一升10合，一合2龠。古代发口粮，发俸禄，都是以粮食作标准。士兵口粮，最高一级是每天一斗；官吏俸禄，最低一级是每天一斗（号称“斗食吏”）。口粮，数量小，用量器方便；多了，才用衡器（秤砣和秤杆）。比如高级官吏，其俸禄有百石、千石、万石等级。石是120斤，就是重量单位。草料，也多半用衡器。

第三是“数”。“数”是算地出卒的数量。下篇“分数”的“数”就是指各级编制的数量。《管子·七法》：“曲制时举……其数多少，其要皆出于计数。”《商君书·算地》：“方土百里，出战卒万人者，数小也。”这些“数”，都是指兵员的数量。

第四是“称”。“称”是衡制术语。衡制，权是秤砣或砝码，衡是秤杆或天平，“称”就是用这类衡具称量轻重。这里指比较敌我兵力的优劣。

第五是“胜”。“胜”是双方兵力比较的结果。《计》篇讲“胜”，是以敌我兵力的比较为基础，这里讲“胜”，也是以敌我兵力的比较为基础。两种比较，归宿相同，但角度不一样。这里强调的是战争动员的物质基础和经济基础，兵力的后面是国力。

这里的五大指标，一是田数，二是粮数，三是兵数，四是比较，五是胜利。它们的关系是：田数出粮数，粮数出兵数，兵数生比较，比较定胜负。简单说，就是有多少粮食养多少兵，谁兵多，谁就有胜算。兵、农是战争之本。

“故胜兵若以镒称铢，败兵若以铢称镒”，镒（音yì），铢（音zhū），都是重量单位，一铢和一镒之比是1∶576，非常悬殊。这里是说，敌我力量如果太悬殊，则胜负之分也就显而易见。

4.4　胜者之战〔民也〕，若决积水于千仞之谿者，形也。

这是打比方，拿深谷决水打比方。

“胜者”，是承上而言，指地广粮多人众，国力、军力占优势的一方。

“战民”，指动员自己的民众，把他们投入战争。今本，《魏武帝注》本和《武经七书》本没有这两个字，《十一家注》本有之。根据简本，应有这两个字。这里是据简本和《十一家注》本补字。

“若决积水”，先要积水，才能决水。这里，作者强调的是“积”，而不是“决”。积水是“蓄势待发”的“蓄”，决水是“蓄势待发”的“发”。“蓄势待发”的“势”，还只是潜在的“势”，潜在的“势”还属于“形”，只有发出来的“势”才是真正的“势”。这里强调的是“形”。

“千仞之谿”，是形容山高谷深。“仞”（音rèn），古有八尺和七尺两说（还有五尺六寸和四尺等说），大约有一人高。古尺，八尺约合185厘米，七尺约合162厘米，折其中约合170厘米。“谿”（音xī），山谷。《说文解字·人部》：“伸臂，一寻八尺，从人仞声。”古人常以“寻”解释“仞”，很多人都以为“仞”就是“寻”，其实不对。“仞”是一人高。一人高有多高？因人而异，但大体与平伸双臂的长度等，所以古人这么讲。但“仞”和“寻”还不完全一样。“寻”字，古文字的写法是像一个人伸开双臂，它是个长度单位。古代的长度单位，多与手足有关，如丈、尺、寸、寻取之于手，步取之于足。很多辞书都说“仞”是长度单位，不对。古书用这个字，一般都是讲山高或城高。我们从古书辞例看，“仞”是高度单位，不是长度单位。

读古书，我们要注意，古人讲话，跟老乡似的，最爱打比方。越是深奥的道理，越爱打比方，往往用比喻代替定义，用比喻代替推理。《孙子》中，这样的例子很多。

“形”是本篇主题，但从头到尾，它一直不提这个字。这个字是到最后才出现，最后一字才是“形”。主题后置，也是古人说话的特点。就像隐语（古代的谜语），谜底是放在最后。

最后这几句，以蓄水为喻，值得玩味。

蓄水于高山，用物理学的说法讲，就是用提升重物的方法来积蓄势能。势能是“潜在的能量”（potential energy）。西方汉学家，或用energy（能量）或potential energy（势能）翻译“势”。但potential energy，只是“蓄势”，还不是“势”；released energy（释放的能量），才是“势”，才是真正的“势”。

蓄水，其实是比喻“形”，而不是“势”。[1]

---

1 《形》《势》二篇专论“形”“势”，但“形”“势”的概念不是现在才出现，《计》篇已有所涉及。它的第二段就是讲“形”，第三段就是讲“势”。作者讲完“五事七计”，另起一段，说“计利以听，乃为之势，以佐其外。势者，因利而制权也”，其实“因利而制权”中的“利”就是“形”，“权”就是“势”。“形”和“势”的区别是什么？很清楚，“形”是“势”的基础，“势”是“形”的发挥。

势第五

——众寡之用二（应敌）

前面，我们已经讲过，“势”与“形”是一对相反相成的概念。这两个词有何不同，我做过一点简单介绍。这个介绍是提前预告。其实，《形》篇并没有这种比较，它只给我们讲了“形”本身。真正的比较是在这一篇。

此篇讲“势”，不光就“势”论“势”，它还把“势”放进“形势”的总体概念中讲。它把“形势”分解为四个术语：“分数”“形名”“奇正”“虚实”。

这四个术语，层层递进，一环扣一环。我理解，它们是分属于“形”“势”两大类。“分数”“形名”属于“形”，“奇正”“虚实”属于“势”。

读《势》篇，我们不要以为，这四个概念全是讲“势”。它是把“形势”拆开来讲，对比着讲，一半是“形”，一半是“势”，“势”只是其中的一半。

“分数”，“分数”的“数”是“形”的基础，可以简称“数”。

“形名”，“形名”的“形”和“形势”的“形”是一回事。

这两种都属于“形”。

“奇正”，是“势”的核心概念，本篇讲“势”，主要就是讲“奇正”。

“虚实”，是“奇正”的扩大，也属于“势”。“奇正”是点上的“虚实”，“虚实”是面上的“奇正”。

这两种都属于“势”。

总之，这四个术语是两套概念。

“形”的概念，主要在于“备战”。打个比方，就像把子弹压进枪膛。

“势”的概念，主要在于“应敌”。打个比方，就像寻找目标，瞄准射击。

“形”和“势”都是某种格局。它们的不同主要是，“形”是自己这一方面单方面准备好的格局，“势”是根据敌情随时调整因敌而设的格局。

没有敌人，就谈不上“势”。

“应敌”，是根据敌情分配兵力。

“势”就是兵力的配方。它把兵力分成“奇”“正”两种，合起来叫“奇正”。

“势”和“节”有关。“形”变“势”，关键在“节”。

“势”的释放，《孙子》叫“发节”。打个比方，就像瞄准射击，手指扣在扳机上，大气不出，瞄准，等待，只有扣动扳机，子弹才能射出来。

“势”很神秘，总是藏在“形”的后面，看不见，摸不着。

“势”离不开“形”，总是和“形”在一起：

（1）“示形”，藏己真形，示敌假象，属于“势”。

（2）“形人”，使敌原形毕露，自己却深藏不露，属于“势”。

（3）“应形”，以形应形，属于“势”。

（4）“制形”，无形制形，也属于“势”。

（5）“形兵”，调动敌人，造成形格势禁，更是以“形”为动词，专指造势。

《孙子》讲“势”，常用“形”字，道理就在这里。如《虚实》篇的很多“形”字，其实都是讲“势”。

我把《势》篇分为六段：

第一段，讲“分数”“形名”“奇正”“虚实”的区别。

第二段，讲“奇正”，即“势”。

第三段，讲“势”与“节”的关系。

第四段，讲“数”（即“分数”）、“形”“势”的区别。

第五段，讲“释人任势”。

第六段，讲“任势”如高山滚石。

5.1　孙子曰：

凡治众如治寡，分数是也；斗众如斗寡，形名是也；

三军之众，可使（必）〔毕〕受敌而无败者，奇正是也；兵之所加，如以（碬）〔碫〕投卵者，虚实是也。

这段话是总论“形势”，“凡”字后面的四条是讲四种“众寡之用”。

前面，《谋攻》第五段讲“知胜”之道，其中第二条，叫“识众寡之用者胜”。“众寡之用”就是“形势”。

这里的四个术语，“分数”“形名”“奇正”“虚实”，是一套层层递进的概念，全都属于“众寡之用”，“分数”“形名”是讲“形”，“奇正”“虚实”是讲“势”，它是把“形势”的概念细化，分四个方面讲，两种是“形”，两种是“势”。

这四个术语，含义是什么？我们可以讨论一下。

（一）分数

“分数”是什么？简单说，就是军队编制，军队的建制管理。原文说“治众如治寡，分数是也”，意思是管理很多的人就像管理很少的人，这叫“分数”。这里，“治”是动词，意思是管理。“众”是什么概念？我们可以读一下《作战》《用间》的开头。它们说，当时打仗，动员规模很大，通常要有十万人（“带甲十万”“兴师十万”）。这么多人怎么管，好像很难，但《九地》说，“犯三军之众，若使一人”，简直就像管理一个人。它的管理为什么这么有效？道理很简单，它是靠“分数”来管理。“分数”，曹操的解释是“部曲曰分，什伍曰数”，他把“分数”理解为军队编制是对的，但用汉代制度讲先秦制度，不合适。他举的四级，“什”是10人，“伍”是5人，先秦两汉都有这两级，没问题，但“部”“曲”是汉代军制，“部”是400人，“曲”是200人，先秦军制没有这两级。他把“分数”拆读，说“部曲”就是“分”，“什伍”就是“数”，也不合适。其实，“分数”是什么，并不复杂。古今治军都是靠分层分级，定编定员，进行建制管理。我理解，“分”就是分层分级，“数”就是定编定员。它是把军队分为军、师、旅、卒、两、什、伍等单位，每一级有每一级的军官（即所谓“军吏”）。它是靠这些军官进行管理：将军管大官，大官管小官，小官管战士，一层一层管下去。黄仁宇有个口头禅，“千军万马，从数目字上管理”，“分数”就是这样的管理。

这是第一种“众寡之用”。

（二）形名

“形名”是什么？简单说，就是指挥系统、联络系统。古代指挥、古代联络，是靠金鼓旌旗。金鼓旌旗，是传达号令的手段。原文说“斗众如斗寡，形名是也”。意思是指挥很多的人战斗就像指挥很少的人战斗，这叫“形名”。“斗众”这个词，见《墨子·号令》，是说指挥自己的士兵战斗，而不是说与敌方战斗。《墨子》讲的“号令”是什么？就是这里的“形名”。“形名”，曹操的解释是“旌旗曰形，金鼓曰名”，这个解释大体对，但不够准确。他的意思是，旌旗靠看，有形可见，所以叫“形”，金鼓靠听，没有形，只能叫“名”。这样讲也不太合适。其实，“形名”就是信号，不管是听是看，都是信号。金鼓之声是听觉信号，旌旗之形是视觉信号，两者都是用来传达将军的号令，不是一个叫“形”，一个叫“名”。中国古代有所谓“刑名法术之学”，“刑名”就是“形名”。“刑名”是名家的专长，“法术”是法家的专长。名家的诡辩是来源于法律诉讼，和打官司的学问有关。打官司是源头，哲学只是副产品。“形”是形体，“名”是概念，它们和“实”可以一致，也可以不一致。名家离坚白同异，就是在形名之间或名实之间做手脚。兵家讲“形名”，和这种概念有联系。它主要是利用其符号学的意义，用来指军事上的信号。兵家的“形名”是什么意思，除了这里说“斗众如斗寡”，还有《军争》篇讲“金鼓旌旗”的一段话，曹操说是讲“形名”，《孙子》没有详说。我建议，大家可以看一下银雀山汉简《奇正》。《奇正》从“分数”讲“形名”，从“形名”讲“形势”，“分数”是“形名”的基础，“形名”是“分数”的应用，和这里的讲法大体一致。在《奇正》篇中，“形名”不仅是控制万物生化的学问，也是控制战局变化的学问。

这是第二种“众寡之用”。

（三）奇正

“奇正”是什么？简单说，就是用于战斗的兵力分配，“正”是用以接敌，“奇”是用以破敌，两者配合使用，都和对付敌人有关。原文说“三军之众，可使（必）〔毕〕受敌而无败者，奇正是也”，意思是我三军之众摆好阵势，用以应战，不管敌人从哪个方向进攻，都有兵力对付，而不致失败，这叫“奇正”。“正”是正常，指足以抗衡和控制局面的兵力；“奇”是反常，指足以打破僵持，造成“出其不意”“攻其无备”效果的兵力。这里，“奇”要读jī。打拳，你一拳，我一拳，彼此要接招，这种接招的拳都是“正”。什么是“奇”？“奇”就是瞅个空档，冷不丁给他一下，最好是K.O.（Knock Out），一拳把对方打趴下。这种短促突击，往往都是留一手，讲到兵法，就是有预备队，要有机动力量。机动力量，就是“奇”。前人讲“奇正”，都说“奇正”和阵法有关，这是对的。阵法，前后左右中，兵力怎么分配，哪个方向多一点，哪个方向少一点，很有讲究。古人所谓阵，就是战斗队形，纵队、横队，方阵、圆阵，投入战斗，一定要有这套东西。古代阵法，千变万化，总离不开“奇正”。[1]

这是第三种“众寡之用”。

1　参看：李零《兵以诈立——我读〈孙子〉》，北京：中华书局，2006年，184—191、223—225页。

（四）虚实

“虚实”是什么？简单说，就是通过走，通过大规模运动，通过兵力的分散集结，造成整个战场上的某种格局，避开敌人的实，打击敌人的虚。原文说“兵之所加，如以（碬）〔碫〕投卵者，虚实是也”，意思是我举兵加敌，好像用石头砸鸡蛋，这叫“虚实”。这里“碫”（音duàn）是磨刀石。“以（碬）〔碫〕投卵”，就是以石击卵。“虚实”和“奇正”不同，“奇正”是单个战斗的兵力配置，点上的兵力配置；“虚实”是整个战役或整个战局的兵力配置，面上的兵力配置。

这是第四种“众寡之用”。

前面，我说过，“形势”是“兵力的配方”，即兵力的分配和组合。这段话就是讲有哪几种分配和组合。

“分数”是讲兵力的组建，“形名”是讲兵力的指挥，这两条都是讲自己，自己管理自己，自己指挥自己。这两条属于“形”。

“奇正”是讲在点上如何应敌，“虚实”是讲在面上如何应敌，这两条都是讲应敌，即怎样对付敌人，不是单方面的行动。这两条属于“势”。

“形”是治兵之数，“势”是用兵之数。

“分数”，《孙子》没有专篇讨论，它讲军队编制，主要见于《谋攻》第一段。《计》篇的“法者，曲制、官道、主用也”，也涉及这一问题。

“形名”，《孙子》也没有专篇讨论，它讲金鼓旌旗，主要见于《军争》第四段。

本篇的主题是这里的第三条，即“奇正”。

“虚实”是下一篇的主题。

5.2 凡战者，以正合，以奇胜。故善出奇者，无穷如天地，不竭如江海。终而复始，日月是也；死而更生，四时是也。声不过五，五声之变，不可胜听也；色不过五，五色之变，不可胜观也；味不过五，五味之变，不可胜尝也；战势不过奇正，奇正之变，不可胜穷也。奇正相生，如循环之无端，孰能穷之哉！

上面四个术语，其中第三种是“奇正”，这段话，主要就是讲“奇正”。

《势》篇论“势”，主要就是讲“奇正”。

什么是“奇正”？我们可以讨论一下。

（一）“奇正”是一种数理概念

西方数学有“奇数”（odd number）和“偶数”（even number）。我们也有。彼此的用法很接近。他们的even，有平坦、均匀、整齐、单调等义，和汉语的“正”很接近；odd，是反义词，表示的是相反的意思，基本上是一种反常的现象。

西人所谓even number，还有一个意思是“整数”；所谓odd number，还有一个意思是“余数”。这种用法也和我们的用法相似。我们说的“正”，其实是整数，“奇”，其实是余数。余数就是作为零头的数。

中国的数学传统，特别看重“余奇”。《周易》摆草棍，“大衍之数五十”，先要拿出一根放到一边，这根放在一边的草棍，就是“余奇”。

“余奇”就是作为余数的一。

“余奇”的重要性在哪里？主要在于，它是制造一切变化的关键：所有偶数加一，都会变成奇数；所有奇数减一，都会变成偶数。

中国的“奇”也叫“零”。

汉语所谓“零”，不是没有，而是“零头”的“零”，“孤零零”的“零”。中国的“零”是作为余数的1，而不是0。它和西方的0不一样。西方的0是无，附在其他数字后面，表示进位。我们的“零”是“余奇”，比如专讲阵法的《握奇经》，“握奇”的“奇”，就是“余奇”。唐太宗问李靖，“握奇”的“奇”是什么意思，李靖的回答是“余奇为握机。奇，余零也”。唐太宗再问，也说“阵数有九，中心零者，大将握之，四面八向，皆取准焉”（《唐太宗李卫公问对》卷上）。他们是把大将所居处于八阵中心的阵，叫“零”。零阵不是空阵，而是作为王牌的阵。

“余奇”是一切数字的中心，就像太一居宇宙的中心，皇帝居天下的中心；也是一切数字的归宿。一千是一，一万是一，不断进位的一，都可归入它的概念。它既是开端，也是结尾；既是中心，也是全体。[1]

（二）传世文献的解释

（1）曹操的解释

曹操论奇正，主要见他的《孙子》注和《曹公新书》。

他说，“先出合战为正，后出为奇”，“正者当敌，奇兵从旁击不备”（曹注），“己二而敌一，则一术为正，一术为奇；己五而敌一，则三术为正，二术为奇”（《唐太宗李卫公问对》卷上引《曹公新书》）。

这个解释很容易被人误解。有人以为先出就一定是“正”，后出就一定是“奇”，正面接敌就一定是“正”，侧翼突袭就一定是“奇”，甚至把奇正比例当作一个固定的数。其实，这并没有抓住奇正的本质。

（2）李靖的解释

李靖论奇正，见《唐太宗李卫公问对》上卷。

第一，兵家都讲“出奇制胜”，他却反对重奇轻正。他认为，没有正兵，奇兵也无所用之，两者不可偏废。兵贵出

1　魏立德《关于〈孙子兵法〉中的数理逻辑》，收入《孙子新探——中外学者论孙子》，北京：解放军出版社，1990年，122—130页。

奇，但不能不看对手，一味出奇。自己强，对手弱，强弱不成比例，主要靠正兵。反过来，对手强，自己弱，实力相差悬殊，主要靠奇兵。

他说，自古兵法，都是“先正而后奇，先仁义而后权谲”。重视正兵是他的一个特点。

第二，他反对简单的“奇”“正”划分。他说，“奇”“正”非素分，乃临时制之，没有固定标准，“奇”可以是“正”，“正”也可以是“奇”，“奇”可以变“正”，“正”也可以变“奇”，什么叫“奇”，什么叫“正”，标准只有一个，就是看对方上当不上当，料到料不到。料到的就是“正”，料不到的就是“奇”。在他看来，曹操讲的三条，先出后出，正击旁击，几术为正，几术为奇，都不是关键。关键是，要给对方一个“惊喜”，让他做梦都想不到。如果非讲区别，也只是大概，他的定义是，“大众所合为正，将所自出为奇”。

李靖的解释很灵活。

（三）银雀山汉简《奇正》的解释

研究“奇正”，出土文献很重要。银雀山汉简《奇正》就是专门讲奇正。

《奇正》讲“奇正”，主要是下面几条。

（1）“形以应形，正也；无形而制形，奇也。”

意思是，用自己现成的东西对付敌人现成的东西叫

“正”，如果原来没有，却能造一个格局出来，让敌人想不到叫“奇”。

（2）“同不足以相胜也，故以异为奇。”

意思是，你有敌有，两边的手段一样，不足以取胜，只有拿出不同于敌人的东西才能取胜。前者是“正”，后者是“奇”。

（3）“是以静为动奇，佚为劳奇，饱为饥奇，治为乱奇，众为寡奇。”

这里说的“奇”，主要是和敌人不一样，处处和敌人拧着来：以静制动，以佚待劳，以饱待饥，以治待乱，以众击寡。

（4）“发而为正，奇发而不报，则胜矣。有余奇者，过胜者也。”

“奇”“正”的区别不在于“发”，而在于“发”了之后，对方的反应。你出招，他接招，有来有往，这是“正”。只有对方招架不住，你出招，他无法回报，才是“奇”。这种“略胜一筹”叫“余奇”。它是制胜的一击，最重要。

《势》篇讲“奇正”，主要是两段话：一段是“三军之众，可使（必）〔毕〕受敌而无败者，奇正是也”；一段是“凡战者，以正合，以奇胜”。前者是说，“奇正”是用于应敌，后者是说，正兵只能接敌，奇兵才能制胜。

下面的话，主要是讲奇正相生，变化无穷。

作者认为，制胜是靠出奇，出奇是靠奇正相生，即奇和正相互搭配，相辅相成。奇正相生，就像天地永在，江海长流，日月盈亏，四时轮回，无法穷尽其变化。它是一种可以反复进行的排列组合，就像五声、五色、五味的排列组合。音阶，只有角、徵、宫、商、羽。颜色，只有青、赤、黄、白、黑。味道，只有酸、苦、甘、辛、咸。但五种东西搭配起来，它们组成的音乐旋律、画面形象和美食美味，却变化无穷。战势只有奇、正两个要素，但奇用多少，正用多少，哪个方向多一点，哪个方向少一点，这个配方，也是变化无穷，就像个圆圈，你顺着这个圆圈转，转来转去，总是没有开端，也没有结尾。[1]

5.3 激水之疾，至于漂石者，势也；鸷鸟之疾，至于毁折者，节也。故善战者，其势险，其节短。势如彍弩，节如发机。

这段话是讲“势”和“节”的关系。

“势”和“节”是什么关系？作者的说法是“其势险，其节短”。

---

1 林彪是中国当代最厉害的战术家。辽沈战役，他所总结的“一点两面”“三三制”就是古代的“奇正之术”。“一点”是主要攻击点和突破口，相当于“奇”；“两面”是与“一点”策应的包围迂回，至少两面，但不限于两面，也可以是三面、四面。“三三制”是攻击时的队形，类似古代的“参法”或“三才阵”。

什么叫“其势险，其节短”？它包括两组比喻。

第一组是以“激水”和“鸷鸟”为喻：

（1）“激水之疾，至于漂石者，势也”，这是比喻“势”。水很轻很柔，石很重很硬，但水流湍急，能够把石头冲走，主要靠什么？靠“势”。

（2）“鸷鸟之疾，至于毁折者，节也”，这是比喻“节”。“鸷鸟”，“鸷”（音zhì）主要指鹰（eagle）、隼（falcon）类的猛禽。这些猛禽，眼力绝佳，它们盘旋于天空，对地面上的小动物（如兔子）跟踪追击，一旦锁定目标，下扑速度极快，足以令它当场毙命。这种猛扑靠什么？靠“节”。

这两个比喻，都有“疾”字，速度很快，但一句讲“势”，一句讲“节”，区别何在？

我理解：

水是自然力，自己不能控制自己，它的冲击力是借助“势”。“势”是什么？是地势的高下落差。一是借助山势的坡度，从山顶往山下冲，二是借助河床的落差，从上游往下游冲。

作者以激水漂石比喻“势”，道理在这里。

鹰、隼是活物，可以控制高度，控制速度，控制目标，控制节奏。“节”是什么？就是出击的时机和节奏。

作者以鹰隼搏兔比喻“节”，道理在这里。

当然，水不能控制自己，人可以控制它。比如人可以拦坝蓄水，开闸放水。只要有控制存在，就有“节”的问题。

第二组是以“彍弩”和“发机”为喻：[1]

（1）“势如彍弩”，弩机有弩臂置矢，弩机控弦。“彍弩”，“彍”（音guō）是张弩控弦的意思。这还是比喻“势”。

（2）“节如发机”，弩机有望山瞄准，钩牙发矢。“发机”就是瞄准目标，扣动钩牙，把箭射出去。这还是比喻“节”。

弩是枪的爸爸。在枪的身上，我们仍然可以看到这个比喻。

狙击手，躲在草丛里，子弹上膛，用瞄准器瞄准，这就是“其势险”。

他把食指扣在扳机上，瞄准目标，开枪，这就是“其节短”。

“其势险”，“险”的本义是山势陡峭，这里指蓄势待发，有如高山积水。

“其节短”，“短”是短促，这里指出击速度快，节奏非常短促。[2]

1　银雀山汉简《势备》说，“势”如弓弩，“发于肩应（膺）之间，杀人百步之外，不识其所道至”，和这里的比喻类似。

2　辽沈战役，林彪总结的“四快一慢”，就是属于“势如彍弩，节如发机”。“四快”是“准备要快，前进要快，扩张战果要快，追击要快”；“一慢”是“对已完成防御准备的敌人总攻击开始的时间要慢（充分准备之后再攻击）”。

5.4　纷纷纭纭，斗乱而不可乱；浑浑沌沌，形圆而不可败。乱生于治，怯生于勇，弱生于强。治乱，数也。勇怯，势也。强弱，形也。

“纷纷纭纭，斗乱而不可乱；浑浑沌沌，形圆而不可败”，前人说，这是讲阵形。一点不错。看足球，我们也有这种体会，什么四三三、四四二、三五二、五三二，都是乱中自有章法。“斗乱而不可乱”“形圆而不可败”，不是行家，看不出来。大家看到的，全是“纷纷纭纭”“浑浑沌沌”。

这些阵法，总结起来，有五个特点：

（1）上述阵形多取规则的几何图形，如横线、竖线、三角形、正方形、六角形和圆形等，便按圆面切分，四面受力等，很符合力学结构。上文所说“形圆”，就是指这种结构。

（2）上述阵形与古代的式图相对应，可配三才、四象、五行、五音、八卦、八风、太乙九宫、遁甲八门和十二辰。古代式法，太乙、遁甲配九宫，六壬配十二辰。这类阵形的解释，往往都与兵阴阳的天文、地理之说有关。

（3）上述阵形，有所谓画地之法，其几何划分，往往与丘井制田法相合，也被说成是井田法。

（4）上述阵形是以伍法为基础，与古代的军制也有关系，如五人为伍，二伍为什，五伍为两，四两为卒。五人为伍、五伍为两，都是按前、后、左、右、中排列。

（5）上述阵形，三才阵、五行阵和八阵是一个系统。八阵，每边三分，含左、中、右和前、中、后，可理解为两套五行阵（中宫重合）。六花阵是另一个系统，则是与十二辰相配。

（6）上述阵形，无论哪一种，都很强调“中阵”。上面说过，这个“中阵”，就是控制一切变化的余奇。

“治乱，数也。勇怯，势也。强弱，形也”，这段话还是讲开头的众寡之数，“数”就是“分数”。“势”“形”就是“形势”。但这里没提“形名”和“虚实”。它是说，治乱取决分数，即军队的建制管理；勇怯取决战势，即人为的态势和作战环境；强弱取决兵形，即双方的实力。

韩非论势，有权势之势（即势位之势和威势之势）或形势之势。前者是权力、权威、合法性，后者是秩序、格局与平衡（权有平衡之义）。《吕氏春秋·不二》：“老耽（聃）贵柔，孔子贵仁，墨翟贵廉，关尹贵清，子列子贵虚，陈骈贵齐，阳生贵己，孙膑贵势，王廖贵先，兒良贵后。”法家贵势，孙膑也贵势，先后的概念可能也与势有关。

法家的特点，是释情而任法，兵家的特点是释人而任势。这种想法，和道家的想法更接近。儒家提倡以德治国，法家和兵家都不讲以德治国。不讲以德治国，不等于不讲道德，但他们给人留下的印象，往往是不讲道德，让人想起西方的马基雅维利。

法家是老实人。他们的特点，就是尽讲大实话，吓人一跳的大实话。实话是什么，就是大道理管小道理，而不是小道理管大道理。国家是庞大的社会组织，不能用个人和家里的道理去管。以德治国不灵，以礼治国也不灵，只有以国治国，才顺理成章。法、术、势，就是用国家的道理治理国家，这很符合现代国家的理念。

法家的“势”，过去的理解比较单薄，兵家的说法是重要补充。比如这里讲的奇正，对治术的研究就很有意义。

5.5　故善动敌者，形之，敌必从之；予之，敌必取之。以利动之，以（本）〔卒〕待之。故善战者，求之于势，不责于人，故能择（释）人而任势。任势者，其战人也，如转木石。木石之性，安则静，危则动，方则止，圆则行。

《形》篇说，“善战者，立于不败之地，而不失敌之败也”。敌人会犯错误，犯了就抓住，绝不放过，当然好，但敌人不犯错误怎么办？是不是就无所作为了呢？并不是。

现在，在“势”的讨论上，作者的强调有所不同，它更强调指挥员的主观能动性，强调引导敌人犯错误。

“善动敌者”，是善于调动敌人的人。

“形之，敌必从之”，“形之”是示形于敌，用假象迷惑敌人，“敌必从之”是说敌人一定会上当。

“予之，敌必取之”，“予之”是用某种东西引诱敌人，“敌必取之”是说敌人一定会上钩。

“以利动之，以（本）〔卒〕待之”，意思是用小利引诱敌人，然后用重兵收拾它。

“求之于势，不责于人”，是说只求势，不求人。“求”和“责”意思一样，都是求的意思。

“故能择（释）人而任势”，这句话一直被误读，以为是选择人，适应势，至少唐以来就错。这里的“择”，其实应读为“释”。“释”是放弃的意思。它是说不靠人，只靠势。《六家要指》说，“至于大道之要，去健羡，绌聪明，释此而任术”，这句话最重要，最能代表道家精神。这是刑名法术的根本。《孙子》的释人任势说，和这类思想一脉相通。[1]

“其战人也”，“战人”是一个词，意思是战敌，与敌人战。过去，我以为“战人”就是上篇的“战民”，“人”是避唐太宗讳改字，原来应作“民”，现在看来，不对。[2]前面，我们讲过，《孙子》是以“人”“我”或“彼”“此”称敌我。这里的“战人”恐怕有别于“战民”，“战民”是备战，驱己之民战；“战人”是应敌，与敌国战。

1　参看：李零《〈孙子〉十三篇综合研究》，北京：中华书局，2006年，430—431页。

2　“其战人也”，简本缺此字，古书引文，《通典》卷一五四引同今本，《御览》卷二七〇引作“故善战人之势”，各本都作“战人”，不作“战民”。

“如转木石”，“木石”指“人”。

“木石之性，安则静，危则动，方则止，圆则行”，这是比喻人有勇怯、贤愚。中国的道家、法家和兵家都认为，人的勇怯、贤愚并不重要，关键在于“任势”。[1]

什么叫“释人任势”？大家最好读一下《九地》。《九地》就是讲“释人任势”。

5.6　故善战人之势，如转圆石于千仞之山者，势也。

这段话和《形》篇的结尾有点像，也是打比方。上一篇最后两字是“形也”，此篇最后两字是“势也”，都是回到主题，也一样。

“故善战人之势”，是说善于应敌者的“势”。“战人”是战敌，和上文一样。

“如转圆石于千仞之山者”，是拿高山滚石打比方。这个比方有两个方面，一个方面是石头的形状，一个方面是山势的高下。石头，圆的比方的容易滚。山势，越高越险，势能越大，冲击力越强。这是比什么，是比“人”和“势”。“人”是“石”，“势”是“山”。作者认为，人有勇怯，就像石有方圆。石头的形状当然重要，但它怎么滚，更重要的

1　参看：李零《兵以诈立——我读〈孙子〉》，193—198页。

是，还要取决于山势。石头，圆的当然好，但山势更重要，它更强调山势。

《形》篇结尾以深谷决水为喻，《势》篇结尾以高山滚石为喻，有点像。这两篇的结尾有什么不同，值得琢磨。

深谷决水，重点是水，不是谷。“决水”是以“积水”为前提，“积水”是蓄势，蓄水越深，提升越高，一旦把水放下来，势头一定很猛。但蓄势属于“形”，还不是“势”，放水才是“势”。它是“形”“势”都讲，但重点是在“积”字。

高山滚石，也是利用势能。人把石头堆在山上，再从很高的地方把它们推下来，和深谷决水确实很像。但这段话，重点是山，不是石。它讲滚石，主要是说石头顺着山势滚。石头是圆是方，虽然对它的滚动有影响，但山是“势”，石头不是“势”。

这是它们的不同。

附：银雀山汉简《奇正》篇

奇正。

天地之理，至则反，盈则败，日月是也。代兴代废，四时是也。有胜有不胜，五行是也。有生有死，万物是也。有能有不能，万生是也。有所有余，有所不足，形势是也。

故有形之徒，莫不可名；有名之徒，莫不可胜。故圣人以万物之胜胜万物，故其胜不屈。

战者，以形相胜者也。形莫不可以胜，而莫知其所以胜之形。形胜之变，与天地相敝而不穷。形胜，以楚越之竹书之而不足。形者，皆以其胜胜者也。以一形之胜胜万形，不可。所以制形壹也，所以胜不可壹也。故善战者，见敌之所长，则知其所短；见敌之所不足，则知其所有余。见胜如见日月。其错胜也，如以水胜火。

形以应形，正也；无形而制形，奇也。奇正无穷，分也。分之以奇数，制之以五行，斗之以形名。分定则有形矣，形定则有名〔矣〕。

同不足以相胜也，故以异为奇。

以静为动奇，佚为劳奇，饱为饥奇，治为乱奇，众为寡奇。

发而为正，奇发而不报，则胜矣。有余奇者，过胜者也。

故一节痛，百节不用，同体也；前败而后不用，同形也。故战势，大阵不断，小阵乃解。后不得乘前，前不得然后。进者有道出，退者有道入。

赏未行，罚未用，而民听令者，其令，民之所能行也。赏高罚下，而民不听其令者，其令，民之所不能行也。使民虽不利，进死而不旋踵，孟贲之所难也，而责之民，是使水逆流也。故战势，胜者益之，败者代之，劳者息之，饥者食之。故民见敌人而未见死，蹈白刃而不旋踵。故行水得其理，漂石折舟；用民得其性，则令行如流。　　四百八十七

虚实第六

——众寡之用三（制胜）

指挥艺术，从“形”讲到“势”，从“奇正”讲到“虚实”，是个层层递进的过程。“虚实”是最后一项，代表最高层次。此篇，简本称为“神要”，意思是最神奇，最奥妙，最关键，最重要。

什么是“虚实”？简单讲，就是避实击虚，我避敌之实，我击敌之虚。

前面，我已说过，《形》篇讲“形”，《势》篇讲“势”，“分数”“形名”属于“形”，“奇正”“虚实”属于“势”。但《势》篇只讲“奇正”，不讲“虚实”。“虚实”放在哪里讲？是放在这一篇。

《虚实》很重要，古人早有认识。如唐太宗就说，《孙子》全书，这篇最重要。阅读此篇，我们不妨看看，他和李靖怎么讨论这个问题。

> 太宗曰：“朕观诸兵书，无出孙武；孙武十三篇，无出虚实。夫用兵，识虚实之势，则无不胜焉。今诸将中，但能言背实击虚，及其临敌，则鲜识虚实者，盖不能致人，而反为敌所致故也。如何？卿悉为诸将

言其要。”

靖曰：“先教之以奇正相变之术，然后语之以虚实之形可也。诸将多不知以奇为正，以正为奇，且安识虚是实，实是虚哉？”

太宗曰：“‘策之而知得失之计，作之而知动静之理，形之而知死生之地，角之而知有余不足之处。’此则奇正在我，虚实在敌欤？”

靖曰：“奇正者，所以致敌之虚实也。敌实，则我必以正；敌虚，则我必以奇。苟将不知奇正，则虽知敌虚实，安能致之哉？臣奉诏，但教诸将以奇正，然后虚实自知焉。”

太宗曰：“以奇为正者，敌意其奇，则吾正击之；以正为奇者，敌意其正，则吾奇击之。使敌势常虚，我势常实。当以此法授诸将，使易晓耳。”

靖曰：“千章万句，不出乎‘致人而不致于人’而已。臣当以此教诸将。”（《唐太宗李卫公问对》卷中）

唐太宗认为，兵书，《孙子》十三篇最好；十三篇，《虚实》最重要，“朕观诸兵书，无出孙武；孙武十三篇，无出虚实。夫用兵，识虚实之势，则无不胜焉”。

李靖认为，“奇正”是“虚实”的基础，只有学会“奇正”，才能理解“虚实”，“千章万句，不出乎‘致人而不致于人’而已”。

“致人而不致于人”，就是主动权在我不在敌，我能调动敌人，敌人不能调动我，这个问题最重要。

上一篇，作者说“兵之所加，如以碫投卵者，虚实是也”。避实击虚就像石头砸鸡蛋，这个比喻很形象，也很简单，一句话，就点出了问题的实质。但当将军的，怎么统观全局，怎么分配兵力，怎么穿插迂回，怎么分散集结，怎么才能该虚的地方虚，该实的地方实，用自己的“实”打击敌人的“虚”，这里面的学问就大了，说起来容易，做起来难。

我们不要看轻了“避实击虚”这四个字。

“虚”和“实”，是一种分兵术。围棋，古代属于兵技巧，就是在“虚实”二字上做文章，“阔不可太疏，密不可太促”（张拟《棋经十三篇》）。毛泽东就是用围棋的做眼和吃子讲内线和外线、包围和反包围。[1]围棋，最像“虚实”。

《虚实》讲制胜。胜有大胜，有小胜。小胜是战斗之胜，大胜是战役或战局之胜。战斗之胜是点上的胜，好比下棋，总要吃子。战役或战局之胜是面上的胜，好比全盘之胜，或累计赛次最终获得的胜利。

“制胜”，都是积小胜为大胜，最后是求大胜。点上的“胜”是小胜，靠“奇正”；面上的“胜”是大胜，靠“虚实”。

---

1 《毛泽东选集》一卷本（字典纸四卷合订本），北京：人民出版社，1966年，417—418页、462页。

“虚实”是“将军之事”，即当将军的人要通盘考虑的大问题。

看球赛，我们都有这样的经验，除非实力太悬殊，只要是打入决赛、半决赛的球队，最后都有一拼。如果只看大比分，五局三胜，三比零，你会以为胜利的一方胜得很容易，失败的一方输得很惨。但亲临现场，感觉不一样，你会发现，每局的比分都咬得很紧，比分交替上升，令观者揪心。原来，大胜是由惊心动魄的小胜，一分一分攒起来的。

战场上的情况，和这种感觉最接近。很多胜利都是险胜，哪怕是很漂亮的歼灭战。

《孙子》讲“形”，只有一篇，讲“势”，却有两篇。它把“势”分成两个不同层次，一个层次是“奇正”，一个层次是“虚实”。“奇正”是《势》篇的主题，“虚实”是《虚实》的主题，各有分工。我们不要以为，只有“奇正”才是“势”，“虚实”是“势”以外的东西。

其实，“虚实”是“奇正”的延伸，本身也是“势”。

什么是“虚实”？“虚实”和“奇正”相通，也属于“众寡之用”，也属于“兵力的配方”，但两者的范围不一样。“虚实”的“虚”或“实”，不是说摆一个阵，哪一个方向兵力比较多，哪一个方向兵力比较少，也不是说，某一个作战地点本身是“虚”还是“实”。它考虑的不是点，而是面，不是自己这一方在哪一点上“虚”，哪一点上“实”，而是敌我双方的虚实关系，敌虚则我实，敌实则我虚，正好造成有利于我的格局，不利于敌的格局，让敌人感到形格势禁，不该去的地方却非去不可，不该救的地方却非救不可。

“虚实”是扩大的“奇正”。它是通过迂回运动、分散集结，造成预定会战地点上我众敌寡，己实彼虚，以众击寡，避实击虚，这个点上的虚实关系是受制于全局的虚实关系。

我们甚至可以说，下面的实战组（即《军争》等五篇）就是“虚实”的应用和展开。此篇是形势组向实战组的过渡。

对前面的内容加以回顾，再讲“虚实”，会比较清楚。

“奇正”“虚实”，都是“形势”，都是“形势”中的“势”。它们的共同点是，兵力部署，不可能面面俱到，总是这个地方多一点，那个地方少一点。有“实”就有“虚”，有“虚”就有“实”。银雀山汉简《奇正》说，“有所有余，有所不足，形势是也”，但两者不一样的是，“奇正”主要是点上的分配，“虚实”是面上的分配，范围大小不一样。面上的“虚实”是走出来的，和运动关系更大。

讲到这一步，“势”才发挥到极点，但有趣的是，作者反而回到“形”。他把这种运用之妙叫作“形兵”。

什么叫“形兵”？银雀山汉简《奇正》说，“战者，以形相胜者也。形莫不可以胜，而莫知其所以胜之形”。本篇也说，“人皆知我所以胜之形，而莫知吾所以制胜之形”。“我所以胜之形”是明摆着的“形”，“吾所以制胜之形”是看不见的“形”。看得见的“形”是《形》篇的“形”，看不见的“形”，其实是“势”。这两种“形”结合在一起，互为表里，才是“形势”一词的完整含义。“形兵”是形势之学的集中体现，所有运用之妙，都包含在这两个字里。

我把《虚实》分为五段：

第一段，讲“致人而不致于人”。

第二段，讲“以众击寡，避实击虚”。

第三段，是一句插入语，讲越人之兵虽多，但无益于胜。

第四段，讲知虚实，则胜可为。

第五段，讲“兵无常势，水无常形”。

6.1　孙子曰：

凡先处战地而待敌者佚，后处战地而趋战者劳。故善战者，致人而不致于人。能使敌人自至者，利之也；能使敌人不得至者，害之也。故敌佚能劳之，饱能饥之，安能动之。出其所（不）〔必〕趋，趋其所不意。

“虚实”和主动、被动有关。“致人而不致于人”就是讲主动、被动。

“凡先处战地而待敌者佚，后处战地而趋战者劳”，“先处战地”是先到达会战地点，“后处战地”是后到达会战地点。先到的一方，可以抢占有利地形，居高临下，以逸待劳。下棋有个别名，叫“争先术”。棋局上有“争先”，战场上也有“争先”。为了夺取胜利，大家都是“争先恐后”。

古代兵法有贵先和贵后两派，比如“王廖贵先，兒良贵后”(《吕氏春秋·不二》)，就是这两派。战术展开，分“走”和“打”。“走”有“先发”“后发”，“先至”“后至”。“打”也有谁先动手的问题。球赛，谁先开球，不一定占上风。先动手，可能好，也可能不好。乌龟和兔子赛跑，兔子跑在前面，睡大觉，反而可能被乌龟甩在后面，“先发”“后发”不是关键，关键是看谁最先到达终点。[1]

先后，是《军争》篇的重要话题。“军争”争什么？就是争谁先到达、谁后到达。下面的《军争》篇还要专门讲这个问题。这两篇，也是一环扣一环。

“致人而不致于人”，是讲谁主动谁被动，谁能调动谁。主动的一方是“致人”，被动的一方是“致于人”。“致”和“至”是从同一字分化，使人来是“致”，自己来是“至”，

---

1 “先”和主动有关。一般认为，先声夺人、先发制人，总是占便宜。俗话说，“先下手为强，后下手遭殃”。但有时情况相反。《左传》引《军志》“先人有夺人之心，后人有待其衰”(《左传》文公七年、宣公十二年和昭公二十一年)，是“先声夺人”的出典；而“先发制人”，则出自项梁。项梁说，“先发制人，后发制于人”(《汉书·陈胜传》)，来源是《孙子》。《虚实》篇，“凡先处战地而待敌者佚，后处战地而趋战者劳”，就是“先发制人”的出典。

这两个字，本身就有主动被动之分。

“能使敌人自至者，利之也；能使敌人不得至者，害之也”，是制造主动和被动。“能使敌人自至者”是靠利去引诱，让敌人觉得有利，自动前来；“能使敌人不得至者”是靠害去干扰，让敌人觉得不划算，放弃来。一方面自己要争取主动，一方面要陷敌于被动。

主动和被动，是不平衡关系。只有打破平衡，才有我方的主动和敌方的被动。“出奇制胜”的“奇”就是制造差异，打破平衡。银雀山汉简《奇正》篇说，“同不足以相胜也，故以异为奇。是以静为动奇，佚为劳奇，饱为饥奇，治为乱奇，众为寡奇”。这里说的“敌佚能劳之，饱能饥之，安能动之”，就是靠打破平衡，变被动为主动，使整个形势倒转。

主动和被动，平衡和不平衡，除力量对比，还有心理较量。你比敌人高明，高明在什么地方？关键是出人意料。你能想到，敌人想不到，这点最重要。出人意料才能打破平衡，让形势朝有利于我的方向逆转。《计》篇叫“攻其无备，出其不意”。

“出其所必趋”，今本作“出其所不趋”，这样改，是个错误。你要出击的方向，从道理上讲，应该是敌人必定会去的地方，敌人不去，岂不是扑空？这样改，意思完全不对。简本和古书引文作“必趋”，才是正确写法。后人为什么这么改？主要是强求一律，他看见下文是“不意”，就把这句也改成“不趋”，其实是改错了。一字之差，谬以千里。

6.2　行千里而不劳者，行于无人之地也。攻而必取者，攻其所不守也；守而必固者，守其所（不）〔必〕攻也。故善攻者，敌不知其所守；善守者，敌不知其所攻。微乎微乎，至于无形；神乎神乎，至于无声，故能为敌之司命。进而不可御者，冲其虚也；退而不可追者，（速）〔远〕而不可及也。故我欲战，敌虽高垒深沟，不得不与我战者，攻其所必救也；我不欲战，虽画地而守之，敌不得与我战者，乖其所之也。故形人而我无形，则我专而敌分。我专为一，敌分为十，是以十攻其一也，则我众敌寡。能以众击寡，则吾之所与战者约矣。吾所与战之地不可知，（不可知）则敌所备者多；敌所备者多，则吾所与战者寡矣。故备前则后寡，备后则前寡；备左则右寡，备右则左寡；无所不备，则无所不寡。寡者，备人者也；众者，使人备己者也。故知战之地，知战之日，则可千里而会战；不知战地，不知战日，则左不能救右，右不能救左，前不能救后，后不能救前，而况远者数十里，近者数里乎？

“虚实”和“众寡”有关，“避实击虚”和“以众击寡”有关。

“行千里而不劳者，行于无人之地也。攻而必取者，攻其所不守也；守而必固者，守其所必攻也”，这段话有两个“行”字，两个“攻”字，两个“守”字。“行”有“行”的“虚实”，“攻”有“攻”的“虚实”，“守”有“守”的“虚实”。前面，我说过，战术展开，可以概括为两个字：“走”和“打”。这段话，“行”就是“走”，“攻”“守”就是“打”。“走”是无人为虚，有人为实。我要走，一定要选择敌人想不到的路线，路上没有敌人拦截，这是乘虚而入。“打”分攻守，“攻而必取”是靠以实击虚，“守而必固”是靠以实备虚。“实”皆在我不在敌，“虚”皆在敌不在我。无论是“行”，还是“攻”“守”，都是我实而敌虚。我攻，一定要选择敌人疏于防守的地方；我守，一定要选择敌人可能进攻的地方。这里，“守其所必攻也”，今本作“守其所不攻也”，也是后人改反了。敌人不来攻，还守它干吗？这句话，根据简本和古书引文，应该作“守其所必攻也”。

“故善攻者，敌不知其所守；善守者，敌不知其所攻”，善攻善守，在于知“虚实”。我要攻，敌不知我从哪里下手；我要守，恰好是敌人要下手的地方。两者都是主动权在我不在敌。这里，问题的关键，不在有没有“虚实”，而在知不知“虚实”。谁都有“虚实”，有实就有虚，有虚就有实，关键在于“知不知”。“知不知”在于人心，人心难测，人心是最大的变量。敌人不知道我的“虚实”，我知道敌人的“虚实”，后果可想而知。

“微乎微乎，至于无形；神乎神乎，至于无声，故能为敌之司命”，是形容我之动静虚实，敌不可知。敌不可知，则主动权在我而不在敌，敌人的命运，是牢牢地攥在我们的手心里。“无形”“无声”是讲隐蔽意图，不露声色。“微乎微乎”“神乎神乎”，是形容虚实难测，敌不可知。下文“形人而我无形”，“形兵之极，至于无形。无形，则深间不能窥，智者不能谋”，就是讲这一点。“司命”，是天上的星官，地上的死生归他管，前面已出现过。《孙子》讲“司命”，这是第二次。《作战》篇说，“知兵之将，民之司命”，是当我方的司命，这里是当敌方的司命。

“进而不可御者，冲其虚也”，“进”与下文“退”相对，“御”是迎击、抵御，“冲”是冲击，“虚”是薄弱环节。“御”，简本作“迎”，这两个字，意义相同，读音相近（古音都是疑母字，鱼、阳对转）。《墨子·迎敌祠》的“迎敌”，其实就是“御敌”。

“退而不可追者，远而不可及也”，我退，敌人追不上，是因为敌人够不着。“远”，今本作“速”，属于形近致误（“远”，繁体作“遠”，与“速”相近），这里根据简本和古书引文改正。“远”是距离问题，“速”是快慢问题，意思不一样。距离很重要，动物有“临逃距离”，如果离它太近，它就紧张，不是向你发起攻击，就是撒腿逃跑。两种情况，都属于应急反应。两军，距离太近，缺乏安全感，也有类似反应。只有拉开距离，彼此够不着，才感到安全。这里是说，因为距离远才追不上。

“故我欲战，敌虽高垒深沟，不得不与我战者，攻其所必救也”，我想跟敌人打，即使敌人以“高垒深沟”为防，也不得不与交战，原因是什么？是因为我把攻击点选在了敌人非救不可的地方。“高垒深沟”，指安营扎寨临时修筑的防御工事，有别于长期使用的城市和堡垒。挖土为壕叫沟，堆土为墙叫垒。古代工事，有很多种，可以是栅栏，可以是沟垒，也可以环车为营。沟垒是很常见的一种。高大的城墙和护城河，是用同样的办法修起来的。

“我不欲战，虽画地而守之，敌不得与我战者，乖其所之也”，我不想跟敌人打，哪怕我没有任何防御手段，只是画个范围，摆个阵形，敌人也没法跟我交战，原因是什么？是因为我跟敌人的运动方向相反，他们根本就够不着我们。“画地”，古书有两种用法，一种是在地上画个圈，念个咒，狼虫虎豹、妖魔鬼怪就进不来，比如《西游记》，每次孙悟空外出化缘，都给唐僧画个圈儿，就是属于这种“画地”。这种“画地”是借魔法为防。还有一种“画地”，是兵书所谓“画地”。兵书上的“画地”，主要指阵法。阵法是以队形为防，不靠土墙，而靠人墙。李靖引《太公书》，有所谓“太公画地之法”，《司马法》佚文讲的阵法，就属于这一种

（《唐太宗李卫公问对》卷中）。《太白阴经》卷九也提到过李筌的画地之法。这些都指阵法。“乖”，简本作“膠”，“膠”与“谬”通，也是乖悖之义。[1]

“形人而我无形，则我专而敌分”，是说我知敌之虚实，而敌不知我之虚实，才能避实击虚。前一句，“人”是相对于“我”。“形人”的“形”是动词，指使对方现形，现真形于我。“无形”，正好相反，是没有真相，只有假象，让敌人虚实莫测。《计》篇有“示形”。“示形”是故意做给敌人看，用假象蒙骗敌人。后一句是讲分兵，分兵才能避实击虚。“专”是专一，这里指凝聚力量，集中优势兵力于一处，简本作木旁。《说文解字·女部》：“嫥，壹也。”也作女旁。这段话非常重要，它讲得很清楚，你要想做到避实击虚，第一，你先得知道敌人的虚实；第二，你得把自己的虚实藏起来。

“我专为一，敌分为十，是以十攻其一也，则我众敌寡”，是解释“我专而敌分”。敌我对比，可能我众敌寡，可能敌众我寡，如何分兵是大学问。假定敌有十股兵力，我有十股兵力，实力相等，如果我把十股兵力投放在一个地点，而敌把十股兵力分散在十个地点，只把其中一股投放在这个地点上，那么在这个地点上，我方就是十倍于敌。我就是

---

1 李零《〈孙子〉十三篇综合研究》，北京：中华书局，2006年，431—432页。

“众”，敌就是“寡”。“虚实”属于众寡之用。虚是分散，实是集中。点上寡，是因为分散。分散，当然就虚。点上众，是因为集中。集中，当然就实。“虚实”是靠“众寡”来体现。我们在《谋攻》篇读过，“十则围之”，十倍于敌，就可以包围敌人了。这当然是“我众敌寡”。

“能以众击寡”至“使人备己者也”，是讲“以众击寡”的奥妙。奥妙在哪里？就在“分合为变”，通过分散集结，陷敌于分散，陷敌于被动。战场上，兵力的分配，总是有众就有寡，有实就有虚，众寡、虚实是相对而言，这里多了，那里就少，这里实了，那里就虚。关键在于，众寡怎么分配，虚实怎么照应。众寡虚实，其实是一盘棋。会下棋的人，总是让敌人分散力量，无所不备，无所不寡，疲于应付，处处陷于被动。

“故知战之地”至“近者数里乎”，这是又一层意思。上面讲众寡之用，是讲兵力的投放。众寡之用，属于“知人”。“知人”包括“知彼知己”。敌人的虚实，我知道，自己的虚实，我也知道。有了这两条，当然很重要。但敌我双方，千军万马，好比棋盘上的棋子，光有棋子，没棋盘，先怎么走，后怎么走，不知道，照样没法下。所以，这里又加了两条，一条是“知战之地”，一条是“知战之日”。这两条很重要。知道，才可千里会战；不知道，就是几十里，甚至几里，都玩不转。“知战之地”“知战之日”，按古人的概念，就是“知天知地”。作者说，《孙子》讲“知胜”，包括四知。下《地形》篇说，“故曰：知彼知己，胜乃不殆；知天知地，胜乃可全”，只有四条全知道，才有全胜。全知才有全胜。

6.3 以吾度之，越人之兵虽多，亦奚益于胜哉？

这是一段插入语，承上启下。上文讲“众寡”，这里正好提到吴、越兵力的比较，下文讲“为胜”，这里正好提到是不是有益于“胜”。

这段话的意思是说，兵不在多而在用，不会用，兵力再多，又何益于胜负？

这里的“吾”是吴国，“度”（音duó）是推断。这是从吴人的角度看问题。

吴是今江苏一带，都城在今苏州（古称吴）；越是今浙江一带，都城在今绍兴（古称会稽）。吴、越是邻国，邻国往往是老仇人。伍子胥说，“勾践能亲而务施，施不失人，与我同壤，而世为仇雠”（《左传》哀公元年）。

这段话很重要。它说明，此书是替吴国出谋划策，而以越国为假想敌，说话的背景在春秋晚期。

过去，辨伪学家怀疑《孙子》，认为此书不是吴孙子（孙武）所作，但此书有两处讲吴越相仇，一条在这里，一条在《九地》，这两条都是以春秋晚期的吴国为背景，不管书的写定或编定在什么时候，讲的事情，肯定是春秋晚期的事，至少也是依托春秋晚期的事。[1]

6.4　故曰：胜可为也，敌虽众，可使无斗。故策之而知得失之计，（作）〔候〕之而知动静之理，形之而知死生之地，角之而知有余不足之处。故形兵之极，至于无形。无形，则深间不能窥，智者不能谋。因形而措胜于众，众不能知。人皆知我所以胜之形，而莫知吾所以制胜之形。故其战胜不复，而应形于无穷。

这段话主要讲"为胜"。"为胜"是靠全面了解敌我的"虚实"。

"故曰：胜可为也，敌虽众，可使无斗"，这段话很有意思。因为它和《形》篇的说法显得很矛盾。《形》篇说，"故曰：胜可知，而不可为"，明明说胜只能知，不能为，这里怎么又说"胜可为也"？其实，这两种说法，看似矛盾，并不矛盾，它们的不同只是描述角度不同，一个角度是"形"，一个角度是"势"，讲的是同一件事。"形""势"只是同一件事的两个不同侧面。就像一把剑，铸好了，很锋利，插在剑鞘里，这只是"形"；拔出来，左挥右砍，这

1　参看：李零《兵以诈立——我读〈孙子〉》，北京：中华书局，2006年，208—209页。

才是“势”。前面，我曾引用荀悦的话，“形者言其大体得失之数也。势者言其临时之宜也，进退之机也”（《前汉纪·高祖皇帝纪》卷二）。“形”和“势”，绝不是两件事，而是一件事。我们要知道，《形》篇讲“形”，“形”是已所素备，固有定数的东西，当然“不可为”；此篇讲“虚实”，属于“势”，“势”是因敌而设，不可事先规定，只能临时发挥，当然“可为”。不但“可为”，还“大有可为”。下文讲“胜”，一曰“制胜”，二曰“措胜”，都是人为制造的“胜”。人为制造的“胜”要靠敌人，要靠敌人犯错误。对方犯错误，要抓住机会；不犯错误，要想方设法，引导它犯错误。

“故策之而知得失之计”，简本作“计之〔而知〕得失之□”，我怀疑，原来是作“计之而知得失之策”，或“计之而知得失之算”。后来才改“计”为“策”。“策”字从朿，简本下句作“绩之而知动〔静之理〕”，我很怀疑，当读“刺之而知动静之理”。从简本看，“策”字也许是下句的错字。

“候之而知动静之理”，“候”是刺探的意思，敌人有什么动静，要靠刺探，才能得知其情。此句，今本作“作之而知动静之理”，简本作“绩之而知动〔静之理〕”。“绩”，整理者以为当读为“迹”，但古书引文多作“候之而知动静之理”，这样读不太好。我想，“绩”字既然从朿得声（上从朿，下从贝），含义又与“候”字对应，恐怕还是应当读作“刺之而知动静之理”。今本“作”与“候”字形相近，很可能是“候”字之误。

“形之而知死生之地”，“形之”，即下“形兵”，指兵力的部署；“死生之地”，见于《计》篇，前面说过，是“死地”“生地”的合称。地之“死生”，不是地所固有，而是由战势决定，出得去就是“生”，出不去就是“死”。你只有把兵力投放在地面上，哪里是死地，哪里是生地，才能看出来。

“角之而知有余不足之处”，“角”（音 jué），是较量、比试、竞争的意思。敌我双方的部署，哪个地方兵力有余，哪个地方兵力不足，只有刀对刀、枪对枪，真正过一下手，才能看出来。

上面四句，是讲如何知“虚实”。这里有四个“知”字，可以称为“四知”。第一步是计算，第二步是侦察，第三步是部署，第四步是较量。这四步，一环扣一环。计算还是纸上谈兵，只能知道个大概。侦察才能知道对方的举动。部署更进一步，地形，死生之势如何，离开人，看不出，只有把兵力投进去，才能知道。最后，双方的“虚实”到底如何，只有真正交一下手，才能彻底暴露出来。

“故形兵之极，至于无形。无形，则深间不能窥，智者不能谋”，这里要注意，“形兵”的“形”是个动词。“形兵”是人为制造的“形”。这种“形”已经不同于原来的“形”。这种“形”是看不见的“形”。看见的可能全是假象，真相是藏在假象后面。我方的真实意图是藏起来的。因为看不见，隐藏再深的间谍也侦察不到，智力再高的谋士也推测不出，敌人没法对付。

“因形而措胜于众，众不能知”，注意，这里不是讲敌，而是讲我。我方是根据上面说的“形”来制造“胜”，让士兵适应这种安排。这种安排，将军知道，少数心腹知道，士兵不知道。他们只是按照这种安排而行动，但并不知道安排是什么。参看《九地》篇。《九地》篇说，“将军之事”在于愚兵，“能愚士卒之耳目，使之无知；易其事，革其谋，使（人）〔民〕无识；易其居，迂其途，使（人）〔民〕不得虑。帅与之期，如登高而去其梯；帅与之深入诸侯之地，而发其机。若驱群羊，驱而往，驱而来，莫知所之。聚三军之众，投之于险，此将军之事也”。

“人皆知我所以胜之形，而莫知吾所以制胜之形”，这里讲的两种“形”，“我所以胜之形”是“形”，“吾所以制胜之形”是“势”，“形”易见而“势”难知。古人说，“鸳鸯绣了从头看，莫把金针度于人”（元好问《论诗绝句》）。“我所以胜之形”好比“鸳鸯”，“吾所以制胜之形”好比“金针”。鸳鸯好看，大家看见的是鸳鸯；飞针走线怎么绣，没人教，看不懂。“势”是藏在“形”背后。

“故其战胜不复，而应形于无穷”，这两句是什么意思？银雀山汉简《奇正》有段话正好是讲这个问题。它说，

“战者，以形相胜者也。形莫不可以胜，而莫知其所以胜之形。形胜之变，与天地相敝而不穷。形胜，以楚越之竹书之而不足。形者，皆以其胜胜者也。以一形之胜胜万形，不可。所以制形壹也，所以胜不可壹也。故善战者，见敌之所长，则知其所短；见敌之所不足，则知其所有余。见胜如见日月。其错胜也，如以水胜火”。“形兵”之“形”是以形应形，一物降一物，不可能事先规定，也不可能反复使用。重复是兵家的大忌。

势的特点就是不重复。

6.5 （夫）兵形象水，水之（形）〔行〕避高而趋下，兵之形避实而击虚；水因地而制（流）〔行〕，兵因敌而制胜。故兵无常势，水无常形。能因敌变化而取胜者，谓之神。故五行无常胜，四时无常位，日有短长，月有死生。

古人讲道理，喜欢打比方。概念越抽象，越不下定义；道理越高深，越不讲推理，他们更爱打比方，跟老乡讲话一样，特点是生动形象。

《孙子》讲形势，也是如此。讲“形”，是以深谷决水为喻；讲“势”，是以高山滚石为喻；讲“奇正”，是以猛禽扑食、张弩发机为喻；讲“虚实”，是以以石击卵为喻。

这些比喻，有些在开头（如以石击卵），有些在中间

（如猛禽扑食、张弩发机），有些在结尾（如深谷决水、高山滚石）。

以石击卵，作者是放在《势》篇的开头。这里是用水打比方。

这一组，每篇结尾都是打比方。最后下结论，都是用一个比喻收尾。

“兵形象水”，这是拿水打比方。孔子说“仁者乐山，智者乐水”（《论语·雍也》），《老子》和《孙子》都喜欢拿水打比方，他们就是智者。

“水之行避高而趋下”，“水之行”是指水流的方向总是低处，而不是高处。力学有流体力学，有固体力学。水和空气属于流体。水没有固定形状，哪里低就向哪里流，俗话说“水往低处流”；空气也如此，哪里有窟窿就往哪里钻，古人叫“空穴来风”。“避高而趋下”就是指“水往低处流”。“水之行”，今本作“水之形”，大概是后人看到下文作“兵之形”，以为两者应统一起来，其实并不对。根据简本和古书引文，本来是作“水之行”。

“兵之形避实而击虚”，“虚实”属于“势”，但这里却两用“形”字。读这段话，大家要注意，这里的“兵之形”是指兵力的分配，兵力的部署，通过分兵，造成一种态势，造成一种格局。这种态势，这种格局，不是现成预备好的，《形》篇讲的那种“形”，而是根据敌情，因时因地制造出来的“形”，即上“形兵”的“形”，“无形制形”的“形”。这种“形”总是“避实而击虚”，就像水往低处流，总是“避高而趋下”。

“水因地而制行”，是说水的流向跟地势有关。“行”，今本作“流”，根据简本和古书引文，应作“行”。“行”改“流”，是为了通俗化。《孙子》论“势”，很强调“因”，“因”就是要有所根据。它喜欢拿两样东西打比方，一样是水，一样是弩。为什么用这两样？道理很简单，水往低处走，是借助地势；弓弩杀人于百步之外，不是“无的放矢”，而是“有的放矢”。“势”的特点是根据形势，根据对手。

“兵因敌而制胜”，打仗不是“一厢情愿”，一切靠“双方合作”，你的一切胜利都要感谢你的对手，就像“水因地而制行”，水本身没有流向，流向是由地势决定。

“能因敌变化而取胜者，谓之神”，这里不但讲“因敌”，“取胜”二字也很重要。“虚实”是一种“制胜之形”。用兵如神在于“势”。“势”的特点是“因敌变化”，单方面的东西不能叫“势”。这就跟下棋一样，如果你不是自己跟自己下，而是跟别人下，就不能一厢情愿。

“五行无常胜”，“五行”即金、木、水、火、土。五行相生，一物降一物，金克木，木克土，土克水，水克火，火克金，叫“五行相胜”。五行相胜，没有哪一种是“常胜”，所以说“五行无常胜”。

“四时无常位”，“四时”即春夏秋冬。阴阳五行说，时间是与空间相配，春夏秋冬配东南西北，有所谓“四方八位”。季节循环，从东到南到西到北，也是一圈一圈转下去，没有固定的方位，所以说“四时无常位”。

“日有短长”，古代历法，日子的长短不一样。古人把一日分为十六份，叫“日夕十六分比”，“日”是白天，“夕”是晚上。日夕之比，从11比5，到10比6，到9比7，到8比8，到7比9，到6比10，到5比11，到6比10，到7比9，到8比8，到9比7，到10比6，也是个循环往复的过程。春分、秋分，是8比8，日夕相等，各8分；夏至日最长，日11分，夕5分；冬至日最短，日5分，夕11分。日夕之比，每个月和每个月都不一样，所以说“日有短长”。

“月有死生”，月亮从明到暗，从盈到亏，每天都不一样。古人有一套术语，表示这些变化，习惯上叫“月相”。西周金文，习惯以年、月、月相、日记时间。过去常见，只有四种月相：初吉、既生霸、既望、既死霸。因此，王国维有著名的“四分月相”说，[1]即把一月三十日分成四段。这种说法，现在从出土材料看，必须修正。西周月相不止四个，从周原甲骨看，除初吉、既生霸、既望、既死霸，还有哉生霸、旁生霸、哉死霸、旁死霸。传世文献也有这些月

1　王国维《生霸死霸考》，收入《王国维遗书》，上海：上海古籍书店，1983年，第一册：《观堂集林》卷一，1—4页。

相，“霸”是写成“魄”。我理解，古代月相是分为“三点六段”。“三点”是什么？朔、望、晦。阴历，初一叫朔，十五叫望，三十叫晦，就是这三点。朔、晦，一头一尾挨在一起。初吉可能与朔有关（相当于朔日或朔日前后），既望可能与望有关（相当于望日或望日前后）。古人有“《春秋》不书晦”之例（《公羊传》僖公十六年），铜器铭文，不大可能见到晦。朔、望之间的15天，可以分为三段：哉生魄、旁生魄、既生魄，各5天。望、晦之间的15天，也可以整齐地分为三段：哉死魄、旁死魄、既死魄，各5天。这样划分，可与计旬法相配。这里的“死生”就是古人说的“生霸”“死霸”或“生魄”“死魄”。这种月相变化也是循环往复，所以说“月有死生”。[1]

这段话的后面，简本有个墨点，墨点后有“神要”二字。这是抄写者写的赞叹之语。此人的评价和《唐太宗李卫公问对》的评价一样，也认为这一篇最重要。他们看得很准。

以上是《虚实》。讲完《虚实》，形势组就结束了。我

1 参看：李零《兵以诈立——我读〈孙子〉》，212—213页。该书引用的拙作《读周原新获甲骨》，当时尚未刊出，现在收入北京大学中国考古学研究中心等编《古代文明》第5卷，北京：文物出版社，2006年，197—203页。过去，根据2003年周公庙遗址的发现，我已提出“三点六段”说，当时新发现的月相名还只有“哉死霸”，文献记载的“哉生霸”“旁生霸”和“旁死霸”尚未发现，但后来周公庙遗址又出土了几批甲骨，其中却有这些月相，可以证明“三点六段”确实是古代制度。这里除了重申旧文的基本观点，又对金文未见晦日做了一点补充。

们将进入“实战组”。这一篇既然是讲面上的“虚实”，大家自然会问，这个局面是怎么造成的。

其实，下一组就是回答这个问题。

它正好构成了向下一篇的过渡。

下篇　实战篇

第三组：战斗组

从走到打：将得吏——吏得士——士得地

军争第七

——看谁跑得快（以迂为直、以患为利）

我讲《孙子》，是把十三篇一分为二，前六篇算上篇，后七篇算下篇。两篇又各分为两组，这是为了讲着方便。

书分上下篇，古代就有。比如《老子》，就是如此。古人编书，除分上下篇，也分内外篇。他们喜欢把年代较早、内容最重要的部分叫“内篇”，年代较晚、重要性差一点的部分叫“外篇”，如果还有多余的篇章，则编为“杂篇”。比如《庄子》，就是分为内篇、外篇和杂篇。

过去，在《兵以诈立》中，我把前六篇叫“内篇”，后七篇叫“外篇”，这是仿照古人的叫法。一般读者不一定知道古人有这种叫法，现在我想改一下，还是采用上下篇的叫法。上篇讲理论，我叫“理论篇”，下篇讲实战，我叫“实战篇”。

《孙子》分上下篇，其实古代就有。比如银雀山汉简《孙子兵法》。它出土时，还发现了一枚木牍，是记十三篇的篇名和字数。这个木牍，就把《孙子》十三篇分成前六篇和后七篇。它的前六篇有两千多字，后七篇有三千多字，下篇有自题的总名，是叫“七埶（势）”。

今本后七篇，前五篇，我叫“战斗”组。

这五篇，从内容上看，应属形势家言。前面，我们也讲“形势”，那是从理论上讲，很哲学，很抽象。这一部分不一样，主要是从战术应用的角度讲，很实用，很具体。我们可以把这一组当第二组的延续，特别是《虚实》篇的延续（注意：简本是把《虚实》搁在《军争》的后面，属于后七篇）。简本把后七篇叫“七势”，可以反映它与第二组文章的联系。银雀山汉简，《孙子兵法》是与《孙膑兵法》同出。古人说，“孙膑贵势”（《吕氏春秋·不二》），简本《孙子兵法》也强调“势”，它是把后七篇都当作“势”。

我们读《汉书·艺文志·兵书略》，有一点要注意，它讲“形势”的小序和《孙子》有关，主要是概括自《孙子》的第三组，而不是它的第二组。这组文章，讲来讲去讲什么，主要是八个字：灵活、机动、快速、多变。但前面讲“形势”，是讲“形”“势”的概念，所有讨论只是个引子，还没展开，讲到这里，我们才进入应用，灵活、机动、快速、多变的特点才表现出来。

这一组是讲战斗，真枪真刀的战斗。

拿破仑说，投入战斗，才见分晓。进入这一组，一切理论上的东西，才付诸实施。

实战包括很多环节，讲起来没完没了，但归纳起来，不外两种活动，一种是“走”，一种是“打”。毛泽东说，

“打得赢就打，打不赢就走”。[1]简单讲，就是这两个字。

打架，力量加速度，很重要，出拳要狠，出拳要快。人类武器史，仔细分析一下，也是在这两个字上做文章。现代武器，“打”主要靠各种火器，比如枪炮，还有千奇百怪，各种炸弹；“走”是靠汽车、坦克、飞机、军舰，好像飞禽、走兽、游鱼，让它们跑起来、飞起来、游起来。

在《兵以诈立》中，我说过，“打”是歼灭战，“走”是运动战。“走”是为了“打”，“打”要依靠“走”。“打”是一个点，“走”是一个面。点是受控于面。“走”比“打”更难。《孙子》的这五篇，就是讲“从走到打”。主要篇幅是讲“走”。[2]

“走”，不光是被动逃跑，也包括主动转移，有时很难分。长征，好听的说法是“战略转移”，李德这么讲，其实是大逃亡。毛泽东跟斯诺谈话，就坦言这是逃跑。

逃跑就是逃跑，不一定不好。

农业民族喜欢据城而守、列阵而战，特点是以静制动，骑马民族不一样，他们擅长的是流动作战、长途奔袭。火炮发明前，他们最厉害。司马迁说，匈奴的特点是“利则进，不利则退，不羞遁走”（《史记·匈奴列传》），他们不认为逃跑就是丢脸。

1　《毛泽东选集》（一卷本），北京：人民出版社，1966年，225页。

2　李零《兵以诈立——我读〈孙子〉》，北京：中华书局，2006年，230页。

作战，有阵地战，有运动战。前者是坝，后者是水。

运动战，强调“走”。但“走”分两种，一种是正规的，一种是不正规的。机械化、摩托化，大部队行进，大规模包抄，固然是“走”。游击战，骑马走，步行走，也是“走”。弱者，打不赢则走，比强者更强调“走”。“走”是“诈”的体现。食草动物，比如兔子，主要战术就是逃跑。历史上的流寇也擅长逃跑。武术家说，“未学打人，先学挨打”。挨打，也是学问。挨打的第一反应就是逃跑。

“打”和“走”，“打”当然很重要，但战斗前的行军，包抄迂回，抢时间，抢地点，战斗后的追击或退却，都离不开“走”。战术活动，最多时间是花在“走”上。虚实之用、分合之变，最主要是体现在“走”上。只有走起来，才谈得上“灵活、机动、快速、多变”。

古代没有空军，海军不是主要军种。军队的主体，所谓陆军，他们的行动是在地上。从走到打，三军的活动都是脚踏实地。它体现的是“三结合”：

（一）打与走相结合。

（二）人与地相结合。

（三）治兵与用兵相结合。

简单说，就是“将得吏，吏得士，士得地”。

下面，我们先讲《军争》。

“军争”，意思是两军争利，争夺会战的先机之利，看谁跑得快，抢先到达会战地点。

什么叫“先机之利”？

一是时间有利，以逸待劳、战机好。

二是地点有利，我把优势兵力投到敌人的薄弱环节，有利地形在我，得之，可牵制敌人。

战国形势家言，《军争》最有名。荀子和临武君辩论军事，临武君说“后之发，先之至”是“用兵之要术”（《荀子·议兵》），就是出自《军争》。班固讲形势家的特点，有所谓“雷动风举，后发而先至。离合背向，变化无常，以轻疾制敌者也”，这五句话也是从《军争》篇中概括出来的。

第三组，《军争》最有名，《军争》最重要。

我把《军争》分成六段：

第一段，讲军争之难，在于“以迂为直，以患为利”。

第二段，解释“以迂为直，以患为利”。

第三段，讲路线更重要。

第四段，讲“形名”，即金鼓旌旗之制。

第五段，讲“治兵四要”。

第六段，讲“用兵八忌”。

7.1　孙子曰：

凡用兵之法，将受命于君，合军聚众，交和而舍，莫难于军争。军争之难者，以迂为直，以患为利。

这段话是开场白，主要讲两个问题：一是所有军事行动，数什么最难，答案是“莫难于军争”；二是军争难，难在什么地方，答案是“以迂为直，以患为利”。

头一句，“凡用兵之法”，这种句子是以“凡”字打头，一有“凡”字出现，就是讲某种一般性、全局性和原则性的东西。这里讲什么？是讲军事行动的全过程。

下面，“将受命于君，合军聚众，交和而舍”，就是讲军事行动的全过程。这三句，“将受命于君，合军聚众”是开头，“交和而舍”是结尾。头是准备出兵，尾是最后交战。正好是一头一尾。虽然这里没有表示从哪儿到哪儿的词，但它们讲的是一个过程，三句话并不是并列关系。

从出兵到交战，过程很长。中间是什么？是“走”，主要时间都花在“走”上。

上面说，战争全过程，不外两个字：“走”和“打”。“走”和“打”，哪个更重要？好像是“打”。但“打”有小打，有大打。小打，杀伤敌有生力量，很重要，但不是目的，就像下棋，吃子不是目的，目的是决胜。大打是什么？大打就是决胜。决胜靠什么？全靠一个“走”字。这就像下棋。下棋有行棋和吃子，行棋是为了决胜，不是为了吃子。俗话说得好，树挪死，人挪活。下棋，只有走起来，才叫活棋。行棋布子，才是决胜的关键。

“将受命于君”，是说国君把出兵的权力授给将军，让他全权处理一切军事事务。这是庙算后的第一件事。

“合军聚众”，是说将军受命后，开始召集军队，授甲授兵，准备出征，这是庙算后的第二件事。

这两件事都在出征之前。出征，要越过敌境，从自己的国土开进敌国的国土。开进之后，还有个“由浅入深”的过程。《九地》就是讲这一过程。最后决战，是在敌国的腹地。

“交和而舍”，就是大家常说的“两军对垒”。古代营垒，正门叫“和”。古人说，天子六军，分左右二偏，每偏各有一个垒门，左边三军的垒门叫“左和”，右边三军的垒门叫“右和”。诸侯三军，只有一个垒门，也叫“和”。这里的“和”就是两军的垒门。“交和”就是我方的垒门对着敌方的垒门，两个垒门互相对着。“舍”就是安营扎寨。双方对垒，安营扎寨，干什么？当然是准备开打。这是双方决战前的状态。

双方开战是“打”，“打”以前是“走”。这种“走”，很像赛跑或竞走，看谁先到会战地点，这就是“军争”。

作者说，出兵后，开打前，军争最难。军争难，难在什么地方？主要是两条：

（一）“以迂为直”

我在上面说了，军争很像赛跑或竞走。但这场比赛，和田径场里的比赛不一样，双方不在同一竞技场，各走各的，各跑各的，很像捉迷藏，没有什么“公平竞争”。

这样的比赛，路线最重要。路线对了，才能后发先至。

路线，走弓弦还是走弓背？这是第一个难题。

军争，两点之间，最短距离是直线，一般都以为，走直线，直扑目标，肯定最划算。但战场上，哪有这种好事？山不平，水不直，路是九曲十八弯。敌人又不是傻子，抄近道，直扑目标，会暴露意图，遭敌阻截，你得绕着走。

把弯路当直路，这叫“以迂为直”。

（二）“以患为利”

这个问题又可分为两个问题，一个问题是辎重，一个问题是协同。

辎重，是随军携带的军用物资，包括武器装备和粮草衣被。要速度，就得丢辎重；要辎重，就得降速度。如何折中速度和辎重，这是“以患为利”的第一条。

“以患为利”的第二条，是协同。这里也有矛盾。三军之众有近四万人，这么多人一起走，体力不均，快慢不一样。如果高速行军，整个队伍会首尾脱节。要速度，就会有人掉队；要同时到达，就得降速度。如何折中速度和协同，这也是“以患为利”。

把不利当有利，这叫“以患为利”。

《孙子兵法》喜欢反向思维，很多话，听上去好像反常识，“以迂为直”“以患为利”就是典型。

7.2　故迂其途而诱之以利，后人发，先人至，此知迂直之计者也。军争为利，（众）〔军〕争为危。举军而争利则不及，委军而争利则辎重捐。是故卷甲而趋，日夜不处，倍道兼行，百里而争利，则擒三将军，劲者先，疲者后，其法十一而至；五十里而争利，则蹶上将军，其法半至；三十里而争利，则三分之二至。是故军无辎重则亡，无粮食则亡，无委积则亡。

"以迂为直"很难掌握，"以患为利"也很难掌握。怎样才能做到这两点，这段话是解释。

"以迂为直"，关键是什么？是要选择最佳路线。两点一线，走直线，当然好，可惜这样的路，不是没有，就是太少，即便有，也往往有人拦着，并不让你随便走。山，路是盘陀路，两个山头，没有直道可走；水，也是九曲回肠，经常要绕着走。平原倒是有大道，但敌人可能设关卡，早就等在那里。你的路是直的，意图也是直戳戳，太傻。这里说，"故迂其途"，话说得很清楚，就是不选直道，而选弯路。选弯路，不是故意绕远，而是在弯路里面挑一条，相比之下最近，既可以抢时间，又左绕右绕，让敌人摸不清你葫芦里面到底卖什么药。当然，路选对了，还要走好。这里还有四个字："诱之以利。""诱之以利"，就是以利益为驱动，让大家觉得有奔头，辛苦受累，一点不冤枉。这样的路，看上去好像绕远，其实是抄近道，虽比敌人出发晚，却比敌人先到达。这就是所谓“后人发，先人至”。

“以患为利”，关键是什么？是要有风险评估。军争是两军争利，拼速度，抢时间，但高速后面有高风险。一是辎重，如果把辎重全都带上，速度肯定上不来。二是协同，速度快了，就会有人掉队。所以军争，既是一种“利”，也是一种“危”。“举军而争利则不及”是危险，“委军而争利则辎重捐”也是危险。

这里有三组数字，是讲速度：

（1）“是故卷甲而趋，日夜不处，倍道兼行，百里而争利，则擒三将军，劲者先，疲者后，其法十一而至”，速度是日行100里，最快。越快，掉队的问题越大。跑得快的冲在前面，跑得慢的落在后面，只有1/10的人能赶到，9/10的人都掉队。

（2）“五十里而争利，则蹶上将军，其法半至”，速度是日行50里，也比较快，结果是1/2到达，1/2掉队。

（3）“三十里而争利，则三分之二至”，速度是日行30里，还是有点快，结果是2/3到达，1/3掉队。

古代诸侯，一般都有三军。纵队，是上、中、下三军；横队，是左、中、右三军。三军之帅，都叫“将军”。第一种情况，到的人太少，三军之帅被俘，等于全军覆没，最惨。第二种情况，先头部队陷敌，上将军被俘，只有一半人到达，也没用。最后一种，三军只有两军到，也不理想。

这些都是吃了太快的亏。

速度，多快合适，这个问题和辎重有关。

读《左传》，我们会碰见一个词，叫“舍”。“舍”的意思是安营扎寨。当时的行军速度是以“舍”来计算。一舍有多大？距离是30里。每行30里，就要住下来。30里是常规速度。

古代的30里，约等于今天的25里；50里，约等于今天的42里；100里，约等于今天的83里。春秋，双方谈判，要后撤一舍、两舍或三舍。一舍是30里，两舍是60里，三舍是90里。双方后撤90里，就算彻底脱离接触了。晋文公“退避三舍”，就是后撤90里。这是他对楚国的报答（《左传》僖公二十三年）。

这里，我们要注意，《左传》的常规速度，在《孙子》的作者看来，已经有点快。可见他所处的时段，辎重比以前多。

作者说，“军无辎重则亡，无粮食则亡，无委积则亡”。“辎重”，“辎”是辎车，“重”是重车，都是拉给养装备的车。辎重车都是牛车。《作战》篇的“丘牛大车”就是这种车。辎重车上拉的东西就是“辎重”。“粮食”是人吃。“委积”是储积的粮秣，除了喂人，还要喂牲口。

孔子说，早先打仗，粮草征得少，每个士兵，只带40

把草料、1把柴火、16斗米就够了，那是因为时间短、路程短。春秋晚期和战国以来，作战都是大规模包抄迂回，远距离长途奔袭，时间也是越拖越久，早就超出了孔子讲“周公之典”的那个水平。人不吃饭，马不吃草，冬天没有越冬的衣被，不是挺一时半会儿，那不是找死？作者一连用了三个“亡”字，足以说明问题。路跑得远，东西带得多，速度当然不行。但破釜沉舟，坛坛罐罐都扔掉，速度上来了，却没吃没喝，也不是办法。

这里有两大矛盾。“迂”“直”是一大矛盾，“患”“利”是一大矛盾。第二个矛盾又分成两个矛盾，一是速度和辎重的矛盾，二是速度和协同的矛盾。“以迂为直”也好，“以患为利”也好，都只是原则，不是答案。投入战场，到底应该带多少东西，跑多快，要因地制宜，因敌制宜，没有现成的答案。

7.3　故不知诸侯之谋者，不能豫交；不知山林、险阻、沮泽之形者，不能行军；不用乡（向）导者，不能得地利。故兵以诈立，以利动，以分合为变者也。故其疾如风，其徐如林，侵掠如火，不动如山，难知如阴，动如雷震。掠乡分众，廓地分利，悬权而动。先知迂直之计者胜，此军争之法也。

这一组的五篇，几乎每篇都涉及地理问题。此篇讲地理，相对少一点，只有两处，一处是这里的“故不知诸侯之谋者，不能豫交；不知山林、险阻、沮泽之形者，不能行军；不用乡（向）导者，不能得地利”，一处是篇末的“高陵勿向”和“背丘勿逆”。

“故不知诸侯之谋者，不能豫交”，是说不了解各诸侯国的想法，就没法做好战前的外交工作。春秋战国时期，各诸侯国，领土犬牙交错，关系错综复杂。你要打一个国家，一定要注意周边国家的态度，特别是在国界交错的地带。当时的国际关系，都是“螳螂捕蝉，黄雀在后”，“鹬蚌相争，渔翁得利”，“远交”才能“近攻”。“交”和“攻”经常分不开。《九地》篇讲开进，有两国交界的地方（“交地”），有三国交界的地方（“衢地”）。有时，你要打一个国家，还要借道第三国。关系如此复杂，不知“诸侯之谋”怎么行？

“不知山林、险阻、沮泽之形者，不能行军”，“山林、险阻、沮泽之形”都是难以行军的地形。“山林”，是山地和森林；“险阻”，是山崖陡峭、道路不通的地形；“沮泽”，是低湿之地。这些地形，都难以行军。《行军》讲四种处军之地，山地、河流、平陆、斥泽，其中就包括这些难以行军的地形。《九地》说，“山林、险阻、沮泽，凡难行之道者，为（圮）〔氾〕地”，则把这类地形统称为“氾地”。

“不用乡（向）导者，不能得地利”，人生地不熟，没有向导，很容易走错路。向导很重要。

“故兵以诈立，以利动，以分合为变者也”，这三条，共同主语是“兵”，实际上是“兵以诈立”“兵以利动”“兵以分合为变”。“兵以诈立”，是说兵贵谋，谋贵诈，《计》篇说“兵者，诡道也”，是同样的意思。这是第一条，最重要。第二，是把谋付诸行动，原则是“兵以利动”。《九地》《火攻》都说，“合于利而动，不合于利而止”，这就是“兵以利动”。“以分合为变”，是说兵力分配，有“奇正”，有“虚实”，有时要分散，有时要集中。《汉书·艺文志·兵书略》讲形势家，有“离合背向”一句，可能就是出典于此。“离合背向”，就是“以分合为变”。

“故其疾如风，其徐如林，侵掠如火，不动如山，难知如阴，动如雷震”，“疾”与“徐”相对，“侵掠”与“不动”相对，“难知”与“动”相对。《汉书·艺文志·兵书略》讲形势家，有“雷动风举”一句，可能就是出典于此。

“掠乡分众，廓地分利，悬权而动”，主要是讲补给问题。作者强调，进入敌国，要沿途抢掠，就地补充自己。“掠乡分众”，是抢敌国的郊野，瓜分敌国的人力。“廓地分利”，是扩大自己的领土（占领敌人的国土），瓜分敌国的物力。这段话很重要，过去，宋儒攻击《孙子》，主要就是攻击这段话。上文说“侵掠如火”，这里说“掠乡分众”，《九地》说“重地则掠”“掠于饶野，三军足食”。《孙子》一共用了四个“掠”字，都是讲抢掠敌国。“悬权而动”，“权”是秤砣，“衡”是秤杆。战国时期，人们经常用“权衡”和“轻重”指权术和兵术的运用，特别是指斟酌利害。“悬权而动”，也就是“合于利而动，不合于利而止”。

这些话，是补充第二段。作者强调，路线最重要。

7.4 《军政》曰：“言不相闻，故为之金鼓；视不相见，故为之旌旗。”夫金鼓、旌旗者，所以一（人）〔民〕之耳目也。（人）〔民〕既专一，则勇者不得独进，怯者不得独退，此用众之法也。故夜战多（火）〔金〕鼓，昼战多旌旗，所以变人之耳目也。

“军政”，是书名，应加书名号。这个书名可能跟古代的军法有关。古人不但把军法本身叫“军政”，也把军中的执法官员叫“军政”或“军正”，汉代仍有此职。[1]

“言不相闻，故为之金鼓；视不相见，故为之旌旗”，古代，千军万马，怎么指挥？将军坐在战车里，围在阵当中，喊话，嗓门再大，大家也听不见；打手势，隔得老远，大家也看不清。喊话听不见，怎么办？可以用“金鼓”来代替；打手势看不清，怎么办？可以用“旌旗”来代替。这是

1　如《列子·说符》（军正），《史记》的《司马穰苴列传》（军正）和《大宛列传》（军正），《汉书·艺文志·兵书略》（军政）。

古人想到的办法。“金鼓”是用来听的，“旌旗”是用来看的。前者是凭耳朵听，后者是凭眼睛看，都是用来统一士兵的耳目（“所以一（人）〔民〕之耳目也”）。

“金鼓”，《周礼·地官·鼓人》有所谓“六鼓四金”。“六鼓”是雷鼓、灵鼓、路鼓、鼖鼓、鼛鼓、晋鼓，“四金”是金錞、金镯、金铙、金铎。

“旌旗”，《周礼·春官·司常》有所谓“九旗”，通通都是红旗，有些有图案，有些没有。有图案的，日月为饰叫常，交龙为饰叫旂，熊虎为饰叫旗，鸟隼为饰叫旟，龟蛇为饰叫旐。这是一类。没图案的，全红叫旃，红底白边叫物。这是又一类。还有一类，是以鸟羽为旗，全羽（羽毛完整）为饰叫旞，析羽（羽毛被分开）为饰叫旌。

这两样都是信号，一类是听觉信号，一类是视觉信号。

古人把这两类信号叫作“形名”（或“刑名”）。

前面，《势》篇说：

> 凡治众如治寡，分数是也；斗众如斗寡，形名是也；三军之众，可使（必）〔毕〕受敌而无败者，奇正是也；兵之所加，如以（碬）〔碫〕投卵者，虚实是也。

“分数”是军队编制，有了军队编制，才能“治众如治寡”。

“形名”是指挥联络，有了指挥联络，才能“斗众如斗寡”。

这里的“金鼓”“旌旗”就是属于“形名”。“形名”属于符号管理。

古代的阵形训练，坐作进退，左旋右转，主要就是靠这两样来指挥。将军指挥他的军队，就像乐队指挥指挥他的乐队。

“形名”是名家术语。名家也叫形名家。“形名”是用“名”控制“形”的学问。它不但跟法家有关，也跟兵家有关。

“故夜战多（火）〔金〕鼓，昼战多旌旗，所以变人之耳目也”，意思是说，夜里主要靠耳朵听，白天主要靠眼睛看，要换一下。“变”的意思是换。

7.5　三军可夺气，将军可夺心。是故朝气锐，昼气惰，暮气归。善用兵者，避其锐气，击其惰归，此治气者也。以治待乱，以静待哗，此治心者也。以近待远，以佚待劳，以饱待饥，此治力者也。无邀正正之旗，勿击堂堂之陈，此治变者也。

这段话是讲“治兵四要”。“治兵四要”是讲治气、治心、治力、治变。“治兵”跟“走”关系更大。

“治气”和“治心”，“气”是三军的士气，“心”是将军的意志，两者不一样。

作者说，“三军可夺气，将军可夺心”，意思是说，三军的士气，将军的意志，有可能突然崩溃，被对手打垮。

人有精、气、神，气很重要。人活一口气，气是活力的象征。现代医学，死亡标志是脑死亡。这是专业的讲法。一般怎么判断，主要是看他（或她）还有气没气。气断了，就是死了。古人说，“人之生，气之聚也。聚则为生，散则为死”（《庄子·知北游》）。

这里的“气”，不是一个人的气，而是三军的气，是三军的士气。

打比赛，要掌握生理水平的变化周期，精神状态的变化周期，知道它什么时候高，什么时候低，什么时候兴奋，什么时候抑制。打仗也一样。士气高还是士气低，将军要掌握。

“朝气锐，昼气惰，暮气归”，是说人的生理水平和精神状态，一天之内不一样，一般说，早上起来，气最盛，白天，逐渐下降，等到傍晚，气就泄得差不多了。

人，受外界刺激，自然而然，会有兴奋感。越新鲜，越有兴奋感。反之，如果出现次数太多，人就皮了。大脑皮层会产生抑制，感觉厌倦和疲劳。再好看的东西，看多了也会有视觉疲劳；再好听的东西，听多了，也会有听觉疲劳。搞运动的都知道，人和人不一样，热得慢、热得快，怎么热起来，又能保持多久，是门大学问。

长勺之战，曹刿就是靠“治气”之术打败来势汹汹的齐军。他说，“夫战，勇气也，一鼓作气，再而衰，三而竭”（《左传》庄公十年）。你兴奋，我不兴奋，等你兴奋过了，气泄得差不多了，我才打。这是他获胜的诀窍。

这里的“心”不一样，不是士兵的心，而是将军的“心”。孔子说，“三军可夺帅也，匹夫不可夺志也”（《论语·子罕》）。“匹夫不可夺志”的“志”就是属于“心”。

将军，和士兵不一样，他是三军的大脑。这个大脑，需要的不是热，而是冷。不是头脑发热，而是保持冷静。战场上，什么意外都可能发生，随时随地都可能发生。他需要的是临危不乱，处变不惊，以有条不紊对付混乱，以沉着冷静对付喧哗。别人再怎么乱，自己也不能乱，不能乱了方寸。这就是“以治待乱，以静待哗”。

总之，士兵要热，将军要冷。这是头两条。

后面两条，也是一条讲士兵，一条讲将军。

“以近待远，以佚待劳，以饱待饥”，这是讲士兵，讲士兵的体力。以我之近，待敌之远；以我之逸，待敌之劳；以我之饱，待敌之饥，都是以己之长，克敌之短。这三条都和体力有关。第一条是要走好，少跑冤枉路。第二条是要睡好，保持充沛的体力。第三条是要吃好，吃饱了才有力气。

“无邀正正之旗，勿击堂堂之陈”，这是讲将军。将军的重要职责是随机应变，见强的要躲，见弱的要攻。“无邀”

是不要挑战，“勿击”是不要攻击。“勿”比“无”，否定的口气更重。“正正之旗”，是说看上去旗帜整齐。“堂堂之陈”，是说看上去阵容庞大。当将军的碰上这样的对手，心里就要掂量，这后面是不是有诈，慎重起见，还是躲着点好，“陈”就是后世的“阵”字。先秦两汉只有“陈”没有“阵”。“阵”是西晋才有，唐代才流行。

7.6　故用兵之法：高陵勿向，背丘勿逆，佯北勿从，锐卒勿攻，饵兵勿食，归师勿遏，围师必阙，穷寇勿迫，此用兵之法也。

注意，这里是讲“用兵之法”。“法”是规则，不能随便改。如果改，有所变通，就不叫“法”，而叫“变”。比如《九变》篇的“变”，就是相反的东西。这里讲的都是规则，一定要怎么样，一定不要怎么样。一定如此的东西才叫“法”。

这八句话，七句带“勿”字，一句带“必”字。“勿”是绝对不可以，“必”是必须如此，意思正好相反，但并不矛盾。你要强调千万别怎么样，就一定意味着必须怎么样。话可以正着说，也可以反着说。

古代占卜，喜欢讲吉凶宜忌、可以不可以。“宜”和“忌”，“可以”和“不可以”，就像同一个硬币的两面，总是在一起。光讲“忌”不讲“宜”或光讲“宜”不讲“忌”，其实不可能。古人做预测，下判断，总是“宜”“忌”并说。比如出土日书，就有各种分门别类的“忌”，“宜”和“忌”都可以叫“忌”。这里的“七勿一必”也是这种关系。为了方便记忆，我把它叫作“用兵八忌”。“用兵八忌”也可以叫“用兵八戒”。猪八戒的“八戒”是佛门戒律，这里的“八戒”是兵家的八戒。

“八忌”的头两忌，和地形有关。

“高陵勿向”，是说如果敌人已占据制高点，居高临下，则我绝不可仰攻，“高陵”在敌，我“勿向”。兵家择地，有所谓“顺逆向背”，以上攻下叫“顺”，以下攻上叫“逆”。这是讲高下的顺逆。

“背丘勿逆”，是说如果敌人背后依托高丘，我不可迎击。兵家择地，讲究左侧和前面开阔，右侧和背后高峻。简单说，就是背托高地，面向开阔，前有出口，后有屏障，《行军》叫“视生处高”。敌背丘而陈是“顺”，我迎之是“逆”，所以说“背丘勿逆”。

这两句，是讲依托的重要性，制高点的重要性。现代战争，依托的概念，制高点的概念，已经变化，但陆军还没取消，仍有地形依托的问题，制高点虽跑到天上，甚至跑到外太空，但瞰制的作用还在，登高才能望远。

后面六句不一样，主要是说什么样的敌人不能追，不能打，不能拦，不能逼。

“佯北勿从”，是说敌人假装逃跑，这种敌人不能追。“佯”是假装，“北”是败北。古人讲方位，喜欢背北面南。“北”是“背”的本字，是背对的方向。古人把掉转身子往回跑叫“败北”。“从”是跟踪追击。

“锐卒勿攻”，是说敌人派出的部队都是精兵锐卒，这种敌人不能打。

“饵兵勿食”，是说敌人派出小股部队诱我上钩，好像钓鱼的诱饵，这种圈套不能上。

“归师勿遏”，是说敌人归心似箭，正在回家的路上，势不可当，你不要挡他们的路。

“围师必阙”，是说敌人被包围，作困兽之斗，你不要把他们逼上绝路，更不要冲进被围的敌群，跟不要命的敌人在里面混战，而是留下缺口，让他们跑出来再打。

“穷寇勿迫”，是说敌人陷入绝境，走投无路，你不要往死了逼他们。

上面八句，最后一句是“穷寇勿迫”。“穷寇勿迫”，古人都这么写。只有明代的赵本学把“迫”字改成“追”字，我已经说过，这是误改。[1]“迫”和“追”字形相近，意思可大不一样。“迫”是逼迫，“追”是追击。

1　李零《兵以诈立——我读〈孙子〉》，247—249页。

敌人逃跑，要不要追？《司马法·仁本》说，“古者逐奔不过百步，纵绥不过三舍”。[1]敌人逃跑，跑出100步，就不许追击；敌人撤退，撤出90里，就不许跟踪，这是反映古代的战法。古代作战，全靠阵法，阵法一乱，就全完了。敌人溃败，乘胜追击，太合理。古人也不是不想追。他怕的是，一跑就乱，被敌人打反击。比如看足球，就经常有这种事，本来是追击，但被对方乘虚而入，乘乱而入，冲冲冲，反而被对方打了反击。

这是讲不追的道理。

追也有追的道理。

毛泽东兵法，说法不一样。他有一首诗，“宜将剩勇追穷寇，不可沽名学霸王”（《人民解放军占领南京》），说穷寇一定要追。

---

1 《司马法·天子之义》有更简略的说法，是“古者逐奔不远，纵绥不及”。

行军第九

——四种行军地形（宿营和警戒）

按照顺序，讲完《军争》，本来应该讲《九变》，但《九变》和《九地》有关，不讲《九地》，《九变》没法讲。我把顺序调了一下，把《九变》放在《九地》后面讲，这里先讲《行军》。

这样调整的好处是，读完《军争》读《行军》，思路比较顺。

前面我们说，整个第三组，主题是“从走到打”。我们应把这组的五篇理解成一个连贯的过程：《军争》讲两军争胜，是“走”，这篇讲处军相敌，也是“走”，“打”在下一篇。《九地》是综合，把“走”和“打”放在一块儿讲，先讲开进，后讲决战。

这是第三组的讲法。

《军争》《行军》都讲“走”，但角度不一样。

上篇讲两军争胜，主要是讲出兵后、开打前，敌我双方，一直在赛跑，你追我赶，争先恐后，拼速度，抢时间，看谁先到达。作者讲路线，讲辎重，讲协同，都是围绕速度，主要是分析这三者的关系，分析它们和速度的关系，并没讲具体怎么走。

《行军》不一样，它讲的是两个具体问题。一是所经之处、所停之处，脚底下踩着的“地”是什么样；二是所经之处、所停之处，周围的“敌”是什么样。

《行军》篇，主要讲两个问题：一个是“处军”，一个是“相敌”。

行军，是在大地上行走，走走停停，停下来要宿营，作者叫“处军”。“处军”有四种地形。这是一方面。

另一方面，行军途中还会撞见敌人，要提高警惕，随时防范。走在路上，前后左右，都要派人侦察；停下来宿营，也要设岗布哨，随时随地，注意敌情变化。观察敌情，作者叫“相敌”。

《孙子》这一组，每篇都离不开“地”。讲“地”必讲“兵”，讲“兵”必讲“地”。“走”有“走”的地形，“打”有“打”的地形。上一篇讲地，话比较少，只有几句，从这篇起，话才多起来，越讨论越专门，《行军》有“四地”，《地形》有“六地”，《九地》有“九地”，全都讲“地”。《九变》的内容和“九地”有关，也离不开“地”。

研究这一组，地理很重要。《孙子》的军事地理学，主要在这一组。研究中国早期的军事地理学，这五篇东西，不可不看。

《孙子》论地，不是讲纯自然的“地”，而是和“人”

有关的“地”。每篇的讲法都不一样，主要是人的活动不一样。

它讲地，主要有三种讲法：

一种和行军有关，最具体，有地形、地貌，如本篇的“四地”，就是这样。

一种和作战有关，则只讲地势，主要是远近、险易、广狭、高下这一套，如下一篇的《地形》就是讲地势。

一种是综合的讲法，侧重的是区域，是更大的空间概念，讲如何带领士兵，从本国开进敌国，由表及里，由浅入深，如后面的《九地》，就是侧重区域。

《行军》论地，主要分四种：山、水、平陆、斥泽。都是比较具体的地形、地貌。

古人讲地形、地貌，主要分四大类：山、水、原、隰。山，包括浅山、丘陵和高地，就是这里的“山”。水，包括河流、湖泊，就是这里的“水”。原，是平原，则相当于这里的“平陆”。隰，是低湿之地的统称，则相当于这里的“斥泽”。

地球本身，总是凹凸不平。山，都是高高低低；水，都是曲曲折折，没有地图，看不清全貌。凡是搞地理的都知道，两山之间，必有河谷；河流冲击过的地方，必有平原和低湿之地；道路是沿河谷、河床走，它们彼此交汇的地方，往往有聚落和城市。古人把这些东西记下来，画在地图上，对军事很有用。

我把《行军》篇分为三段：

第一段，讲“处军”。

第二段，讲“相敌”。

第三段，讲治军。

9.1　孙子曰：

凡处军相敌：绝山依谷，视生处高，战（隆）〔降〕无登，此处山之军也。绝水必远水。客绝水而来，勿迎之于水内，令半渡而击之利；欲战者，无附于水而迎客；视生处高，无迎水流，此处水上之军也。绝斥泽，唯亟去无留；若交军于斥泽之中，必依水草而背众树，此处斥泽之军也。平陆处易，右背高，前死后生，此处平陆之军也。凡四军之利，黄帝之所以胜四帝也。凡军好高而恶下，贵阳而贱阴。养生处实，军无百疾，是谓必胜。丘陵堤防，必处其阳而右背之。此兵之利，地之助也。上雨水，〔水〕（沫）〔流〕至，欲涉者，待其定也。凡地有绝涧、天井、天牢、天罗、天陷、天隙，必亟去之，勿近也。吾远之，敌近之；吾迎之，敌背之。军旁有险阻、潢井、蒹葭、（林木）〔小林〕、蘙荟者，必谨覆索之，此伏奸之所〔处〕也。

开头五字，“凡处军相敌”，是提示全文，“处军”是第一段，“相敌”是下一段。

第一段是一大段，比较长，前后分成两截，前一截是讲“四军之利”，后一截是讲“三凡”。

（一）“四军之利”

“四军之利”是在四种地形上的“处军”之道。

“处军”是宿营。宿营不是长期驻屯，只是偶尔路过。它分四种地形：“山”“水”“斥泽”“平陆”。这些宿营的地方，都是行军路过的地方，有行必有停，有停必有行，所以作者讲每种地形，头一句话，都有“绝”字，“绝”是穿越的意思，路过的意思。

（甲）“绝山”和“处山”

“绝山”是翻山越岭，“处山”是在山地宿营。这种地形，要求是什么？作者说，“绝山依谷，视生处高，战（隆）〔降〕无登”，话只有三句，一句是一层。

（1）“绝山依谷”，是说穿越山地，不要从山上穿，而要从谷里穿，尽量傍着山间的谷地走。傍谷地走，一是路好走，二是有水草之利，但危险在于，两侧可能有伏兵。

（2）“视生处高”，是说在这种地方宿营，最安全、最稳妥的选择是，面向开阔，背有依托。“视生”是向阳，前有出口，视野开阔；“处高”是背阴，后有依托，居高临下。这里所谓“生”是“生地”。地分死生，《计》篇说，“死生之地，存亡之道，不可不察也”，“地者，远近、险易、广狭、死生也”。《九地》有“死地”，没有“生地”。“死地”的定义是“疾战则存，不疾战则亡者，为死地”，“无所往者，死地也”。“生地”的概念应与之相反。“死地”是无法逃生之地，拼死一战则生，不战则无所逃死。“生地”是可以逃生之地，不须死战。“视生处高”是处于顺势。

（3）“战（隆）〔降〕无登”，是说敌人若占领制高点，居高临下，我不可登山仰攻。仰攻，顺逆之势就倒过来了，我成了逆势，敌成了顺势。

制高点很重要，古今中外，所有军事家都知道这一点。克劳塞维茨说，制高点有三大好处，一是扼制进出之路，有交通之便；二是从上往下射击，等于顺风放箭，有火力之便；三是居高临下，瞰制地形（山下最好没有密林遮蔽），有观察之便。[1]古代的制高点是山头，占领山头，就是占领了制高点。今天不一样，制高点已经不是山头。大家争夺的是制空权，是卫星定位系统的制高点，制高点已经跑到天上去了。但制高点的重要性一点儿不差。

（乙）“绝水”和“处水”

“绝水”是渡河，“处水上”是在附近有水的地方宿营。这种地形，要求是什么？作者说，“绝水必远水。客绝水而来，勿迎之于水内，令半渡而击之利；欲战者，无附于水而

1　克劳塞维茨《战争论》，中国人民解放军军事科学院译，北京：商务印书馆，1978年，第二卷，469—473页。

迎客；视生处高，无迎水流”。这段话可以分为三层：

（1）“绝水必远水”，无主语，主语是“我”。这句话是讲我方渡河。我方渡河，待渡于岸边，最怕两件事，一是敌人从上游放水，像《三国演义》讲的“水淹七军”；二是渡水渡到一半，被敌人从岸上打。“远水”，是说渡河前在水边宿营，一定要离水远点，否则容易被水淹。

（2）“客绝水而来，勿迎之于水内，令半渡而击之利；欲战者，无附于水而迎客”，这是讲敌方渡河，我们该怎么对付。“客”是敌人。作者说，如果敌人正在渡河，我不可在水里应战，要等敌人渡到一半再打。如果敌人想渡河还没渡河，我不可在岸上等，那样，敌人就缩回去了。

（3）“视生处高，无迎水流”，还是讲顺逆向背。水和山不同，但也有“视生处高”的问题。军处水上，也要考虑逃生，前面要有出口，后面要有依托。人在有水的地方，只有站在高处，才能不被水淹。水往低处流，人不能在低处迎水而处，这和“战降无登”是一个道理，也是讲顺逆向背。

这里，“令半渡而击之利”很重要。宋楚泓之役，宋军摆好阵势，楚军还在渡河，司马子鱼说，“彼众我寡，及其未既济也请击之”，宋襄公不让打。楚军渡过河，没摆好阵势，司马子鱼请求打，他也不让打。最后，楚军摆好阵势，双方交手，宋军大败（《左传》僖公二十二年）。宋襄公的战法，是《司马法》里讲的古战法。《孙子》反对这种战法，主张“半渡而击”，和宋襄公相反。后世兵家都是追随《孙子》。如《吴子》就两次提到此说，一次是“涉水半渡，可击”（《料敌》），一次是“敌若绝水，半渡而薄之”（《励士》）。“半渡而击”是战国兵家的通用规则。

（丙）“绝斥泽”和“处斥泽”

“斥”是盐碱地，“泽”是沼泽地，都是低湿之地。“绝斥泽”是穿越低湿之地，“处斥泽”是在低湿之地宿营。《军争》篇说，“不知山林、险阻、沮泽之形者，不能行军”，《九地》篇也有这句话。它们说的“沮泽”就是属于这类地形。低湿之地的最大问题是“难行”。这种地形，要求是什么？作者说，“绝斥泽，唯亟去无留；若交军于斥泽之中，必依水草而背众树”。这段话可以分为两层：

（1）“绝斥泽，唯亟去无留”，是说这种地方路难走，容易困在里面出不来，一旦被敌人纠缠，麻烦就大了，必须迅速通过，不能待在里面。

（2）“若交军于斥泽之中，必依水草而背众树”，是说穿越斥泽，如果没有高地可以依托，猝然遭遇敌军，不得不与之战，只能“依水草而背众树”。“依水草”，是人马所安；“背众树”，是背有依托。这也是“视生处高”。

（丁）“绝平陆”和“处平陆”

“平陆”就是平原。“绝平陆”是穿越平原，“处平陆”是在平原宿营。这种地形，要求是什么，作者说，“平陆处易，右背高，前死后生”，话只有三句，一句是一层：

（1）“平陆处易”，是说在平原上只能在平坦的地方宿营。古人讲“险易”，“险”是不平，高下悬殊，接近90°，指山地；“易”是平，高下之比，几乎等于0°，指平地。

（2）“右背高”，是说右边和背后还是要高一点儿。古代兵阴阳，讲究左前为阳，右背为阴，有“右倍（背）山陵，前左水泽”（《史记·淮阴侯列传》）的成说。[1]“右背山陵，前左水泽”属于《老子》说的“负阴而抱阳”（第42章）。这种说法也是“视生处高”的意思。

（3）“前死后生”，李筌说，“前死，致战之地；后生，我自处”，即前有敌阻，只有死战，突破敌人，才能出去，所以叫“前死”，背有依托，无须战，所以叫“后生”。这种说法似乎与“视生处高”有矛盾。“视生”是以脸对的方向为“生”，相反的方向为“死”，这里是不是讲反了？王皙说，“凡兵皆向阳，既后背山，即前生后死。疑文误也”，他认为，原文肯定写错了，本来应该是“前生后死”。王说好像很有道理，但银雀山汉简的这一句是“前死后生”，可以证明他的说法不对，李筌的解释才是正确的。《九地》讲“死地”，有两条解释，一条是“疾战则存，不疾战则亡”，

1　银雀山汉简《吴孙子》佚篇，其中有一篇叫《地刑（形）二》。《地刑（形）二》也有这句话，是作“右负（背）山陵，左前水泽”。负和倍，都应读为背。水泽是出口，山陵是依托。这篇简文可以证明，此话是出自《孙子兵法》佚篇。

一条是“无所往者”。第二条解释，简本有异文，分成两句，是作“背固前敌者，死地也。无所往者，穷地也”。这一解释更清楚，“前死”是指前有敌阻，“后生”是指背负险固。可见“死生”是指需战不需战。前有敌阻，不战就出不去，叫“死”；后有依托，不需战，叫“生”。

这是前一半。后一半是讲三“凡”。

（二）“三凡”

这段话的后半截有三个“凡”字，每个“凡”字各是一层意思。

（甲）第一凡

第一凡，是“凡四军之利，黄帝之所以胜四帝也”。这是总结上文。

（1）“凡四军之利”，即上文的四种“处军”之道。“军”作动词，指安营扎寨，和“处军”是一个意思。

（2）“黄帝之所以胜四帝也”，是说黄帝打败四帝，靠的是这套“处军”之道。

“黄帝胜四帝”是怎么回事？大家可以参看银雀山汉简《黄帝伐赤帝》。这篇文章，开头有“孙子曰”，整理者认为是《吴孙子》佚篇，就是解释这一说法。它讲黄帝胜四帝，每一条都有“右阴、顺术、背冲”六个字。我们怀疑，“右阴”就是这里的“右背高”，指依托西北，面向东南；“顺术”则是顺着黄帝的面向，即由内向外的方向；“背冲”则是逆着四帝的面向，即由外向内的方向。黄帝伐四帝，战而胜之，是按阴阳、顺逆、向背讲。

战国秦汉讲技术，喜欢依托黄帝传说。数术、方技、兵书都爱讲这种传说。这里讲兵阴阳，也是如此。

兵阴阳，是数术之学在军事上的推广。俗话说，诸葛亮“上知天文，下知地理”，就是属于兵阴阳。“借东风”属于兵阴阳，讲阴阳、顺逆、向背也属于兵阴阳。

马王堆帛书有“黄帝四面”的传说（《经·立政》）。黄帝胜四帝，是以五帝配五色，五色配五位。黄帝居中央，四帝在四方，青帝在东，赤帝在南，白帝在西，黑帝在北。所谓“黄帝胜四帝”，就是中央打败四方。黄帝传说，属于帝系传说。

古代帝系有两套五帝，一套是周系的五帝，即黄帝、颛顼、帝喾、尧、舜（《大戴礼·帝系》），一套是秦系的五帝，即太昊、炎帝、黄帝、少昊、颛顼（《吕氏春秋》十二纪、《史记·封禅书》）。后一套五帝，配以方色，就是青、赤、黄、白、黑五帝。

这里讲的是后一种五帝。

过去，大家总是说，孙子不讲阴阳五行，不对。比如，这里的“黄帝胜四帝”，就是典型的兵阴阳说，不但有阴阳，而且配五行。

（乙）第二凡

第二凡，是“凡军好高而恶下，贵阳而贱阴。养生处实，军无百疾，是谓必胜。丘陵堤防，必处其阳而右背之。此兵之利，地之助也。上雨水，〔水〕（沫）〔流〕至，欲涉者，待其定也”。这是回顾上文，讲“处军”的基本原则。

（1）“好高而恶下，贵阳而贱阴”，是强调“处高阳”。如上文讲“视生处高”就是属于“处高”，“右背高”，就是属于“处阳”。阴阳，以方位论，是左前为阳，右背为阴。山的阴阳是以日照论。山之南向阳，叫阳；山之北背阴，叫阴。水的阴阳是和水的流向有关。中国的水，多半是从西往东流，或从北往南流。水之西北，往往是上游，叫阳；水之东南，往往是下游，叫阴。居山北，容易挨冻（冬天）；居水南，容易被淹。

（2）“养生处实，军无百疾，是谓必胜”，是强调“处实”，宿营地要安全可靠。打仗会死人，但死人，不都是打死的，还有很多非战斗减员。很多人是在行军途中饿死、累死、病死的。这样死，最亏。这里的头一句，“养生”是讲身体，“处实”是讲地形。身体和地形有关，和宿营条件好不好有关。当将领的，只有把宿营地选好，才能吃好、喝好、睡好，保持体力，不得病。身体好，不得病，才能战胜敌人。

（3）“丘陵堤防，必处其阳而右背之”，还是强调“处高阳”。“绝山”要“处高阳”，没问题。“绝水”“绝斥泽”“绝平陆”，无险可依，怎么办？平地、低地，只好选择地势高一点的小丘之类。水边，只好选择堤坝。再不行，只好依托树木。

（4）“上雨水，〔水〕（沫）〔流〕至，欲涉者，待其定也”，这是讲渡水。渡水，上游下雨，会引起山洪暴发。“沫”是错字，隶书和草书的写法与“沫”相似，应据简本改为“流”。

（丙）第三凡

第三凡，是“凡地有绝涧、天井、天牢、天罗、天陷、天隙，必亟去之，勿近也。吾远之，敌近之；吾迎之，敌背之。军旁有险阻、潢井、蒹葭、（林木）〔小林〕、蘙荟者，必谨覆索之，此伏奸之所〔处〕也”。这几句，和上文相反，不是讲“处军之宜”，而是讲“处军之忌”，主要讲各种需要躲避的坏地形。它分两类：

（1）“绝涧、天井、天牢、天罗、天陷、天隙。”

“绝涧”，是刀劈斧削，两山之间夹流水。这种地形，很可怕。

“绝涧”后面五个词，前面都有“天”字，简本《行军》写法不同。银雀山汉简的《地刑（形）二》（收入简本《孙子兵法》佚篇）和《地葆（保）》（收入简本《孙膑兵法》）也有这些名称。这四个本子，可以互相比较：

简本《行军》	简本《地形二》	简本《地葆》	今本《行军》
天井	天井	天井	天井
天窖	天宛	天宛	天牢
天离	〔天〕离	天离	天罗
天翘	——	天柖	天陷
天郄	——	天埩	天隙

上表的五种地形，《地葆（保）》叫“五地之杀”和“五墓”，也非常危险，必须迅速离开，千万别在它旁边待。如果躲不开，也最好是我离它远点，敌离它近点；我面对它，敌背对它。

“天井”，各本都一样，顾名思义，是形状像井的大地坑。

“天牢”，“牢”“窖”“宛”字形相近，或有混淆。“窖”是方形的地穴。“宛”，是四边高，中间低。“牢”是牛棚或关人的地方。这几个字，哪个正确，还很难下结论，估计也是一种大地坑。

“天罗”，“天离”就是“天罗”。“罗”是捕兽的罗网，大概是一种草木丛生，陷入其中就难以脱身，或妨碍观察，容易有敌兵埋伏的地方。

“天陷”，“翘”“柖”皆从召，召与臽字形相近，我们也不知哪个本子更正确。“陷”是捕兽的陷阱，大概也是一种陷入其中就难以脱身的地形。

“天隙”，“郄”“㙶”都是“隙”的假借字，估计是一种大地缝。

上述地形，主要是地坑、地缝两大类。

（2）“险阻、潢井、蒹葭、（林木）〔小林〕、翳荟。”

“险阻”，是高峻的地形，敌人有可能藏在上面。

“潢井”（潢音huáng），是水坑、沼泽之类的地形，敌人有可能藏在下面。

“蒹葭”（音jiān jiā），芦苇。

“小林”，灌木丛。简本和《太平御览》卷二九一引是这样，今本作“林木”，是错字。

“翳荟”（音yì huì），是草木丛生的地方。

这些地方，容易有伏兵，要特别小心。

9.2 〔敌〕近而静者，恃其险也。远而挑战者，欲人之进也。其所居（易者）〔者易〕，利也。众树动者，来也。众草多障者，疑也。鸟起者，伏也。兽骇者，覆也。尘高而锐者，车来也。卑而广者，徒来也。散而条达者，樵采也。少而往来者，营军也。辞卑而益备者，进也。辞强而进驱者，退也。轻车先出居其侧者，陈也。无约而请和者，谋也。奔走而陈兵者，期也。半进半退者，诱也。杖而立者，饥也。汲而先饮者，渴也。见利而不进者，劳也。鸟集者，虚也。夜呼者，恐也。军扰者，将不重也。旌旗动者，乱也。吏怒者，倦也。杀马肉食者，军无粮也。悬（缻）〔甀〕不返其舍者，穷寇也。谆谆谕谕，徐与人言者，失众也。数赏者，窘也。数罚者，困也。先暴而后畏其众者，不精之至也。来委谢者，欲休息也。兵怒而相迎，久而不合，又不相去，必谨察之。

这一大段，就是文章一开头说的“相敌”。

“相敌”的“相”，就是“相法”的“相”。相法属于数术。

古人认识世界，有两种办法，一种靠“看”（观察），一种靠“算”（推算）。“看”比“算”原始。前者属于“相”，后者属于“卜”。比如，仰观天象，俯察地理，就是用眼睛看，卦象和兆象，也是用眼睛看。但古代天文，自成一类，不入于相法。

相法有很多种，包括相地形、相宅墓、相人畜、相刀剑，但首推还是相地形。相法，《汉志·数术略》叫“形法”。

上面讲宿营。古代宿营，和现代一样，营地周围，要派人站岗、放哨、巡逻；方圆多少里，设警戒区，派侦察兵四处侦察。哨兵和侦察兵，古人叫“斥候”。

这里讲“相敌”，一共分33条，每一条是一种敌情。

这些敌情，可以分为五类：

(1)“〔敌〕近而静者，恃其险也。远而挑战者，欲人之进也。其所居（易者）〔者易〕，利也”，这3条是讲双方的距离感和地形的险易，有近有远，有险有易，可参看下面的《地形》篇。其大意是：敌人离我们很近却悄无声息，是因为有险可恃；敌人离我们很远反而向我挑战，是为了诱我前往；他们宿营的地方很平坦，是占据了有利地形。

(2)“众树动者，来也。众草多障者，疑也。鸟起者，伏也。兽骇者，覆也”，这4条都是属于可疑的迹象。“覆”是伏兵偷袭。其大意是：树丛中有动静，说明敌人来了；草丛中有障碍，是制造假象；鸟惊而飞，是有埋伏；兽骇而跑，是有偷袭。

(3)“尘高而锐者，车来也。卑而广者，徒来也。散而条达者，樵采也。少而往来者，营军也”，这4条是看路土，看车辙马迹和人留下的活动痕迹。其大意是：尘土高而尖，是车兵来过；矮而宽，是徒兵来过；痕迹一条条，散乱无序，是打柴留下；痕迹稀少，有来有往，是安营扎寨留下。

(4)“辞卑而益备者，进也。辞强而进驱者，退也。轻车先出居其侧者，陈也。无约而请和者，谋也。奔走而陈兵者，期也。半进半退者，诱也”，这6条，主要是从敌人说话的口气和他们的动作看敌人的打算，很多是假象。其大意是：敌人口气软弱，却加紧备战，是要进攻；口气强硬，却假装进攻，是要撤退；轻车先出，居于两侧，是在排兵布阵；前来讲和却不讲条件，一定暗藏阴谋；奔走陈兵，是在集结兵力；半进半退，是在诱我前往。

（5）“杖而立者，饥也。汲而先饮者，渴也。见利而不进者，劳也。鸟集者，虚也。夜呼者，恐也。军扰者，将不重也。旌旗动者，乱也。吏怒者，倦也。杀马肉食者，军无粮也。悬（缻）〔甀〕不返其舍者，穷寇也。谆谆谕谕，徐与人言者，失众也。数赏者，窘也。数罚者，困也。先暴而后畏其众者，不精之至也。来委谢者，欲休息也。兵怒而相迎，久而不合，又不相去，必谨察之”，这16条全是描述敌方战斗力下降，饥渴劳顿、失魂落魄、走投无路的样子。“甀”（音zhuì）是一种小口罐，这里指士兵每天吃饭喝水用的坛坛罐罐，相当于“破釜沉舟”的“缶”。“谆谆谕谕”（音zhūn zhūn xì xì）是唠唠叨叨、絮絮不休。这段话的大意是：拄着棍子，支撑身体，不然就站不住，肯定是饿坏了；打水的人，没等把水送回家就迫不及待地喝，肯定是渴坏了。见利不进，肯定是累坏了。营帐落满鸟雀，说明是座空营。半夜三更，大呼小叫，说明是恐惧过度。军中骚动不安，说明将军没有威信。旌旗动摇，说明阵形大乱。军官动不动就跟士兵发火，说明他烦透了。把军马杀了吃肉，说明军粮断了；把坛坛罐罐挂在营房的墙上一去不复返，说明这是走投无路的“穷寇”；将领，说话没底气，嘟嘟囔囔，吞吞吐吐，说明他已失去士兵的信任，老得哄着他们。频频犒赏，是一筹莫展；频频惩罚，是陷入困境。在部下面前，起先粗暴，后来害怕，是极不明智。前来赔礼道歉，是想暂时休战，获得喘息的机会。怒气冲冲，故意挑衅，很长时间，既不交手，也不撤退，一定要仔细观察。

9.3 兵非贵益多，虽（唯）无武进，足以并力、料敌、取人而已。夫唯无虑而易敌者，必擒于人。卒未亲附而罚之，则不服，不服则难用。卒已亲附而罚不行，则不可用。故（令）〔合〕之以文，齐之以武，是谓必取。令素行以教其民，则民服；令（不素）〔素不〕行以教其民，则民不服。令素行者，与众相得也。

这段话是全篇的总结，它分前后两层。

第一层，跟第二段有关，主要告诫将领，千万不要轻敌。

第二层，主要讲治兵。《孙子》第三组，几乎每篇，都是讲“兵”必讲“地”，讲“地”必讲“兵”。上面讲地形，这里讲治兵，也是二者并说。

我们先说第一层：

（1）“兵非贵益多，虽（唯）无武进”，意思是，兵不在多，而在善用，关键是不要轻举妄动。“益多”是多多益善，越多越好。“武进”是冒冒失失，轻举妄动。

（2）“足以并力、料敌、取人而已”，“并力”是集中兵力，这是讲自己。“料敌”是判断敌情，这是讲敌人。“取人”是并力、料敌的结果，结果是我能打败敌人。

（3）“夫唯无虑而易敌者，必擒于人”，是说相反的情况，“无虑”是说自己，自己缺心眼，少主意，对重大事情，不操心，不考虑；“易敌”和“料敌”相反，是大意轻敌；“必擒于人”和“取人”相反，是被人取，被敌人活捉。

这是讲不要轻敌。

第二层是讲治兵。治兵和“并力”有关。

治兵，目标是令行禁止，绝对服从。《计》篇说“法令孰行”，就是讲这一点。

怎么才能做到令行禁止？作者分四条解释：

（1）“卒未亲附而罚之，则不服，不服则难用。卒已亲附而罚不行，则不可用”，是说治兵靠两手，一手软，一手硬，先软后硬。“卒未亲附而罚之”是光有罚，没有爱，士兵心里不服，很难用；“卒已亲附而罚不行”是光有爱，没有罚，士兵少调失教，没规矩，也不可用。“亲附”，是取得士兵的爱戴，取得士兵的信赖，士乐为之用，士乐为之死。

（2）“故（令）〔合〕之以文，齐之以武，是谓必取”，“合”是整合，“齐”是整齐，正是讲“并力”。“文”是仁恩，关心爱护，是软的一手。“武”是威罚，令行禁止，是硬的一手。《孙子》讲治兵，特点是恩威并施、赏罚并重。

（3）“令素行以教其民，则民服；令（不素）〔素不〕行以教其民，则民不服。令素行者，与众相得也”，“令素行”，就是三令五申，反复宣传，反复解释，让士兵熟悉号令，服从号令。这里，作者说得很清楚，“令素行”的前提是什么？是“与众相得也”，“与众相得”是什么？就是“亲附”。

地形第十

——六种作战地形（六地和六败）

《地形》篇以“地形”为名，主要是因为开篇有“地形”二字，“孙子曰”之后，它一上来就讲，“地形”有六种，话题是从这里展开。

读《孙子》，我们不要以为，它讲地形只有这一篇，也不要以为，《地形》篇就是光讲地形，其他都不讲。其实，前面我们已经讲过，《孙子》的第三组是讲“从走到打”，“走”也好，“打”也好，都是将、吏、士协同，脚踏实地，在地上“走”，在地上“打”，它的每一篇都是人地结合，既讲“地”，也讲“兵”。“地”和“兵”，这两个字是贯穿第三组的两条主线，每一篇都说，每一篇都讲。无论“走”，无论“打”，都离不开治兵，也离不开地形。“走”有“走”的地形，“打”有“打”的地形。

《地形》和《行军》不一样，《行军》是讲“走”，《地形》是讲“打”，两者都讲地，但讲法完全不一样。前面讲“四地”（山、水、斥泽、平陆），和行军有关，属于“走”。这里讲“六地”（通、挂、支、隘、险、远），和作战有关，属于“打”。

这篇东西，内容很单纯，主要就是围绕着“地”和“兵”两个字来讲。讲“地”，“地”有“六地”；讲“兵”，“兵”有“六败”。讲完“六地”“六败”，它要强调的无非还是这两个字，将要知兵，也要知地，两者缺一不可。

我把《地形》篇分成五段：

第一段，讲“六地”。

第二段，讲“六败”。

第三段，对应于第一段，讲地形对作战的重要性。

第四段，对应于第二段，讲训练对作战的重要性。

第五段，是总结，讲为将要“四知”：“知彼知己”“知天知地”，人、地都重要。

10.1　孙子曰：

地形有通者，有挂者，有支者，有隘者，有险者，有远者。我可以往，彼可以来，曰通。通形者，先居高阳，利粮道，以战则利。可以往，难以返，曰挂。挂形者，敌无备，出而胜之；敌若有备，出而不胜，难以返，不利。我出而不利，彼出而不利，曰支。支形者，敌虽利我，我无出也；引而去之，令敌半出而击之利。隘形者，我先居之，必盈之以待敌；若敌先居之，盈而勿从，不盈而从之。险形者，我先居之，必居高阳以待敌；若敌先居之，引而去之，勿从也。远形者，势均，难以挑战，战而不利。凡此六者，地之道也，将之至任，不可不察也。

上面这段话，是讲“六地”。

它的讲法，是把六地之名先报一遍，说地形有六种，然后一种一种，逐条解释，先讲每种地形的定义，什么叫通，什么叫挂，等等，再讲每种地形的战术要求，说碰到哪种哪种地形，该怎么怎么对付。

我们先说“六地”是什么意思，它们的定义和概念是什么。

“通”的意思是通畅，或者大敞口，四面无遮拦，或者有进口，有出口，两个口是通着的，敌人可以进出，我方也可以进出，你来我往，通行无阻，两方面都很方便，这应该是比较开阔的地形。

“挂”的意思是不通畅，与前者相反，山形水势，有很多障碍，容易被拖住拽住，去倒容易，回来却不好办，一旦遭敌阻截，把出口封死，则有去无回。比如孙膑杀庞涓之处，“马陵道狭，而旁多阻碍”，“齐军善射，夹道而伏”（《史记·孙子吴起列传》），这样的地形就属于“挂”。

“支”的意思是敌我相持，我出击不利，敌出击也不利。比如两军夹河而处，谁渡水出击谁挨打，或两山夹一谷，双方各占一山头，谁下山夺路谁挨打，这样的地形就属于“支”。

“隘”的意思是出口狭窄，与“广”相反。《计》篇论地有“广狭”一条，可参看。

“险”的意思是高下悬殊，与“易”相反。《计》篇论地有“险易”一条，可参看。

“远”的意思是距离遥远，与“近”相反。《计》篇论地有“远近”一条，可参看。

这里，有三点要注意：

第一，“六地”是六种“地形”。现代军语，“地形”是指地貌（山形水势，地表或海底的凹凸）、地物（如村镇、房屋、道路、森林、堤坝等）。这种“地形”是上一篇所讲。这里的“地形”，不涉及具体的地貌、地物，只讲作战地点的形势特点，比前者要抽象。

第二，这六种“地形”，前三种和后三种不一样，其实是分为两组。前三种是从敌我进退、出入往来方便不方便讲，它是先下定义，再讲对策；后三种是从地势的远近、险易、广狭讲，侧重的是维度（长宽高和坡度），不下定义，只讲对策。[1]

第三，这里，“通形”的定义与《九地》篇的“交地”相同，都是“我可以往，彼可以来”，但其实不一样。“交地”是国与国彼此相邻、互相接壤的地区，往来都很方便，

---

1 后三地不下定义，为什么？或以为有脱文，不一定。因为这三地的含义从字面上很好理解，很可能作者认为，根本就不必解释。

不涉及作战地点的形势特点。

“六地”的对策，很简单：

“通形”，是开阔地，关键是要先敌占领开阔地上的制高点，控制粮道，取得补给。“高”是制高点，“阳”是山的南面。

“挂形”，是容易遭敌围困阻截的地方，关键在于出口和退路，如果出口没有被敌人封死，退路没有被敌人截断，最好是趁敌不备，一举突围，顺利返回，否则困在里面，就回不来了。

“支形”，双方相持，顶牛，谁出击，谁倒霉，碰到这种情况最好是假装逃跑，引敌出动，等它出到一半，再打，让它进退不得，好像搂住对方的腰，卡住对方的脖子。

“隘形”，全看谁先占领隘口，封死隘口。我先占领，一定要封死隘口；敌先占领，就看它是不是封死，封死就别打；没封死就打，这也是搂腰卡脖子。

“险形”，是看谁先占领高地和阳面，我先占领，一定要利用地形优势，对付敌人；敌先占领，赶紧撤离，不可迎敌。

“远形”，如果地形对双方都一样，不要主动挑战，主动挑战，非常不利。“势均”是双方的地利一样，不是说双方的兵力一样。下面也有这个词，要注意。

这六条，都是讲作战地形。

天有天道，地有地道，人有人道。作者说，这六条，是属于“地之道也”。[1]研究“地道”是将军的责任，不是一般责任，而是最重要的责任。前面，《计》篇不是已经说过吗，“死生之地，存亡之道，不可不察也”。“死生之地”关系到“存亡之道”，当然不能等闲视之，一定要仔细调查和反复研究，所以说“不可不察也”。

打仗，是在地上打，[2]兵法和地理，关系非常大。

研究地理，离不开地图。[3]地图对军事太重要。文人有“文房四宝”，纸墨笔砚，将军也有“营帐四宝”。比如粟裕，平生最爱收集四样东西，手枪、地图、指北针和望远镜。[4]中国的名将，林彪、粟裕，很多人回忆，他们的最大嗜好是什么？就是看地图、背地图。地图上看不清，还要实地观察、实地勘测。

地图是微缩战场，下棋是模仿用兵。地图、沙盘、兵棋推演，是战术家的基本功。

---

1 天、地、人三道，对人来说，肯定是天道远，地道近。古人说“人道先兵”（《鹖冠子·近迭》），兵法属于人道，当然与地道最接近。

2 英文的army，既是陆军，也是军队。古代军队，主要是陆军。当时，有海军（我国叫水师或舟师），没有空军。车兵、步兵、骑兵，都属于陆军。现在，武器大发展，各国都有陆海空三军，陆海空不够，还加上航天技术，“海阔凭鱼跃，天高任鸟飞”，人都做到了。但有一点，大家不要忘记，到今天为止，陆军还没有被取消，还是武装力量的主体。人把眼睛放在天上，放在海上，主要盯着的还是陆地，就像鹰在天上盘旋，眼睛盯着的还是地上的兔子。陆地的重要性仍不容忽视。

3 刘邦入咸阳，萧何直奔秦朝的档案馆，先抢“图书”（《史记·萧相国世家》），“图书”的“图”，主要就是地图。

4 古越、张阳《粟裕兵法》，上海：东方出版中心，2007年，237、252—254页。

战场指挥，争分夺秒，精神高度集中，非常非常累。林彪、粟裕，身体都不好，但看起地图来，可以看到寝食俱废，多少天不睡觉。

这些都足以说明，地形对将军有多重要。

10.2　故兵有走者，有弛者，有陷者，有崩者，有乱者，有北者。凡此六者，非天地之灾，将之过也。夫势均，以一击十，曰走；卒强吏弱，曰弛；吏强卒弱，曰陷；大吏怒而不服，遇敌怼而自战，将不知其能，曰崩；将弱不严，教道（导）不明，吏卒无常，陈兵纵横，曰乱；将不能料敌，以少合众，以弱击强，兵无选锋，曰北。凡此六者，败之道也，将之至任，不可不察也。

作者讲“六地”，讲完“六地”讲“六败”。“六败”和“六地”，表面看，好像没多大关系，完全是两码事。其实不然。《孙子》讲地形，总是和治兵放在一起讲，讲地形必讲治兵，讲治兵必讲地形，两者是平行叙述。

这点，大家一定要注意。

这里的“六败”，全和治兵有关。它是讲把士兵投入战场后会出现哪些糟糕的情况，这些混乱是由什么原因而造成。作者说，这六种恶果，不怨天，不怨地，全都怪将军。

什么叫“败”？《左传》五十凡（前面讲过，是五十个凡例)，其中有一条，“凡师，敌未陈曰败某师，皆陈曰战，大崩曰败绩，得儁曰克，覆而败之曰取某师，京师败曰王师败绩于某”(《左传》庄公十一年)。它的意思是，只有双方摆好阵势才叫“战”；“败”是胜于立足未稳、还没摆好阵势的敌人。

“败”有很多种。古代的“败”，问题是阵脚大乱。阵形乱是“乱”；大乱，乱到溃不成军才叫“崩”；“崩”大发了，一败涂地，那叫“败绩”。王师，国家的部队，保卫首都的部队，如果被人打败，叫“王师败绩于某(某地)”。这些都属于“败”。“败”里最惨的一种是被人“克”。“克”是彻底打垮，从胜方讲是大胜，从败方讲是大败。彻底打垮的标志是擒贼擒王，把对方的将帅给活捉了，就像象棋的“将军”(“将”是动词)，“老子”被吃，就彻底完蛋了。还有一种是“取”。“取”是轻取。怎么轻取？是靠设伏偷袭。被人偷袭，白白便宜了敌人，也是很丢脸的事。

这是《左传》的讲法。

这一部分讲“六败”。它的讲法，是先列“六败”之名，然后讲“六败”的原因，其他什么都不讲，讲也没用。“六败”是结果，谈不上应对措施。战场不卖后悔药，也谈不上补救措施。败了就败了，无话可说，只能分析原因，吸取教训。

我把“六败”解释一下。

“走”，是士兵逃跑。逃跑的原因，是双方地利相等，但当将军的指挥不当，竟然以一击十，不自量力，贸然出击。这里，“势均”是地利相等，不是实力相等。

“弛”，是纪律松懈。松懈的原因，是“卒强吏弱”，当官的管不了当兵的。

“陷”，是坑害自己的士兵，让他们陷于险境、绝境。《九地》“投之亡地然后存，陷之死地然后生。夫众陷于害，然后能为胜败”，其中也有这个“陷”字。“陷”是反用，故意把士兵投入危险的境地，靠他们的求生欲望，变怯为勇。那里的“陷”字，含义相同，但用法不一样。这里，“陷”和“弛”相反，不是“卒强吏弱”，而是“吏强卒弱”，当官的对当兵的太横，把他们管得太死，让他们手足无措，管成一堆窝囊废。

“崩”，是溃不成军。“怼”（音duì），是冤家对头。溃不成军的原因，是高级军官即“大吏”有问题，本事不大，脾气不小，碰上老对手，逞一时之忿，擅自出战，根本不把将军放在眼里，不服约束，不听调遣，当将军的也不了解其能力，用人不当，把这种人搁在这么关键的岗位上。

“乱”，是阵形大乱。大乱的原因，是当将军的太软弱，没有绝对权威，管束不严，教导不明，当官的和当兵的都不懂规矩，阵形混乱，毫无秩序。

“北”，是败北，即掉转身子朝后跑。古代方位，讲究背北面南，“北”“背”同源，是指背对的方向。败北的原因，是当将军的不知敌情，以寡击众，以弱击强，既没有足够的兵力与敌接战，抵挡敌人的进攻，又没有精兵锐卒担当前锋，作为突破的尖刀。

这六种情况，似乎可以分为三组：

“走”“北”是一组，属于指挥不当，造成士兵后撤、逃跑。指挥不当，当然是将军的责任。

“弛”“陷”是一组，属于管理不当，或者太松，或者太严，太强太弱都不好。这类问题虽然出在军吏，但卒归吏管，吏归将管，归根结底，责任还在将军。

“崩”“乱”是一组，阵形乱，问题也是综合性的。“大吏怒而不服”，问题出在“将不知其能”；“吏卒无常，陈兵纵横”，俗话说，“兵㞞㞞一个，将㞞㞞一窝”，问题也出在“将弱不严”。

所以，“六败”虽为兵败，直接问题是出在“卒”，但责任不在“卒”，也不在“吏”，追究起来，只有四个字，“将之过也”。

一支军队，平时缺乏训练，缺乏管理，将、吏、卒上下脱节，失其统御，纪律松懈、人心涣散，猝然遇敌，当然没战斗力。如果再加上指挥不当，必然是掉头就走，撒腿就跑，阵形大乱，溃不成军。

上述“六败”，“崩”为大。“崩”字的本义是山崩（山体崩塌、滑坡），俗话叫“兵败如山倒”。比如牧野之战，前徒倒戈，就是兵败如山倒。

10.3 夫地形者，兵之助也。料敌制胜，计险阨远近，上将之道也。知此而用战者必胜，不知此而用战者必败。故战道必胜，主曰无战，必战可也；战道不胜，主曰必战，无战可也。故进不求名，退不避罪，唯民是保，而利于主，国之宝也。

这段话是讲地形对作战的重要性。它是对应于第一段。

地形重要，重要在哪儿？这里的答案是“夫地形者，兵之助也”。

地形对“兵”有帮助，帮助在哪儿？我们说，有两条，一条是帮助“用兵”，一条是帮助“治兵”。

用兵，“走”（行军）离不开“地”，“打”（作战）也离不开“地”。但“兵”和“地”哪个更重要？还是“兵”。“地形”和“兵”是相辅为用，“兵”是主，“地”是辅。

治兵，是带兵，带兵的关键是协同，“步调一致才能得胜利”。这事，一般以为同地形无关，但《孙子》不这么看，它说有关。

在《孙子》一书中，地形的作用很广，不仅可以帮助用兵，还可以帮助带兵。比如，《九地》就专讲这种御兵之术，“兵情”和“地理”是相辅相成的。

下文，“料敌制胜，计险阨远近，上将之道也”就是解释这两样。“料敌制胜”属于“知兵”，“计险阨远近”属于“知地”。

“料敌”的“料”是推测，是判断。打仗，“料”比“知”更重要。

“计”是计算和估算。

“险”，就是上面的“险形”。

“阨”（音ài），同隘，就是上面的“隘形”。

“远近”，则和“远形”有关。

这里是泛指上面的“六地”。

“上将”，本来是指三军统帅中的上军之帅，这里指水平最高的将帅。作者指出，知兵知地，都是上将的责任。知之者胜，不知者不胜。

下面的话，“知此而用战者必胜，不知此而用战者必败。故战道必胜，主曰无战，必战可也；战道不胜，主曰必战，无战可也”，是说将军知兵知地，有必胜把握，即使国君不让打，也一定要打；不知兵不知地，打了一定失败，即使国君让打，也一定不要打。

这是将军的责任。

“进不求名，退不避罪”，是打好了，不图虚名，打坏了，不避罪责。

“唯民是保，而利合于主”，是上对得起国君，下对得起百姓。

10.4　视卒如婴儿，故可与之赴深谿；视卒如爱子，故可与之俱死。爱而不能令，厚而不能使，乱而不能治，譬如骄子，不可用也。

这段话是讲训练对作战的重要性。它是对应于第二段。

训练就是治兵。这里讲了三个字：“令”“使”“治”，最后一个字是“治”，“治”是相对于“乱”，“六败”的原因是“乱”。

“视卒如婴儿”，这句话很有意思。“卒”是步兵，在《孙子》书中反复出现，也叫“士”或“士卒”。早期，“卒”是附属于战车，不是独立建制，后来独立，也叫“徒”。步兵，作为独立的兵种，英语叫infantry。这个词的来源是infans（拉丁语），infans的意思就是婴儿。俗话说，爱兵如子，这是比喻。这个比喻很深刻。

带兵和带孩子是一个道理。军队最能训练人。俗话说，“好男不当兵，好铁不打钉”，“无赖子当兵”。收拾淘气包，军队的本事最大。

《计》篇讲军法，其中有一条，叫“士卒孰练”。“士卒孰练”的“练”，就是训练的结果。受过训练的士兵，古人叫“教卒”“练士”；没受过训练的士兵，古人叫“驱众”“白徒”(《管子·七法》)。孔子说过，“善人教民七年，亦可以即戎矣”，“以不教民战，是谓弃之”(《论语·子路》)。普通老百姓，要训练七年，才能投入战场，如果用没受过训练的老百姓打仗，等于让他们白白送死。

古代打仗，主要是人与人打，不是武器和武器打，因此阵形很重要。各种阵形，有如物质的分子结构，可以决定它们的硬度和韧度。

什么是“阵”？“阵”就是队形。打仗，不光投入战斗，要靠阵形攻守，有横广，有纵深。行军也有行军的队形，一般是摆长蛇阵，首尾相顾，以纵队前进；宿营，环车为营，或修筑临时的沟垒和栅栏，也是划地而守，各有分部，类似作战的阵形。

现在，阵法似乎是古董，除了示威游行，防暴警察还练这个，好像已经没人练，但阵法真的就从战场上消失得无影无踪了吗？并不是。

现代战争，人是躲在武器后面打，或藏在武器里面打，没错，但它照样有队形。坦克要编队，飞机要编队，军舰也要编队。这和古人躲在盾牌后面打，跟在战车后面打，仍然有类似性。

古代训练，主要是队形训练。训练方式主要是打猎，全世界如此。

比如《周礼·夏官·大司马》讲四时教战之法，就是用打猎的方式。

春天，是于仲春（春天的第二个月）教“振旅”。“振旅”是训练班师回国的队形。队形和实战一样。自古，得胜而归，都喜欢吹吹打打。这种训练正好可以让士兵熟悉指挥用的乐器。其训练科目主要是“辨鼓铎镯铙之用”，“教坐作进退、疾徐疏数之节”，目的是让各级士兵熟悉各级军官用乐器发出的指令，统一他们的耳朵，让他们按这些指令动作。“坐”是跪姿，“作”是跪姿变立姿。“进退”是前进和后退。“疾徐”是快和慢。“疏数”是分散和密集。演习完，要举行围猎，用猎物献祭。这种围猎叫“搜田”（即所谓“春蒐”）。“鼓铎镯铙”就是“金鼓旌旗”的“金鼓”。

夏天，是于仲夏（夏天的第二个月）教“茇舍”。“茇舍”是训练宿营时的队形，因为宿营都是先除草，再安营，所以叫“茇舍”。队形和“振旅”一样。其训练科目主要是“辨号名之用”，即各级军官用各自的花名册和登记册，清点人数和军需物资，各部有各部的旗号和番号。演习完，也要举行围猎，用猎物献祭。这种围猎叫“苗田”（即所谓“夏苗”）。

秋天，是于仲秋（秋天的第二个月）教“治兵”。“治兵”是训练出师前的队形。队形也和“振旅”一样，但训练科目不一样，主要是“辨旗物之用”，目的是让各级士兵熟悉各级军官用旗帜发出的指令，按这些指令坐作进退。演习完，也要围猎和献祭。这种围猎叫“猕田”（即所谓“秋猕”）。

冬天，是于仲冬（冬天的第二个月）教“大阅”。“大阅”是车兵、徒兵的联合演习，最隆重。“大阅”之前，车兵归车兵、徒兵归徒兵，各练各的，现在是合在一起，教他们协同作战。训练科目主要是队列行进。演习开始前，要布置场地，每250步树四根标杆，50步树一根。演习开始，先要集合，迟到者斩。集合完毕，列阵听誓，斩牲以徇。然后，以金鼓旌旗为号，每250步为一节，练习行进：头100步从第一根标杆开始走，起立，前进，到第二根标杆止，跪坐，是第一段；次100步，从第二根标杆开始走，起立，前进，到第三根标杆止，跪坐，是第二段；最后50步，从第三根标杆到第四根标杆，是练进攻，车兵发起冲击，徒兵进行刺杀，各三次。然后掉过头来，再练退却。每次，都是三鼓、振铎、树旗，表示起立，再次击鼓、鸣镯表示前进，鸣铙表示退却。最后也是围猎，围猎完了，也用动物献祭。这种围猎叫“狩田”（即所谓“冬狩”）。[1]

现代军队，早就不打猎了，但照样有稍息立正、向左看齐、向右看齐、正步走、跑步前进这一套。仪仗方队，分

1　参看：杨宽《西周史》，上海：上海人民出版社，1999年，693—715页。

列式，除用于阅兵和欢迎仪式，还有象征意义。队形训练，对培养士兵服从命令听指挥，仍然有用。这是古代训练的遗产。

耀武观兵，陆海空三军大演习，也是古代“大阅”的遗产。

古代治兵，最重军纪。如孙武就是以“申明军约”（《史记·律书》）而出名。司马迁讲他，只讲一个故事，就是用宫女练兵。这个故事很有名，银雀山汉简也有这个故事，整理者题名为《见吴王》。

苏洵说，带兵有什么难，不过如“贱丈夫”管丫鬟、仆人、小老婆（《嘉祐集·权书下·孙武》）。但小老婆和仆人就好管吗？也不好管。这里，有象征意义的是，孙武练兵，是拿女人练。他“小试勒兵”，是选美女，让吴王的宠姬当队长。这些女人，有吴王撑腰，骄、娇二气最重，正是孙武要收拾的对象。孙武练兵，很耐心，什么叫前，什么叫后，什么叫左，什么叫右，一遍一遍跟她们讲，她们老是笑个不停，根本不照规矩办。这时，孙武才板起面孔说，如果我没讲清，那是我的错，“三令五申”还这样，那可对不起，斩！把两个宠姬当场杀了。这一下，她们全都老实了（《史记·孙子吴起列传》）。同样，司马迁讲司马穰苴斩庄贾也是如此。庄贾是齐景公的宠臣，也是小人得志便猖狂，他敢藐视军法，“期而后至”，对这种人该怎么办？也是杀无赦（《史记·司马穰苴列传》)。

孙武和司马穰苴，都是靠杀贵杀宠树立威信，让士兵懂得什么叫“军令如山”。

作者讲治兵，是以小孩打比方。父母带孩子，经常是爸爸唱黑脸，妈妈唱白脸，小时候妈妈带，以慈为主；大一点儿，爸爸管，以严为主。带兵，恩威并施、赏罚并重，全在将军一个人，既当爹，又当妈，但严绝对不可少。

“视卒如婴儿，故可与之赴深谿；视卒如爱子，故可与之俱死”，是说“爱兵如子”，把士兵当自己的孩子疼。但光疼就能把兵带好吗？不行。少调失教的孩子，往往好吃懒做，自私、任性、不负责，喜怒无常，软的欺，硬的怕。惯孩子，男女都可能惯，但更多还是女人惯，只慈不严，光是宠，光是惯，古人叫“妇人之仁”。“赴深谿”是与之共赴危难。“俱死”是与之一块儿死。

“爱而不能令，厚而不能使，乱而不能治，譬如骄子，不可用也”，是说光是疼，光是爱，但没有纪律约束，不听命令，不听指挥，胡作非为，根本没法管，就像惯坏的孩子，等于废物。

训练，属于军法，主要保存在古代的军法里。

我国，早期的军法都已失传，只有佚文。[1]晚一点，讲

1　沈家本《历代刑法考》，北京：中华书局，1985年，第四册，1753—1766页。

训练，可看《武经总要》和《武备志》，还有明戚继光的《练兵实纪》和《纪效新书》。

10.5　知吾卒之可以击，而不知敌之不可击，胜之半也；知敌之可击，而不知吾卒之不可以击，胜之半也；知敌之可击，知吾卒之可以击，而不知地形之不可以战，胜之半也。故知兵者，动而不迷，举而不穷。故曰：知彼知己，胜乃不殆；知天知地，胜乃可全。

最后一段是全篇的总结，内容是讲如何判断胜率。

作者说，判断胜率，是靠“四知”，一是“知彼”，二是“知己”，三是“知天”，四是“知地”。原文讲“四知”，是分四条讲：

（1）“知吾卒之可以击，而不知敌之不可击，胜之半也”。

这是知己不知彼，只讲知人，不考虑天、地。“胜之半也”，是把“知人”当全部，“知己”占一半，“知彼”占一半，如果只讲“知人”，胜率是50%。

（2）“知敌之可击，而不知吾卒之不可以击，胜之半也”。

这是知彼不知己，也不考虑天、地。“胜之半也”，是把“知人”当全部，“知己”占一半，“知彼”占一半，如果只讲“知人”，胜率也是50%。

（3）“知敌之可击，知吾卒之可以击，而不知地形之不可以战，胜之半也”。

这是知彼知己，但不知地（知天如何，原书没讲）。“胜之半也”，是“知彼知己”算一半，“知天知地”算一半，如果四样都讲，才算100%，胜率也是50%。

（4）“知彼知己，胜乃不殆；知天知地，胜乃可全”。

这是彼、己、天、地四样都知。“胜乃可全”，是胜率达到100%。

《孙子》屡言“知胜”，最主要是三篇，一是《计》篇，二是《谋攻》，三是此篇。

《计》篇说，“吾以此知胜负矣”“吾以此观之，胜负见矣”，主要靠比较敌我，看谁得算多，是只讲“知人”。

《谋攻》说，“知彼知己，百战不殆；不知彼而知己，一胜一负；不知彼，不知己，每战必败”，也是只讲“知人”。

这里，“知彼知己，胜乃不殆”是重复《谋攻》篇的话，但除这条，又加了一条，是“知天知地，胜乃可全”。

古人说，道生天、地、人，这三样最大，古人叫三才。“知彼知己”加“知天知地”，就是三才都知道。但此篇只讲“地”，不讲“天”，它要强调的主要还是“地”。

九地第十一

——九种客主之地（地理和心理）

前面我们说，《孙子》第三组是讲“从走到打”。这个主题是慢慢展开，先讲“走”，再讲“打”。《军争》《行军》讲“走”，《地形》讲“打”，进入《九地》，是把这两个问题合起来讲，等于全面总结。

《九地》以“地”为名，当然和“地”有关。但它讲“地”，不是就地论地，而是强调人地相得。“地”和“兵”，两个主旋律，反复变奏。它是把“地”当治兵、用兵的手段。

《孙子》论“地”，是层层推进。第三组，每篇都讲。《军争》论“地”，只有两处，一处是“不知山林、险阻、沮泽之形者，不能行军；不用乡（向）导者，不能得地利”，一处是“高陵勿向，背丘勿逆”，前者讲“走”，后者讲“打”，只是点了一下。《行军》讲行军中的四种处军之地，有地形、地貌，比较具体。《地形》讲六种作战地形，相反，只讲出入进退之便，和远近、险易、广狭，不讲地形、地貌，只讲地理形势，抽象一点儿。《九地》的讲法，和这几篇都不一样，它是从战线推进和战区划分的概念讲，地形、地貌和地势，是装在这类概念里讲，特点是宏观。

“九地”可以分为两类：

（1）是按战线、战区划分的地。“九地”的主体概念是“主客”，“为主”是在自己的国土上作战，“为客”是在敌人的国土上作战。“为客”又分深浅，又有领土接壤的问题。它的前六地是围绕这类概念讲。“散地”是战于己国，“绝地”是战于敌国（“绝地”不在“九地”中，只出现于下半篇）。“绝地”分“轻地”和“重地”，“轻地”是入敌境浅，“重地”是入敌境深。“争地”“交地”“衢地”是与他国接壤的地区。这六种“地”是按战线、战区划分，一是按主客分，二是按深浅分。[1]

（2）是对行军、作战不利的地形。“圮（氾）地”是对行军不利，“围地”“死地”是对作战不利。这类地形是放在“主客”的概念下讲。

《九地》篇，从形式上讲，有两个特点。

第一是篇幅长。《孙子》全书大约6000字，光这一篇，就占了五分之一不到，六分之一强。

第二是前后重复。这篇文字可以一分为二，前半篇和后半篇内容相似，几乎是同样的话题，换个说法，再讲

1　战线的概念分两种，一种是正面对正面，单向的前沿、纵深概念，一种是正面加侧后，二维的外线、内线概念（从外面包围进攻叫“外线作战”，躲在里面防御叫“内线作战”）。《九地》的前六种属于前一种（作者叫“主客”和“深浅”），最后两种跟后一种概念有关。

一遍。

《九地》篇，从内容上讲，也有两个特点。

第一是强调“为客之道”，打仗最好到别人的国家打。

第二是强调“投之亡地然后存，陷之死地然后生”，带兵是靠深入敌国，用危险的环境激发士兵的求生本能。

我把《九地》分为13段，前半篇7段，后半篇6段：

（一）前半篇

第一段，讲九地之名和九地之变。

第二段，讲待敌之法。

第三段，讲为客之道。

第四段，讲人情之理。

第五段，讲齐勇之政。

第六段，讲将军之事。

第七段，总结。

（二）后半篇

第八段，再申为客之道和九地之名。

第九段，再申九地之变。

第十段，再申人情之理。

第十一段，再申待敌之法。

第十二段，再申将军之事。

第十三段，总结。

11.1 孙子曰：

用兵之法：有散地，有轻地，有争地，有交地，有衢地，有重地，有（圮）〔氾〕地，有围地，有死地。诸侯自战其地者，为散地。入人之地而不深者，为轻地。我得亦利，彼得亦利者，为争地。我可以往，彼可以来者，为交地。诸侯之地三属，先至而得天下之众者，为衢地。入人之地深，背城邑多者，为重地。山林、险阻、沮泽，凡难行之道者，为（圮）〔氾〕地。所由入者隘，所从归者迂，彼寡可以击吾之众者，为围地。疾战则存，不疾战则亡者，为死地。是故散地则无战，轻地则无止，争地则无攻，交地则无绝，衢地则合交，重地则掠，（圮）〔氾〕地则行，围地则谋，死地则战。

这段话可以一分为二，前一半是解释“九地之名”，后一半是讲“九地之变”。

“九地”分两种：

（一）按战线、战区概念划分的六地

（1）“散地”，定义是“诸侯自战其地者，为散地”。散地是战于己国。这种地区，离家门最近，士卒之心最散。“散”的意思是涣散，反义词是“专”。“专”是有凝聚力，“散”是没有凝聚力。作者认为，前六地，散地最不好，“专”的程度不如重地，也不如轻地。他不喜欢在本土作战，很像现在的西方列强。

（2）“轻地”，定义是“入人之地而不深者，为轻地”。轻地是战于敌国。这种地区，已入敌境，但离家门还不太远，士卒之心还不够专一。“轻”的反义词是“重”。前人说，轻地易返，重地难返，主要看开进敌国的深浅。作者认为，前六地，轻地比散地好，但不如重地。

（3）“争地”，定义是“我得亦利，彼得亦利者，为争地”。争地是两国相争的地方，谁得到谁占便宜。

（4）“交地”，定义是“我可以往，彼可以来者，为交地”。交地是两国交界的地方，你来我往都很方便。

（5）“衢地”，定义是“诸侯之地三属，先至而得天下之众者，为衢地”。衢地是多国交界的地方，四通八达，有如通衢大道，谁先占领谁先得到天下的兵源或人力资源。衢地与争地、交地属于一大类。作者把这三类夹在轻地和重地之间讲。

（6）“重地”，定义是“入人之地深，背城邑多者，为重地”。重地和轻地相反，是深入敌境。深入的坏处是离本国太远，难以补给，好处是背后有很多城邑，可以从这些城邑取得补给，当作临时的后方。[1]

这六种是《九地》的主体。我为主、敌为客是散地，

1　银雀山汉简《地典》说，“倠（背）邑而战，将取尉旅”（0648），“倠（背）邑而战，得其旅主”（0545）。看来，“背城邑多”也是好事。

敌为主、我为客是轻地和重地，这三种最重要。争地、交地、衢地，是介于散地和轻地之间的边境地区和战略要冲。

（二）对行军作战不利的三种险地

（1）对行军不利

“圮地”，应读“氾地”。[1]“氾地”即“泛地”，是低湿难行之地。《行军》说，“不知山林、险阻、沮泽之形者，不能行军”，和“圮地”的说法一样，可见是与行军有关的各种地形。“山林、险阻”是高亢之地，“沮泽”是低湿之地。这里是以低湿之地概括一切难以行军的地形。

（2）对作战不利

“围地”，指入口狭窄，进去就出不来，如果要出来，必须兜很大圈子，从别的路绕出去的地形。这种地形，是被地围，不是被人围。

“死地”，指前受敌阻，后无退路，不拼死一战，就出不来的地形。这种地形，主要是被敌人封堵。

两种都是绝境。

这是解释“九地”。

下面的战术要求，前四句是用负面的口气讲，后五句是用正面的口气讲。

---

1 “氾”（音fàn），宋本作“圯”（音yǐ），圯是桥（如圯下老人的圯），但旧注是按圮字（音pǐ）解释，圮是毁的意思。贾林、梅尧臣是以水毁之地为说。简本作“泛地”。“氾”是“泛”的另一种写法。我怀疑，此字本来作“氾”，后来讹为“圮”或“圯”。

“散地则无战”，是说在本国打仗最不利，千万不要在自己的国土上打仗。

“轻地则无止”，是说初入敌境，士卒之心未专，不可久留，要继续推进。

“争地则无攻”，是说如果两国争夺的战略要冲被敌占领，不要强攻。

“交地则无绝”，是说两国交界的地方，应迅速通过，各部要跟上，千万别掉队，造成前后脱节。

“衢地则合交”，是说多国交界的地方，外交很重要，一定要和周边的国家搞好关系。

“重地则掠”，是说深入敌国腹地，离本国太远，一定要就地补充。怎么补充？靠的是抢。从哪儿抢？从背后依托的城邑、乡村抢。

“(圮)〔氾〕地则行”，是说在难于行军的地方，不宜舍营，要赶紧离开。

“围地则谋”，是说陷于被围的地形，硬拼不行，要设计突围。

“死地则战”，是说被敌人封堵，欲进不得，欲退不能，只有拼死一战，才能生还。

11.2　古之善用兵者，能使敌人前后不相及，众寡不相恃，贵贱不相救，上下不相收，卒离而不集，兵合而不齐。

合于利而动，不合于利而止。敢问敌众（整而）〔而整〕将来，待之若何？曰：先夺其所爱则听矣。兵之情主速，乘人之不及，由不虞之道，攻其所不戒也。

这段话是讲“待敌之法”，即对付敌人的办法。

（1）开头的“古之善用兵者，能使敌人前后不相及，众寡不相恃，贵贱不相救，上下不相收，卒离而不集，兵合而不齐”，是说古之善用兵者，能陷敌于混乱，使敌人的先头部队和后续部队不能互相衔接，主力部队和协同部队不能互相依靠，身份高贵的人和身份低贱的人不能互相救助，上级和下级不能互相照应，彼此全都脱节，让他们的士卒，打散了就聚不拢，聚拢了也是乱作一团，整合不起来。总之一句话，就是让敌人乱，自己不乱，以治待乱。这里的“古之善用兵者”，和《势》篇的“古之善战者”是类似说法。古人喜欢拿“古”字说事，证明自己的说法很有根据，很有权威性。

（2）“合于利而动，不合于利而止”，又见《火攻》篇。这两句话，也就是《军争》篇说的“（兵）以利动”。

（3）“敢问敌众（整而）〔而整〕将来，待之若何？曰：先夺其所爱则听矣”，是讲如何调动比自己人数占优阵容也整齐的敌人，让敌人乖乖听命。答案是“先夺其所爱”。敌人“所爱”，可能是人，可能是物，可能是有利地形，反正是敌人心疼不能不救的东西。这个办法有点类似于“绑票”。古人靠阵法打仗，人数多，阵容整齐，最重要。

（4）最后几句，主要讲两点，一是迅速，二是隐蔽。“兵之情主速”，就是俗话说的“兵贵神速”，一定要快。“乘人之不及”是强调时间一定要赶在敌人的前面。“由不虞之道”，是强调出击的路线一定要出人意料。“攻其所不戒”是强调出击的地点一定选在敌人没有戒备的地方。《军争》讲的“故迂其途而诱之以利，后人发，先人至，此知迂直之计者也”，就是这里讲的“乘人之不及，由不虞之道”。《计》篇讲的“攻其无备，出其不意”，就是这里讲的“攻其所不戒”。

11.3　凡为客之道：深入则专，主人不克；掠于饶野，三军足食；谨养而勿劳，并气积力；运兵计谋，为不可测。

这段话是讲“为客之道”，即到敌国作战的规律。

作者强调四个字：

第一是“深”，“深入则专，主人不克”。作者认为，入敌境越浅，士卒之心越散，入敌境越深，士卒之心越专，只有深入敌国，才有凝聚力，才不会被敌人打垮。“专”是心志专一、死心塌地。“主人”，指敌军。

第二是“掠”，“掠于饶野，三军足食”。作者认为，到敌国作战，关键是要就地解决给养，让三军有饭吃。给养从哪里来？从敌国的“饶野”。“饶野”是富饶的田野，即主要的粮食产地。

第三是“养”，“谨养而勿劳，并气积力”。作者认为，行军途中，休整很重要，要保持体力，保持士气，养精蓄锐，千万别太累。

第四是“谋”，“运兵计谋，为不可测”。作者认为，指挥者带着士兵跑，要反复研究敌情，调整路线，让敌人摸不清我方的意图。

11.4　投之无所往，死且不北。死焉不得，士人尽力。兵士甚陷则不惧，无所往则固，入深则拘，不得已则斗。是故其兵不修而戒，不求而得，不约而亲，不令而信，禁祥去疑，至死无所之。

这段话是讲“人情之理”，即士兵的心理。

士兵的心理特点是什么？作者讲了三条：

（1）“投之无所往，死且不北”，是说如果把士卒投入无路可逃的境地，士兵就是打死也不会往回跑。

（2）“死焉不得，士人尽力”，是说如果士兵有必死之心，对死求之不得，他们就会尽力奋战。

（3）“兵士甚陷则不惧，无所往则固，入深则拘，不得已则斗”，是说士兵陷入危险太深，他们就不害怕了；走投无路，就会抱团，不后退，不逃跑，不动摇；越是深入敌境，就会越紧张，万不得已，就会拼死战。作者认为，真正的勇敢是出于求生的本能，是危险逼出来的。“无所往”和“甚陷”是围地、死地，不得已；“入深”是重地，也不得已。这些“不得已”，反而能激发人的斗志。

（4）“是故其兵不修而戒，不求而得，不约而亲，不令而信”，作者一连用了四个“不”字。四个“不”字都是强调“无人管理”，强调用环境带兵。作者认为，环境出勇敢。《势》篇不是说“勇怯，势也”吗？就是这个意思。这和道家的思想、法家的思想是一致的。道家和法家认为，万事万物，要顺其自然，听其自化，好像种庄稼，不能揠苗助长。表面上是无为，实际上是无不为。

（5）“禁祥去疑，至死无所之”，“禁祥”是禁止各种妖言惑众的东西，“去疑”是解除士兵心里的各种疑虑困惑。

我国古代，没有专职的心理大夫，但有术士和方士，术士和方士是掌握在将军的手里。

《六韬·龙韬·王翼》说，将军的身边，要配备“股肱羽翼”72人：腹心1人、谋士5人、天文3人、地利3人、兵法9人，通粮4人、奋威4人、伏旗鼓3人、股肱4人、通材3人、权士3人、耳目7人、爪牙5人、羽翼4人、游士8人、术士2人、方士2人、法算2人。他们各有分工，组成古代的司令部、指挥部，其中的术士和方士，就是这种人。原书说，“术士二人，主为谲诈，依托鬼神，以惑众心；方士二人，主百药，以治金疮，以痊万病”。这些专家，就包括医生。古人的心理特点是迷信。术士“依托鬼神，以惑众心”，就是利用迷信，解决他们的心理问题，等于心理医生；方士管方技，则负责他们的肉体，比如“治金疮”的方士就是专治外伤的外科医生。

《墨子·迎敌祠》也说，“举巫、医、卜有所长，具药宫之，善为舍。巫必近公社，必敬神之。巫、卜以请（情）守，守独智（知）巫、卜望气之请（情）而已”。巫是巫师，医是方士，卜是术士，也是类似的专家。古人对巫、医、卜的态度是又喜又怕，既想用神秘的东西愚弄士卒，又怕“其出入为流言，惊骇恐吏民”，把他们吓着。如果有人用这套东西扰乱军心，一定要“谨微察之，断，罪不赦”。

从《六韬》《墨子》的话，我们可以看出：

（1）兵家不是不讲迷信，而是很讲迷信，军中一定要有搞迷信的专家。

（2）搞迷信的专家，一定要严密监视，控制起来，有什么情况，只向将军汇报，不能到外边乱讲。

（3）依托鬼神，愚弄官兵，很有必要，但不能过分。凡扰乱军心者，一旦查出来，杀无赦。

11.5　吾士无余财，非恶货也；无余命，非恶寿也。令发之日，坐者涕沾襟，偃卧者涕交颐，投之无所往，诸、刿之勇也。故善用兵者，譬如率然。率然者，常山之蛇也。击其首则尾至，击其尾则首至，击其中则首尾俱至。敢问〔兵〕可使如率然乎？曰：可。夫吴人与越人相恶也，当其同舟济而遇风，其相救也如左右手。是故方马埋轮，未足恃也；齐勇若一，政之道也；刚柔皆得，地之理也。故善用兵者，携手若使一人，不得已也。

这段话是讲“齐勇之政”。

人，勇怯不同，怎么把胆大的跟胆小的搁一块儿，整治得好像一个人一样，这是管理学的尖端。

（1）“吾士无余财，非恶货也；无余命，非恶寿也”，是说我们的士兵都是普通人，他们没有多余的钱财，不是因为他们讨厌值钱的东西；他们没有多余的生命，不是因为他们厌世轻生，不想多活。士兵也是人，人心都是肉长的，他们也想像其他人一样，希望在这个世界上多活一天是一天。

（2）“令发之日，坐者涕沾襟，偃卧者涕交颐，投之无所往，诸、刿之勇也”，是说战斗的命令下达之日，我们的士兵也知道，这一去恐怕就回不来了。他们也怕死，他们也不愿意死，坐着的把衣裳都哭湿了，躺着的也泪流满面。但将军一旦把他们投入战场，他们却非常勇敢，简直和专诸、曹刿一样，勇不可当。“诸、刿之勇”，“诸”是专诸，“刿”是曹刿（刿音guì）。中国古代的恐怖分子，名气最大，要数司马迁笔下的五大刺客：曹沫、专诸、豫让、聂政、荆轲（《史记·刺客列传》），如果加上要离，就是六个人。这六个人，年代最早是曹沫和专诸。曹沫比孙武早，专诸和孙武年代相近。曹沫就是这里的曹刿。曹刿是春秋中期的鲁国人，出身卑贱，以勇力事鲁庄公。他的事迹，主要是两件事，一件是长勺之战，打败齐国，见于《左传》庄公十年；一件是柯之盟，齐国和鲁国在柯签订不平等条约，曹刿用匕首劫持齐桓公，迫使他退还鲁国的土地，见于《史记·刺客列传》。上海博物馆藏楚简有一篇佚书，叫《曹沫之陈》，[1]就是他的兵法。专诸为春秋晚期人，是吴王阖闾即位前，替他刺杀王僚的亡命徒。

（3）“故善用兵者，譬如率然。率然者，常山之蛇也。击其首则尾至，击其尾则首至，击其中则首尾俱至。敢问〔兵〕可使如率然乎？曰：可”，这是拿蛇打比方。作者说，善用兵者就像“率然”。《孙子》说，“率然”是“常山之蛇也”。“常山”，简本作“恒山”，恒山改常山，是避汉文帝讳。这个恒山，不是山西浑源的恒山，而是河北曲阳的恒山。山西的恒山，是清代才定为北岳。清代以前的北岳在今

1　马承源主编《上海博物馆藏战国楚竹书》（四），上海：上海古籍出版社，2004年，239—285页。

河北曲阳县。“率然”本来是形容动作的灵活自如，这里用作蛇的名称。蛇的身体构造很特别，可以首尾相顾，很灵活，打它的头，尾巴会来救；打它的尾巴，头会来救。作者问，军队也能训练成这个样子吗？他说能。

（4）“夫吴人与越人相恶也，当其同舟济而遇风，其相救也如左右手”，这段话提到吴越相仇，很重要，说明《孙子》确实与吴国有关。春秋晚期，吴国和越国是老仇人。但有趣的是，如果同舟而济，遇上风暴，他们也会互相救助。原因是环境使然。“同舟共济”这个成语，就是从这个比喻而来。

（5）“是故方马埋轮，未足恃也；齐勇若一，政之道也；刚柔皆得，地之理也”，“方马埋轮”，是把马头连在一起，车轮埋住，防止溃散。作者说，这种办法靠不住。要使三军之众互相救助，有如一人，主要靠两样，一是上下协同，二是环境逼迫。“齐勇若一”是讲协同。三军之众，勇怯不一，要想整齐化，把他们整治得像一个人一样，全靠协同。协同属于管理，作者叫“政之道也”。“刚柔皆得”是讲地理。《孙子》治兵，是靠地理。古人说，“立天之道，曰阴与阳；立地之道，曰柔与刚”（《说卦》）。天道叫“阴阳”，地道叫“刚柔”。“刚柔”就是地道的“阴阳”。

（6）“故善用兵者，携手若使一人，不得已也”，是说协同靠什么？靠“不得已”。“不得已”这个词，《九地》一共出现过三次，下文还有两次。

这段话提到“诸、刿之勇”，“诸、刿之勇”很重要。它既可以是匹夫之勇，也可以是三军之勇。

曹刿本人，就既是刺客，也是兵家。

我国兵法，其他兵书也有类似说法。如：

> 今使一死贼伏于旷野，千人追之，莫不枭视狼顾。何者？恐其暴起而害己也。是以一人投命，足惧千夫。今臣以五万之众，而为一死贼，率以讨之，固难敌矣。（《吴子·励士》）

> 一贼仗剑击于市，万人无不避之者。臣谓非一人之独勇，万人皆不肖也。何则？必死与必生，固不相侔也，听臣之术，足使三军为一死贼，莫当其前，莫随其后，而能独出独入焉。独出独入者，王霸之兵也。（《尉缭子·制谈》）

《孙子》《吴子》《尉缭子》是中国最有名的兵书。

它们都把“死贼”当作治兵的理想。

吴起是最有名的兵家。他死到临头，还玩兵法：

> 荆王死，贵人皆来。尸在堂上，贵人相与射吴起。吴起号呼曰：“吾示子吾用兵也！”拔矢而走，伏尸插矢，而疾言曰：“群臣乱王，吴起死矣。”且荆国之法，丽兵于王尸者尽加重罪，逮三族。吴起之智，可谓捷矣。（《吕氏春秋·贵卒》）

11.6　将军之事，静以幽，正以治。能愚士卒之耳目，使之无知；易其事，革其谋，使（人）〔民〕无识；易其居，迂其途，使（人）〔民〕不得虑。帅与之期，如登高而去其梯；帅与之深入诸侯之地，而发其机。若驱群羊，驱而往，驱而来，莫知所之。聚三军之众，投之于险，此将军之事也。

这段话是讲“将军之事”。

（1）“将军之事，静以幽，正以治”，“将军之事”是讲将军带兵的诀窍；“静以幽，正以治”是“静而幽，整而治”。“静而幽”是不露声色，却把什么都整治得井井有条。

（2）“能愚士卒之耳目，使之无知；易其事，革其谋；使（人）〔民〕无识；易其居，迂其途，使（人）〔民〕不得虑”，是讲愚兵，什么事都瞒着他们，让他们无知无识，无忧无虑。怎么瞒他们？一是不断变更作战行动和作战计划；二是不断变更宿营地和行军路线，让士兵不知上什么地方。这是说“走”要瞒。

（3）“帅与之期，如登高而去其梯；帅与之深入诸侯之地，而发其机”，是说如何向会战地点集结，如何发起总攻，也要瞒着士兵。“帅”即将军。“期”是期会，分进合击，向会战地点集中。“如登高而去其梯”，是用登高去梯比喻率兵深入，断其后路。这种计，《三十六计》叫“上屋抽梯”（第28计）。“发机”，本指扣动弩机，把箭射出去。如《势》篇的“势如彍弩，节如发机”就是这个意思。这里指投入决战，发起总攻。

（4）“若驱群羊，驱而往，驱而来，莫知所之”，这是把带兵比作赶羊。将军好比牧羊人，士兵好比羊。羊，被人赶过来，赶过去，它们自己并不知道上哪儿去。

（5）“聚三军之众，投之于险，此将军之事也”，是说把三军之众，聚在一起，投入危险的环境，这才是带兵的终极目标。

作者的话很清楚，什么是“将军之事”？主要就是四个字，“愚兵投险”。

11.7　九地之变，屈伸之利，人情之理，不可不察也。

这是上半篇的总结。

“九地之变”，就是第一段后一半的九句话。

“屈伸之利”，是说凡事都有常有变，有伸有缩，有通例，有变例，《九变》篇（见下一讲）有五个“有所不”，就是讲“屈伸之利”。

“人情之理”，就是第四段的“投之无所往，死且不北。死焉不得，士人尽力。兵士甚陷则不惧，无所往则固，入深则拘，不得已则斗”。

这是上文的三个要点。

11.8 凡为客之道，深则专，浅则散。去国越境而师者，绝地也。四通者，衢地也。入深者，重地也。入浅者，轻地也。背固前隘者，围地也。无所往者，死地也。

这是下半篇的开头。作者再申“为客之道”和“九地之名”。其中“凡为客之道，深则专，浅则散”是对应于上半篇的第三段，其他是对应于上半篇的第一段。

（1）“凡为客之道，深则专，浅则散”，就是上文的“凡为客之道：深入则专”。

（2）“去国越境而师者，绝地也”，“去国越境而师者”，是指离开己国，进入敌国。“绝地”与“散地”相反，是客地的统称，其实也就是敌境。“绝”有隔绝、断绝等义，这里指与后方隔绝。上文无“绝地”，这里才出现。

（3）“四通者，衢地也”，是一种四通八达的地方。“衢”的本义是四通八达的路。上文作“诸侯之地三属，先至而得天下之众者”，是一种多国交界、人口众多的地方。

（4）“入深者，重地也”，是入人之地深。上文作“入人之地深，背城邑多者”，意思差不多。

（5）“入浅者，轻地也”，是入人之地浅。上文作“入人之地而不深者”，意思差不多。

（6）“背固前隘者，围地也”，“背固”是背负险阻，没有退路，要想撤退，只能绕道而归；“前隘”是前有入口，非常狭窄，好像葫芦口。上文作“所由入者隘，所从归者迂，彼寡可以击吾之众者”，意思差不多。

（7）“无所往者，死地也”，是被敌人铁桶合围，连一个出口都没有。上文作“疾战则存，不疾战则亡者”。死地是走投无路。没有路，怎么办？只有下定决心，拼死一战，所以叫“死地”。

最后这一条，简本不一样，是作“倍（背）固前敌者，死地也。毋（无）所往者，穷地也”。它的意思是说，死地和围地不一样，前面不是隘口，而是拦路的敌军。“无所往者”反而是搁在下一句，多出一个“穷地”。

这里的七地，绝地是多出来的，兼包轻、重二地；衢、重、轻、围、死五地是重出；缺散、争、交、氾四地。

11.9　是故散地吾将一其志，轻地吾将使之属，争地吾将趋其后，交地吾将（谨其守）〔固其结〕；衢地吾将（固其结）〔谨其守〕，重地吾将继其食，（圮）〔氾〕地吾将进其途，围地吾将塞其阙，死地吾将示之以不活。

这是再申“九地之变”。

读这九句话，要和第一段的九句话对比。

（1）“是故散地吾将一其志”，“散地”是在本国作战，士卒恋土，人心涣散，应使之专一。“散”的反义词是

“专”。上文作“无战”，是说本土作战不好，从负面讲；这里作“一其志”，则从正面讲。

（2）“轻地吾将使之属”，“轻地”是初入敌境，其心未专，容易掉队，应使之连属。上文作“无止”，是说不要停下来；这里作“使之属”，是怕有间断，意思也是一反一正。

（3）“争地吾将趋其后”，“争地”是两国必争之地，如果敌人已经占领，就不要再从正面进攻，而是赶快迂回其后，绕到后面打。上文作“无攻”，是强调不要从正面进攻；这里作“趋其后”，是强调迂回其后。简本作“争地吾将使不留”，似乎有误。

（4）“交地吾将（谨其守）〔固其结〕”，“交地”是敌我双方交界的地方，前后方的连接点，一定要占据要津，固守之。上文作“无绝”，是强调道路通畅，这里作“固其结”，是强调固守要津。

（5）“衢地吾将（固其结）〔谨其守〕”，“衢地”是多国交界，先敌到达可以得天下之众的地方，这种地方是外交上的敏感点。上文作“合交”，是强调与邻国搞好外交，这里作“谨其守”，是强调小心把守。这两句，简本和今本相反，“守”作“恃”，这里是根据简本的顺序。

（6）“重地吾将继其食”，“重地”是深入敌境。深入敌境，最大问题是难以补给。上文作“掠”，是讲抢粮食；这里作“继其食”，是讲补充粮食，意思是一样的。

（7）“（圯）〔氾〕地吾将进其途”，“氾地”是难以行军的地方，只有从小路转入大路才能脱离困境。上文作“行”，是强调赶紧离开，不要逗留；这里作“进其途”，是强调离开小路后，要赶紧转入大路。

（8）“围地吾将塞其阙”，“围地”是出口狭窄、难以突围的地方。《军争》篇说，“围师必阙”。如果敌用此，故意留下缺口，专等我从缺口突围，钻出来再打，我方还从这个出口突围，就是正中敌人的下怀。其反制措施，是把这个出口堵死，让士兵绝境求生，作拼死一战。上文作“谋”，是强调动脑筋，设计突围；这里作“塞其阙”，是说把出口堵死，令士兵作拼死斗。

（9）“死地吾将示之以不活”，“死地”是不战则死的地方。上文作“战”，是强调拼死一战；这里作“示之以不活”，是示敌以必死，意思是一样的。

《九地》论战，偏爱为客，认为离家门越远，士兵越勇敢。绝地比散地好，重地比轻地好；围地和死地，是绝境中的绝境，更好。如果相反，敌人深陷重围，一定要留缺口；敌人走投无路，不要苦苦相逼。

11.10　故兵之情，围则御，不得已则斗，过则从。

这是再申“人情之理”。

“兵之情”就是上半篇讲的“人情之理”，也是讲士兵的心理。

“围则御，不得已则斗，过则从”，是说陷入包围就会自动抵抗，万不得已就会拼死搏斗，过分危险就会言听计从。这三句话与上半篇讲的“兵士甚陷则不惧，无所往则固，入深则拘，不得已则斗”大体相同。

11.11　是故不知诸侯之谋者，不能预交；不知山林、险阻、沮泽之形者，不能行军；不用乡（向）导者，不能得地利。四五者，一不知，非（霸王）〔王霸〕之兵也。夫（霸王）〔王霸〕之兵，伐大国，则其众不得聚；威加于敌，则其交不得合。是故不争天下之交，不养天下之权，信己之私，威加于敌，故其城可拔，其国可隳。

这是再申“待敌之法”。

（1）“是故不知诸侯之谋者，不能预交；不知山林、险阻、沮泽之形者，不能行军；不用乡（向）导者，不能得地利”，《军争》篇已经出现过，除了“预”作“豫”，完全一样。

（2）“四五者，一不知，非（霸王）〔王霸〕之兵也”，“四五者”，不是准确数字，只是泛指上文所说。“王霸”，今本作“霸王”，简本作“王霸”，应按简本改正，作“王霸”。“王霸”的意思是“王”和“霸”。“王”是天下共主，具有唯一性，古人也叫“天子”。“霸”只是称霸一方的霸主。“霸”即“伯”（两字是通假关系）。“伯”是兄弟行辈中的老大。诸侯之长也叫“伯”。比如周文王，原来叫“西方伯”或“西伯”，就是“西土”（今陕西境内）的老大。当时的王是商王。在商王面前，他还是臣。春秋五霸，“霸”还是这种概念，如齐桓、晋文称霸，这种霸就是类似西方伯那样的伯，周天子是那时的王。战国七雄，称霸不过瘾，后来有五国相王，齐、秦称帝。霸而称王，王而称帝，“王”和“霸”的概念才有所混淆。“王霸”，先秦古书也作“霸王”（如《左传》闵公元年、《礼记·经解》、《孟子·公孙丑上》），但这种“霸王”只是“王霸”的另一种说法，“霸”和“王”仍是并列关系，和汉人使用的“霸王”还不太一样。司马迁说，越王勾践号称“霸王”（《史记·越王勾践世家》）、项羽号称“西楚霸王”（《史记·项羽本纪》），这种“霸王”才和今语“霸王”比较接近。

（3）“夫（霸王）〔王霸〕之兵，伐大国，则其众不得聚；威加于敌，则其交不得合”，“伐大国，则其众不得聚”属于“伐兵”；“威加于敌，则其交不得合”属于“伐交”。这两条分不开。“伐兵”对“伐交”有用，“伐交”对“伐兵”也有用。“威加于敌”是以实力为后盾的战略威慑。战略威慑是大国的“诈”，大国的战略也有“诈”。

（4）“是故不争天下之交，不养天下之权，信己之私，威加于敌，故其城可拔，其国可隳”，还是强调实力威慑。“交”是外交，“权”是强权。作者说，不争取天下各国的外交支持，也不侍奉天下的强权，靠什么？靠的是实力。“信己之私，威加于敌”，“信”是伸的意思，它是说，只要有实力，我国就可以按我国的利益办事，把我国的意志强加于敌国，想拔除它的列城就拔除它的列城，想毁灭它的国都就毁灭它的国都。春秋战国时期，只有国都才叫“国”，其他城邑是叫“城”，也叫“列城”。“隳”（音huī），同堕。“堕”字是个专门用于表示摧毁城墙的词，可见这里的“国”不是整个国家，而是它的首都。

11.12　施无法之赏，悬无政之令。犯三军之众，若使一人。犯之以事，勿告以言；犯之以利，勿告以害。投之亡地然后存，陷之死地然后生。夫众陷于害，然后能为胜败。

这是再申“将军之事”，讲将军用什么约束士兵。

（1）“施无法之赏，悬无政之令”，是说高明的将军，不靠赏罚和命令去约束士兵，而是用危险的环境去约束士兵。什么是“无法之赏”？什么是“无政之令”？就是下文的“亡地”“死地”。

（2）“犯三军之众，若使一人。犯之以事，勿告以言；

犯之以利，勿告以害”，是说当将军的把三军之众管得像一个人一样，主要靠两条，一是靠你干什么，而不是说什么；二是只跟士卒讲好处，不跟他们讲坏处。“犯”同范，是约束的意思。

（3）“投之亡地然后存，陷之死地然后生”，是说把士兵投入险境，陷入绝境，让他们彻底断绝侥幸逃生的念头，他们才会奋勇杀敌。

（4）“夫众陷于害，然后能为胜败”，是说把士兵陷于危险，才能与敌决战，定出胜负。

11.13　故为兵之事，在于顺详敌之意，并敌一向，千里杀将，是谓巧能成事。是故政举之日，夷关折符，无通其使，厉（励）于廊庙之上，以诛其事。敌人开阖，必亟入之。先其所爱，微与之期，践墨随敌，以决战事。是故始如处女，敌人开户；后如脱兔，敌不及拒。

最后这段话，我们要注意。

这可是《九地》篇的最后一段话，也是第三组的最后一段话，《孙子》全书，讲来讲去讲到这儿，基本上已经讲完了。后面两篇，只是补充。

上文讲开进，从自己的国家到敌人的国家，由浅入深，由表及里，长途跋涉，已经到达敌国的腹地。这是最后的地点，最后的时刻，目标已经出现，决战就要开始，剩下的事，只有一个字："打。"

前面讲"走"，这里讲"打"，最后是落实于"打"。

这里是讲最后的决战。

作者讲决战，主要讲两点，一是隐蔽性，二是突然性。就像狙击手藏在草丛中，让敌人看不见，瞄准目标，随时准备扣动扳机。

这段话可以分为五层：

（1）"故为兵之事，在于顺详敌之意，并敌一向，千里杀将，是谓巧能成事"，是说与敌决战，一定要巧，既有隐蔽性，也有突然性。"顺详敌之意，并敌一向"，是摸清敌人的意图，悄悄尾随敌人，这是隐蔽性。"千里杀将"，是从千里之外，突然出现在敌人面前，杀掉对方的将军，这是突然性。这里，"为兵之事"的"事"，"巧能成事"的"事"，都是指决战。

（2）"是故政举之日，夷关折符，无通其使，厉（励）于廊庙之上，以诛其事"，是讲决策的隐蔽性。"是故政举之日，夷关折符，无通其使"，是说一旦决定开战，就要关闭所有关口，吊销往来的通行证，断绝两国使者的往来，做到行动绝对保密。"厉（励）于廊庙之上，以诛其事"，是说国君在廊庙之上，向将军做最后的交代，再三勉励，让他一定要取得成功。"廊庙"是朝廷。"诛"是责成之义。"以诛其事”的“事”也是指最后的决战。

（3）“敌人开阖，必亟入之”，是讲开进的隐蔽性。“敌人开阖”，即敌人开门，敌人开户。阖（音hé），指门户。“开阖”就是下文的“开户”。意思是，敌人一开门，就要迅速钻进去。

（4）“先其所爱，微与之期，践墨随敌，以决战事”，是讲到达的隐蔽性。“先其所爱”就是上文的“先夺其所爱”，是先敌到达敌人想到的地方。《军争》篇讲的两军争胜，就是争这个“先”，有“先”才有“胜”。“微与之期”，是暗地等待敌人前来。“践墨随敌”，是顺着敌人的行军路线，好像木匠按照墨斗画出的线来锯木头，紧紧咬住敌人。“以决战事”，是最后与敌决战。

（5）“是故始如处女，敌人开户；后如脱兔，敌不及拒”，是讲发起进攻的隐蔽性和突然性。“始如处女”，是说没有发起进攻，很安静，好像没过门的大姑娘，含羞带怯，具有隐蔽性和欺骗性。“后如脱兔”，是说一旦发起进攻，却像兔子，撒腿就跑，挡都挡不住。一者喻其静，一者喻其动。静是隐蔽性，动是突然性。

前面，《势》篇有“势如彍弩，节如发机”，“其势险，其节短”等语，这里是类似的比喻。

《孙子》全书的写法也是这样。它也是由静到动。讲到这里，才把“兔子”放出来。

九变第八

——兵家最忌死心眼（九变、五利和五危）

关于《九变》篇，我想讲三个印象。当年读《孙子》，我就有这三个印象。

（一）《孙子》十三篇，《九变》最短

《孙子》全书，宋代三个本子，都在6000字左右（5967或5965或6007字），哪篇最长？哪篇最短？答案是《九地》最长，《九变》最短。《九地》有1059字或1070字，约占全书的17.7%。《九变》有240字或248字，约占全书的4%。后者还不及前者的1/4。[1]

（二）《孙子》十三篇，《九变》最乱

这篇文章有四小段，每段话相对独立，各说各话，没有起承转合，没有前后照应，上下文是什么关系？大家说不清。

（三）《孙子》十三篇，《九变》最怪

第一怪，是这篇文章的头一段有13句，前三句见于《军争》篇。《军争》篇的开头五句话是"凡用兵之法，将受

1　李零《〈孙子〉十三篇综合研究》，北京：中华书局，2006年，241页。案：这里的字数，都是不计重文。

命于君，合军聚众，交和而舍，莫难于军争”，这里只有它的前三句，好像半截掐断没说完，后面的文气接不上。

第二怪，是接下来的后10句，前五句讲五种战地的对策，是一层意思；后五句讲五种有所变通，是另一层意思。前五句，明显是抄《九地》篇，字句和次序有差异，但无疑和《九地》篇有关。

第三怪，是这篇文章的第二段，其中有“九变”“五利”二词。什么是“九变”，原文没有解释；什么是“五利”，原文也没有解释。《九变》篇为什么叫“九变”，大家连题目都说不清。

这篇文章怎么读，下面再讨论。这里只简单讲两句，算个提示。

我请大家注意：

（1）《九变》篇的“九变”就是《九地》篇的“九地之变”，这里讲了其中的四种，多出的“绝地无留”也是《九地》中的概念，全都跟《九地》有关。

（2）“五利”就是这里讲的五种“有所不”，《九地》篇叫“屈伸之利”。

（3）“五危”是和“五利”相反。“五利”是“有所不”，“五危”是非什么不行。

前面，我们说过，兵家是一种思维方式，挑战—应战，在激烈对抗中，不断调整，“变”是它的一大特点。什么是

“变”？“变”就是不要死心眼，非什么不可，而是有所伸缩，有所变通。

这是此篇最重要的想法。

我把《九变》分为四段：

第一段，讲“九地之变”（节抄）和五个“有所不”。

第二段，讲“九变”“五利”。

第三段，讲“智者之虑”。

第四段，讲“将有五危”。

8.1 孙子曰：

凡用兵之法，将受命于君，合军聚众。（圮）〔氾〕地无舍，衢地合交，绝地无留，围地则谋，死地则战。途有所不由，军有所不击，城有所不攻，地有所不争，君命有所不受。

第一段话有13句。它由三部分组成：

（一）头三句，是“凡用兵之法，将受命于君，合军聚众”。

这三句话和《军争》篇的开头一模一样。《军争》篇的开头有五句话，“凡用兵之法，将受命于君，合军聚众，交和而舍，莫难于军争”。这五句话的意思是，整个战争，从“将受命于君，合军聚众”一直到“交和而舍”，所有的事，没有一件比军争更难。这段话，意思很完整，意思很连贯。如果少了后两句，意思就不完整了，和下面的话也接不上。可见《九变》篇的这段文字有问题，不是重出，就是残缺。

（二）次五句，是“（圮）〔氾〕地无舍，衢地合交，绝地无留，围地则谋，死地则战”。

这五句和《九地》篇讲“九地之变”的话非常相似。《九地》篇说的“九地之变”是“是故散地则无战，轻地则无止，争地则无攻，交地则无绝，衢地则合交，重地则掠，（圮）〔氾〕地则行，围地则谋，死地则战”，这里只摘抄了其中的四句，并加了“绝地无留”。下面是对照：

《九变》	《九地》
（圮）〔氾〕地勿舍	（圮）〔氾〕地则行
衢地合交	衢地则合交
绝地无留	争地则无留（简本） 去国境而师者，绝地也（今本）
围地则谋	围地则谋
死地则战	死地则战

（1）“（圮）〔氾〕地”行，左栏的“勿舍”和右栏的“则行”，意思是一样的。

（2）“衢地”行，左栏和右栏基本一样。右栏只是多了一个“则”字。

（3）“绝地”行，“绝地”不在九地之数，但却是《九地》篇中的词。《九地》篇无“绝地无留”，但有“去国境而师者，绝地也”。“绝地”是所有客地的统称。“无留”也出现于该篇简本（虽然是放在“争地”下）。无论如何，还是和《九地》有关。

（4）“围地”行，完全一样。

（5）“死地”行，完全一样。

这段话，九地不全，没提“散”“轻”“争”“交”“重”五地，次序也不同。九地只选四地，再加“绝地”，一共是五地。

（三）末五句，是“途有所不由，军有所不击，城有所不攻，地有所不争，君命有所不受”。

这五个“有所不”，和上面五句完全不一样，句式不同，内容也不一样。它的五句，彼此是并列关系，也不能拆开。所谓“有所不”，是对常例而言。常例，路必走，军必击，城必攻，地必争，君命要绝对服从。这五句话，是讲反例。每一条都是例外。

“有所不”和“必”正好相反。

上面三部分，前三句，有点莫名其妙，这里不去管。我们要讨论的是后面十句话。

这十句话，从曹注起，就有两种不同解释。

一种是“九变”说，曹操说，“变其正，得其所用九也”。这段话什么意思？不清楚。王皙说，“不知曹公谓何为九？或曰：九地之变也”。[1]

一种是“五变”说，曹操说，“谓下五事也，九变，一云五变”。这段话什么意思？也不清楚。张预说，“曹公言‘下五事’为五利者，谓九变之下五事也，非谓‘杂于利害’已下五事也”。他是把这十句话中的前五句当作“五变”，后五句当作“五利”。[2]

读《十一家注孙子》，我们不难发现，唐宋注家分两大派。他们的说法彼此不一样，但基本上是在两种说法里兜圈子：

（1）“九变一结”说（李筌、贾林、何延锡），是把这十句中的前九句当“九变”，而把最后一句当结语。“九变”是“（圮）〔氾〕地无舍，衢地合交，绝地无留，围地则谋，死地则战，途有所不由，军有所不击，城有所不攻，地有所不争”。“一结”是“君命有所不受”。

（2）“五变五利”说（梅尧臣、张预、郑友贤），是把这十句中的前五句当“五变”，而把后五句当“五利”：“五变”是“（圮）〔氾〕地无舍，衢地合交，绝地无留，围地则谋，死地则战”；“五利”是“途有所不由，军有所不击，城有所不攻，地有所不争，君命有所不受”。

“九变一结”说，是从曹注“九变”说发展而来。

1　这两条注文都注在篇题下。

2　这两条注文都注在“不能得人之用矣”下。

“五变五利”说，是从曹注“五变”说发展而来。

他们都注意到，《九变》和《九地》有关，“九变”就是“九地之变”，“五变”是“九变”的摘抄（但有差异）。

除去这类说法，还有一种说法，是宋以后的新解。提出者是元代的张贲，发扬者是明代的刘寅和赵本学。这种新说，可称“错简”说。

张贲的注已经失传，他的说法还保存在刘寅的书里。

刘寅的书，叫《武经七书直解》，一般简称为《直解》。

赵本学的书，叫《孙子校解引类》，一般简称为《校解》。

刘寅等人，注重义理，反对“有一句解一句”（《直解》的《孙武子·九变》），是他们的优点。但他们偏爱理校，乱改古书，不可取。

他们读古书，有一个信念：只要是文章，不管是古人写的，还是今人写的，总要文通字顺，凡是读不通的地方，肯定有“错简”问题。古代的书是用竹简编联，用得久了，难免简编散乱，重新编起来，简的顺序很可能会放错位置，造成读不通，读不懂。这就是他们理解的“错简”。

文章有“错简”，怎么办？他们的想法很简单，就是按文章的条理重新复原。重出的文句，要考虑删；位置“不合理”，要考虑搬（搬到“合理”的位置）；该合并的地方，也要合并。一直改到“文通字顺”。

“错简”说，和唐宋注家关注点不同。刘寅等人，他们注意的不是《九变》和《九地》的关系，而是《九变》和《军争》的关系。

他们的看法是：

（1）《九变》第一段的前三句，“凡用兵之法，将受命于君，合军聚众”，与《军争》篇重出，第一句是《孙子》每篇开头都要讲的话，可以保留，其他两句，是《军争》篇的“错简”，应该删除。

（2）这三句后的五句，“（圮）〔氾〕地无舍，衢地合交，绝地无留，围地则谋，死地则战”，只有“绝地无留”不见于《九地》，其他四句皆与《九地》重出，也肯定是《九地》篇的“错简”，应该删除。

（3）删去上面的句子，《九变》第一段就只剩七句话：“凡用兵之法……绝地无留……途有所不由，军有所不击，城有所不攻，地有所不争，君命有所不受。”什么是“九变”就成了问题，怎么办？他们说，可以用《军争》篇的最后一段来补。《军争》篇，最后八句话是“高陵勿向，背丘勿逆，佯北勿从，锐卒勿攻，饵兵勿食，归师勿遏，围师必阙，穷寇勿迫”，句式与“绝地无留”相像。他们说，《军争》《九变》既然相邻，前者的篇尾和本篇的开头容易窜乱。这八句话肯定是《九变》篇的“错简”。我们只要把这八句话搬过来，放在本篇“凡用兵之法”的后面、“绝地无留”的前面，与“绝地无留”合起来，就凑够了“九变”。

《直解》和《校解》，影响很大，不仅在中国影响大，在日本也影响很大。很多注本都采用这种改动。其实，这种改动并不对。

过去的讨论，问题在哪里？我的评价是：

“九变一结”说，不合适，原文十句话，明明是“前五后五”，非得说是“九加一”，没道理。更何况，“五利”往哪儿摆，也是问题。

“五变五利”说，比前者好一点儿，但“五变”既然是摘抄“九地之变”，便和《九地》重合，《九变》还有什么独立意义？更何况，抄下来的东西怎么反而在被抄的东西前面，也是问题。

“错简”说，太主观，太武断。“绝地无留”，虽然不是原封不动抄《九地》，但这个词还是《九地》篇固有，它和《九地》有关，还是无法否认。更何况，《军争》的尾巴就是《九变》的开头，这种猜测也毫无根据。

古人的说法，哪些对？哪些不对？不仅要看传世的文本，还要看一下出土的文本。

现在，银雀山汉简已经出土，对校正我们的认识有帮助，我把我的印象讲一下。

第一，简本《军争》篇，篇尾虽不全，但最后一简还在，作“倍（背）丘勿迎，详（佯）北勿从，围师遗阙，归师勿遏，此用众之法也。四百六十五”。它可以证明，《军争》最后的八句话绝不是《九变》篇的错简，因而张贲、刘寅、赵本学的改动是不能成立的。

第二，简本与《九变》对应的一篇，篇题未见，字句残缺得太厉害，篇题木牍也没留下它的题目，但留下的东西，和今本出入不大。我猜测，很可能，西汉早期，简本已经就是现在这个样子。

第三，银雀山汉简有一个佚篇，叫《四变》。整理者认为，这是《吴孙子》的佚篇。题名《四变》，是整理者根据内容加上去的，并不是原来的篇名。这篇东西，主要是解释“途有所不由，军有所不击，城有所不攻，地有所不争，君命有所不受”，每条各是一段。它的第五句，原文的解释是，“军令有反此四变者，则弗行也”。这种说法，有点像李筌等人的“九变”说，也是把“君命有所不受”看作前四句的结语。但它只涉及这五句，不包括《九变》篇的其他部分。它讲的是“四变”，还不是“九变”。我是把它看作《九变》篇的注释。这个注释比曹注还早，但未必比《九变》的原文早。

说到“错简”，我想说几句。这个词，大家用得很滥，其实很有问题。很多做古文献研究的，都爱使用这个词，特别是用于校勘古书。他们把表面上看似乎位置不对的词句一律叫作“错简”。这是误用。

我们要知道，简册抄写，都是一根一根连着抄，上一根的结尾是接着下一根的开头，每根简能抄多少字，大体相等。如果简编散乱，重新编联，就像我们整理出土简册那样，你会发现，没有关系的两根简，一根的结尾和另一根的开头，拼在一起还能读，几率很低，除极个别巧合，都无法通读。这种错简才是真正意义上的错简。

“错简”这个词，现在的用法，是个由来已久的错误，积非成是，已经没法改。大家说的“错简”，其实并不是错简，而是章句割裂。它是把本来按一定顺序编好的话，一段一段拆开来，重新组装，跟简的位置和顺序根本无关。[1]我们要知道，古书的最小单位是字，比它大一点儿是句，再大一点儿是章（章节或段落）。古书都是联字成句，联句成章，联章成篇，联篇成书。篇和篇，是分开抄；章和章，有时分开抄，有时用章句号点开，连着抄。只有同一章里的句和句，完全是连着抄。

我们要知道，先秦古书，除年代较晚的一批作品，很多文章，比较原始，还有记录的痕迹，本来就是用零章碎句凑起来的，编比写更重要。这样的文章，往往缺乏环环相扣、一气呵成的脉络，好拆也好装。它和现在的书不一样，不但篇可以移动，段落可以移动，句子也可以移动。这种移

1 李零《〈孙子〉十三篇综合研究》，364—367页。

动，跟竹简的编排无关，就像我们在电脑上改文章，都是板块移动。

这种情况，根本不该叫“错简”。

古人写文章，不是像我们这样写，打好腹稿，一口气往下写。它们往往是编起来的，凑起来的。我们不能按我们的标准来要求古书，只要我们觉得不通顺，就替古人改文章，想删就删，想改就改，想移就移，想并就并。一直到我们认为通顺了才满意，那不叫校勘，而叫新编。

研究《九变》和《九地》的关系，我有一种怀疑，《九地》可能是《孙子》各篇大体编定后，最后剩下来的材料，整理工作有点差，因此结构松散，前后重复。《九变》又是从《九地》分出的一部分。

《九变》是一篇糊涂文章，单独讲，很麻烦，连题目都成问题。但是，我们把它和《九地》放在一起读，还是可以理解它的大致含义。

古书编成这样，并不奇怪，可能早就如此，根本用不着大惊小怪。

8.2　故将通于九变之利者，知用兵矣；将不通九变之利，虽知地形，不能得地之利矣；治兵不知九变之术，虽知五利，不能得人之用矣。

这里出现“九变”。什么是“九变”，原文没有解释。它提到“五利”，也没有解释。我们最好分析一下。

第一，《孙子》讲实战，总是强调人、地结合。这段话可以分为两层意思，一层讲“地之利”，一层讲“人之用”，两者是放在一块儿讲。它讲“地之利”的一段，有“通”和“不通”之异，两者是对着讲；讲“人之用”的一段，只说“不知”，没讲“知”。

第二，作者讲“九变之利”，显然与“地形”有关。他说，将通“九变之利”，才算懂用兵，可见反过来，将不通“九变之利”，就是不懂用兵。懂用兵怎么样，原文没有说，但从下文看，应该是既知人，又知地，所以能得“地之利”。不懂用兵怎么样，原文说“虽知地形，不能得地之利矣”，大概是光知地，不知人。地形离开人，也就谈不上“地之利”。

第三，作者说“治兵不知九变之术，虽知五利，不能得人之用矣”，这是讲“不知”。反过来，如果“知九变之术”，肯定是“能得人之用矣”。“治兵”是带兵，和人关系更大，但人和地分不开。只有考虑到地形的作用，才能把兵带好。“九变之术”和地形有关，对带兵很重要。

第四，作者说的“九变”应该就是上文第一段摘述的五种“九地之变”，“五利”应该就是上文列举的五种“有所不”。“有所不”是说要有伸缩余地。“五变五利”说已经指出,《九地》篇说的“九地之变,屈伸之利,人情之理”和这里有关。我理解,这里的五种“有所不”就是五种“屈伸之利”。

8.3　是故智者之虑,必杂于利害。杂于利而务可信也,杂于害而患可解也。是故屈诸侯者以害,役诸侯者以业,趋诸侯者以利。故用兵之法,无恃其不来,恃吾有以待之;无恃其不攻,恃吾有所不可攻也。

古代研究人,有两种,一种是心性派,它是从道德伦理研究人,喜欢讲“小道理管大道理”;一种是制度派,它是把人当“政治动物”“经济动物”看待,喜欢讲“大道理管小道理”。兵法属于后一种,它看重的是实用,讲究的是利益驱动。

这篇文章,一共240来字,其中就有7个“利”字。《孙子》推崇“兵以利动”,权衡利害,是它的基本出发点。

“是故智者之虑,必杂于利害”,是说智者之虑,一定要兼顾“利”“害”。什么事都既要考虑“利”,也要考虑“害”,不能只顾一方面。

“杂于利而务可信也,杂于害而患可解也”,是解释“必杂于利害”,说明“利”有“利”的用处,“害”有“害”的用处,两者都有用,各有各的用。“杂于利”“杂于害”,

之所以两用“杂”字，就是强调利害兼顾，考虑“害”的时候，也要考虑“利”，考虑“利”的时候，也要考虑“害”。“利”的用处是什么？是“务可信”，自己想干什么都能成功。“务”是事务，指想干的事，“信”读伸，是伸展的意思。“害”的用处是什么？是“患可解”，碰到什么麻烦都能化解它。

“是故屈诸侯者以害，役诸侯者以业，趋诸侯者以利”，这三句，还是讲“利”有“利”的用处，“害”有“害”的用处。“诸侯”指列国。“屈”是屈服，“役”是驱使，“业”是事情，“趋”是向敌人进军。这段话的意思是说，用害屈服敌人，让它无法加害于自己；用事调动敌人，让它跟着我们的想法转；用利调动自己的士兵，把进攻的矛头指向敌人。

“故用兵之法，无恃其不来，恃吾有以待之；无恃其不攻，恃吾有所不可攻也”，这是强调素有准备，用实力讲话。《形》篇说，“昔之善战者，先为不可胜，以待敌之可胜”，和这里的意思差不多。

8.4　故将有五危：必死可杀，必生可虏，忿速可侮，廉洁可辱，爱民可烦。凡此五者，将之过也，用兵之灾也。覆军杀将，必以五危，不可不察也。

这段话是讲“将有五危”。

所谓“五危”，是五种性格缺陷或性格弱点，“必死可杀，必生可虏，忿速可侮，廉洁可辱，爱民可烦”。它们的共同点是任性，偏执，走极端，不顾利害。

这些危险，不是来自敌人，而是来自自己。不是来自士兵，而是来自将军。都是由将军自己所造成。

这五句话，前两句是一类，第三、第四句是一类，最后一句是一类。它们，每句话的前两字都是讲将军的性格特点，后两字都是讲敌人怎么对待他，这样做的后果是什么。

“必死可杀”，是说拼命三郎，不怕死，不但不怕死，还一味求死，想死还不容易，那你就等死吧，敌人会把你杀了。

“必生可虏”，是说贪生怕死，但求苟活，这样的人还等什么？敌人会活捉了他。

“忿速可侮”，“忿”是气鼓鼓、怒冲冲；“速”是心急火燎，按捺不住。这种人最禁不起挑逗，禁不起折腾，敌人会故意玩他，逗他，羞他，辱他，成心气死他。

“廉洁可辱”，“廉”是方方正正，有棱有角；“洁”是干干净净，没有污点。“廉洁”是对“贪污”而言，本来是好词，不是性格缺陷，但强调过分，自己把自己捆住，也是一种毛病。语云：“峣峣者易缺，皦皦者易污”（《后汉书·黄琼传》），越是有棱有角，越容易受挫折；越是干干净净，越容易被弄脏。这种人，经常是求荣得辱，死要面子活受罪，反而被敌人捉弄。

“爱民可烦”，“爱民”本来也是好品质，但“爱民”爱得过分也不行，妇人之仁，婆婆妈妈，不识大体，不计代价，后果也很可怕。那样的话，敌人就会没完没了折腾你。比如美国，你不是特惜本国公民的命吗，人家就用恐怖手段对付你。你怕死，人家不怕死。“9·11”之后，各国的机场安检，都不胜其烦，这就是代价。

人都有弱点。比如怕死，怕丢面子，就是常见的两大弱点。我们老家的人说，一百单八将，归根结底，就两条好汉，一条叫不怕死，一条叫不要脸。人，能不能过生死关，能不能过面子关，的确是两道坎。上面的五条，主要是这两条。

战场是个很残酷的地方，专门就是整治这两个弱点的地方。

孔子说，人有四大毛病，一是臆测，二是偏执，三是顽固，四是主观。人要克服这四大毛病，“毋意，毋必，毋固，毋我”（《论语·子罕》）。

“必”就是非什么不可。这种绝对主义，在战场上最要不得。

前面，我们说过，兵法是一种思维方式，这种思维方式的特点，就是没有什么是“非什么不可”。

敌我是动态关系，一切取决于时间，取决于地点，取决于自己的对手。一变全变，没什么是一成不变，上次有效，下次还有效。即使是规则，也有例外，所以要“有所不”。

这对“科学”是很大的挑战，“科学”强调的是可重复性，凡是有效的东西都是永远有效，不能这次灵，下次不灵。但兵法正好相反。它和占卜倒有几分相像，总是允许例外。

郭店楚简《语丛三》有两句话，叫“有所不行，益。必行，损”（简9—16）。“有所不行”，有好处；非什么不行，准吃亏。

上面的五个“有所不”是懂得变通。这种变通之利，借用银雀山汉简的说法，可以叫“五变之利”。

这里讲的“五危”，主要问题是“必”，也可以叫“五必之害”。

死心眼，钻牛角尖，结果是什么？是“覆军杀将”，不但损兵，而且折将，吃亏吃大了。

战国古书，宋人多半是傻子。宋襄公就是这类傻子的代表。宋人是商人的后代，最讲老礼儿。宋襄公讲的老礼儿，是古代的军礼。军礼怎么说，他就怎么办。“兵不厌诈”，就是跟宋襄公这类人拧着来。

所以，这篇的重点，归根结底，就是一句话：

战争最忌死心眼。

第四组：技术组

两种『高科技』：火攻与用间

火攻第十二

——火器时代的序幕（五火之用）

本书最后一组，只有两篇，《火攻》和《用间》。它们各讲一事，跟前面的各篇都不沾边儿，权谋组、形势组、战斗组，哪一组都归不进去。这两篇东西到底讲什么？在《孙子》中如何定位？很长时间，我一直在想，最后找到一个说法，这是两门“高科技”。

我说的“高科技”分两方面，一个方面是武器的使用，一个方面是人的使用，都具有很强的工具性。古代世界，“火”是最厉害的武器，最有发展前途的武器；用人，“用间”学问最大，比一般的用兵学问更大。这是实用性最强、技术性最强的两大学问。

中国古代的技术，原来叫“方术”。“方术”与“道术”不同，“方术”与“文学”也不同。它的特点，不是讲思想，不是讲人文学术，不是讲这些“无用之学”，而是讲各种“有用之学”。兵书、数术、方技，是中国古代的“三大技术”，它们都是非常实际、非常有用的学问。

我把这两篇定为“技术组”，是取“技术”一词的宽义。

前面，我已经介绍过“兵书四门”。中国早期的兵书，《汉书·艺文志·兵书略》是分为四类，两类属于谋略，两类属于技术。权谋、形势是谋略，阴阳、技巧是技术。

兵家讲技术，主要在阴阳、技巧两类。

阴阳，是数术之学在兵学上的推广和应用。它主要与“天”“地”有关，其中既有与天文、地理有关的各种科学知识，也有与天文、地理有关的各种占卜。班固的定义，“顺时而发，推刑德，随斗击，因五胜，假鬼神而为助者也”，主要强调的是后一方面。其实，古代的军事气象学、军事地理学就包含在这类迷信活动里。前面讲地形，是属于这种学问，这里讲天时，也属于这种学问。“天有不测风云”，比“地”更难掌握。

技巧和阴阳不一样，主要和“人”有关。“武器”也在这一类，但不是自成一类，而是和“人”放在一起讲。[1]班固的定义，“习手足，便器械，积机关，以立攻守之胜者也”，就是既包括武器的使用，也包括人的训练，特别是与攻守有关，与攻城守城有关。

这里先讲《火攻》。“火攻”，简单讲，就是用火作进攻手段，或用火来帮助进攻。本篇下文说，“故以火佐攻者

1 古人强调“人”，固然和“武器”不发达有关，但不发达的东西，往往更能凸现事物的本质。

明”，“佐”就是帮助的意思。

这里讲火攻。我们不妨回顾一下武器发展史，看看火攻的重要性到底在哪里。

武器发展史，一般分两段，一段是“冷兵器时代”，一段是“火器时代”。

冷兵器，出现早，延续长，即使进入“火器时代”，有些东西也还在用，特别是“没有历史”的老百姓，他们还在用。[1]它分三大类：

第一类是锋刃器，如戈、矛、剑、戟，一般由锋刃加柄组成，最简单，主要用于近身格斗。

第二类是弹射器和投射器，如弓矢和弩、炮（抛石器），复杂一点儿，主要是用远距离杀伤化解近身格斗。[2]

第三类是战车和攻城器械，如楼橹、辒辒和冲车，最复杂，主要用于大规模的战斗（野战和攻城）。这类发明，主要靠人力、畜力和简单机械作动力，不是在能量上面做文章，而是在材料（从木石到金属）上面做文章。

这些都是进攻性的武器，防守性的武器是对应物，有矛就有盾。小到甲胄盾牌，大到高垒深沟，还有万里长城，

1 大家不妨到中国人民革命军事博物馆参观一下。你会发现，已经进入现代历史的各个展馆，不仅大刀长矛仍在使用，就连石头棍棒（石器时代的武器）也没有退出历史舞台。

2 古人是以怒训弩，以抛训炮。弩是有弩臂和以弩机发矢的弓，炮是抛石块或火球的器械。它们是现代枪炮的前身。

都是对应物。[1]

火器，是以火药的发明为标志。火药是近1000年的大发明，其杀伤力主要靠爆炸和燃烧。核武器是近60年的大发明。核能是能量聚变的另一种形式，威力比火药大，但效果还是爆炸和燃烧。这些发明都是火攻的延伸。

人类描写战争，总爱使用“战火纷飞”一类词。火和战争确实有不解之缘。[2]

火是最古老的武器，也是最先进的武器。旧石器时代，人类就发明了火。现代战争，这弹那弹，全是它的后裔。

火攻，冷兵器时代就有，它是火器时代的序幕。

古人对火攻很重视。《武经总要前集》有专门一卷，即卷十一，讲水攻和火攻，火攻是与水攻并列。但《孙子》只讲火攻，不讲水攻。它认为，火攻比水攻更重要。

火攻，以火助攻，火是武器，属于兵技巧，但借助风力，有赖天时，又属于兵阴阳。

我把《火攻》分为四段：

第一段，讲五火之名。

第二段，讲五火之用。

第三段，讲火攻比水攻更有用。

---

1 古人说的“兵”，只限戈、矛、剑、戟一类兵器（进攻性武器），不包括甲胄、盾牌和沟垒、城池（防御性武器）。西人说的“武器”（weapon）不一样，两者都包括。

2 英文的fire（火）也有火力（名词）、射击（动词）、开炮（动词）等义。

第四段，似乎是以火为喻，劝人慎战。

12.1　孙子曰：

凡火攻有五，一曰火人，二曰火积，三曰火辎，四曰火库，五曰火队。

文章开头，先讲“五火”。

这五种火攻，是按攻击对象分为五种：

（1）“火人”，是烧对方的人，即所谓“有生力量”，首先是军人，其次是老百姓。

（2）“火积”，是烧对方的粮草。“积”是“委积”。“委积”见于《军争》，是指储存在粮仓和草料场中的粮食、草料和柴火等物。粮仓，古人叫“仓”或“廪”。仓分方圆，方仓叫“仓”，圆仓叫“囷”（音qūn）。

（3）“火辎”，是烧对方的辎重。“辎”的本义是辎车，“重”的本义是重车。这两种车都是运送军用物资的车。军队开拔，随军携带的物资装备，如衣被粮草等，凡是放在这类车上，都可以叫“辎重”。《军争》说“是故军无辎重则亡，无粮食则亡，无委积则亡”，其中的“军”是这里的“人”，“辎重”是这里的“辎”，“委积”是这里的“积”。

（4）“火库”，是烧对方的武库。“库”字，像屋下有车，本指放兵车的地方（《说文解字·广部》，很多注疏都这么讲）。

武库，既藏兵车，也藏兵器，其实是武器库，不是普通的仓库。仓库，古人叫“府”。小府敛钱，大府屯粮，也是储积物资的地方，但古人叫“府”不叫“库”。

（5）“火队”，历来有争议。旧注有三说，一说“队”是“队伍”，“火队”是烧敌人的军队；一说“队”是“队仗”，“火队”是烧敌人的武器；一说“队”读隧，“火隧”是烧敌人的粮道。这三说，第一说与“火人”重，第二说与“火辎”“火库”重，第三说与“火积”重，都不太好。《墨子·备城门》也有“队”，一种是攻城的冲锋队；一种读为隧，不是粮道，而是地道。前说与“火人”有点重复，也不太好。《墨子·备穴》提到过用烟火对付地道。我觉得，地道说更好。[1]

这个顺序，很有意思，排在前面的比排在后面的重要。

古代的火攻，烧人第一（人是有生力量，最重要），烧粮草第二（人无粮，马无草，也没法打仗），烧武器、装备、地道是排在后面，和现代相反。现代战争，看重的是武器，轻视的是人。双方一旦动手，首先摧毁的就是武器。第一是卫星、雷达和预警机，第二是机场上的飞机和防空设施，第三是地面上的坦克、火炮和装甲运兵车，第四是海上的舰艇和海底的潜艇，第五是巡航飞机。如果发生核大战，第一打

---

1 《〈孙子〉十三篇综合研究》，437页。

击更是核力量。人反而不是主要目标。

注意，这里的“五火”还不是火攻的全部。古代火攻，多用于攻城，火药发明后，更是如此。还有水战，也用火。火烧赤壁，就是火烧战船。这里都没讲。

武器发展史，火攻分前后两段，早期是“因风纵火”，晚期是用火药。有了火药，才有火器。现代的枪、炮和各种“弹”（子弹、炮弹、炸弹和地雷、水雷），还有火焰喷射器，都是从后一种火攻发展而来。

这里的“火攻”，当然属于前一段。

火是旧石器时代的发明，早就用于狩猎。[1]什么时候用于战争？不好讲，估计很早。先秦兵书讲火攻，除《孙子》，还有《六韬》。《六韬·虎韬》有《火战》篇，“火攻”也叫“火战”。[2]

后世讲火攻，还有很多书。唐李筌《太白阴经》的卷四、卷八，宋曾公亮《武经总要前集》的卷十一，是其中年代早一点的两种。前者还没火药和火器，后者才讲到。

12.2　行火必有因，烟火必素具，发火有时，起火有

1　《春秋》桓公七年“焚咸丘”，《公羊》《穀梁》二传说“焚”是“火攻”，不一定可靠，它很可能是驱兽焚田之法，不一定是军事意义的火攻。

2　《墨子》十二攻有“水”，无“火”，很奇怪。我怀疑，今本文字错乱，“水”后的“穴”可能是“火”之误。参看拙作《兵以诈立——我读〈孙子〉》，北京：中华书局，2006年，145—147页。

日。时者，天之燥也；日者，月在箕、壁、翼、轸也。凡此四宿者，风起之日也。凡火攻，必因五火之变而应之。火发于内，则早应之于外。火发而其兵静者，待而勿攻。极其火力，可从而从之，不可从则止。火可发于外，无待于内，以时发之。火发上风，无攻下风。昼风久，夜风止。凡军必知五火之变，以数守之。

这段话是讲“行火”，即如何发动火攻。话分三层，“行火必有因”至“风起之日也”是一段，主要讲火攻的准备；“凡火攻”至“夜风止”是一段，主要讲火攻本身；最后两句是结语，主要讲分寸的掌握。

下面分开讨论。

（一）火攻的准备

火攻有两个条件，一是点火器材，二是气象条件。器材，是把火种、燃料和引燃、助燃的各种东西常备身边。气象，是选择天旱多风，易于纵火的时日。前者属于化学，后者属于气象学。

（1）准备火攻的器材

“行火必有因，烟火必素具”，第一句话的“因”，古人有两种解释，一种是以奸人为内应（曹操、李筌、陈皞），一种是利用天旱多风（贾林、张预）。第二句的“烟火”，旧注都说是点火器材，但简本作“因”，和第一句一样，也许原本作“因”，后来读为“烟”（“煙”的异体），又添了“火”字。这里的“因”，就字面含义讲，只是点火的依据和条件，可以是人，可以是物，也可以是天气，不能确指，但下一句如果真作“因”，却可排除其中的两种可能。第一，它绝不可能指天气，“天有不测风云”，绝不可能“素具”。第二，指人也不合适，纵火的内应也不可能“素具”。这句话，后人改成“烟火必素具”，比泛言的“因必素具”当然具体多了，从意思上讲，倒是挺合适。“烟火”是可以“素具”也应该“素具”的东西。

（2）选择火攻的日子

“发火有时，起火有日”，是说点火要选择合适的季节和日子。“时”是季节，即“四时”之“时”（春夏秋冬），“日”是具体的日子。选择时日，是古代数术中的一种，古人叫“选择”。选择时日，是用式盘（一种模仿宇宙模型的占卜工具）推算或查看有关书籍。战国秦汉的日书，唐宋以来的历书、通书，就是这种书。

“时者，天之燥也”，是看哪个季节最干燥。

“日者，月在箕、壁、翼、轸也。凡此四宿者，风起之日也”，是根据天象，看哪些日子最多风。“月在某宿”是讲月躔，即月道行天和二十八宿的关系。

二十八宿，按日月右行的顺序，是分为四宫：

东宫：角、亢、氐、房、心、尾、箕。

北宫：斗、牛、女、虚、危、室、壁。

西宫：奎、娄、胃、昴、毕、觜、参。

南宫：井、鬼、柳、星、张、翼、轸。

这里提到的“四宿”，“箕”是东宫最后一宿，位于东北，相当于孟春；“壁”是北宫最后一宿，位于西北，相当于孟冬；“翼”“轸”是南宫的最后两宿，位于东南，相当于孟夏。其中不包括西宫。一年四季，孟冬、孟春、孟夏多风，孟秋多雨，是传统说法。

古人测风，叫“候风”。春夏秋冬，风从哪个方向来？刮起来，风力多大？古人积累了很多经验。这门学问叫“风角”。

什么叫“风角”？这个词，大家有点陌生，但内容，并非毫无接触。大家都读过《三国演义》吧？诸葛亮借东风，就是属于“风角”。《三国演义》第四十九回，周瑜吐血，诸葛亮给他开药方，“欲破曹公，宜用火攻。万事俱备，只欠东风”。“万事俱备”就是这里的“烟火必素具”，“只欠东风”就是这里的“风起之日”。

“风角”是候风的学问。这两个字的意思是什么？古人说是“候四方四隅之风，以占吉凶也”（《后汉书·郎顗传》李贤注），简单讲，就是根据风向定吉凶。“风”是八方风，“角”是风的方向。“四方”是正东、正南、正西、正北，“四隅”是东北、东南、西南、西北。“四方”加“四隅”，八个方向是八个“角”。“风角”是古代数术的一个门类，用于军事，属于兵阴阳。

关于“风角”，我在《兵以诈立》中有介绍，大家可参看，这里不多讲。[1]

这段话，既有天文，也有气象，以古代的水平衡量，就是当时的“高科技”。

（二）火攻本身

《孙子》讲火攻，特点是以人应火，人和火是结合在一起。“凡火攻，必因五火之变而应之”，就是讲这一点。这里，“五火之变”是讲火，“应之”是讲人。所谓火攻是派人纵火后，以兵力接应，借火势攻敌。这里的“五火之变”，“变”是变化和规律。它和《九地》篇的“九地之变”是类似说法。

下面的话，可以分为四层，两层讲火，两层讲风。

（1）火发于内

“火发于内，则早应之于外”，是说派人潜入敌军，在里面纵火，火一烧，敌人会往外跑，我方要从外面配合，派人围堵。

“火发而其兵静者，待而勿攻”，是说火烧起来，敌人会哇哇乱叫，如果没有动静，就要停下来观察观察，看看是

1　李零《兵以诈立——我读〈孙子〉》，北京：中华书局，2006年，340—346页。

不是其中有诈，不要急于发起攻击。

“极其火力，可从而从之，不可从则止”，是说火在里面烧，烧得正旺，我方不能往火海里扑，一定要等火烧到头，看看差不多了，才动手。可以出击，出击；不可以出击，马上停下来。“火力”，简本作“火央”，“央”是尽的意思。

这是讲火。

（2）火发于外

“火可发于外，无待于内，以时发之”，和（1）相反，是从外面点火，敌在内，而我在外。我方守在外面，不能待在里面，待在里面，会被火烧。“以时发之”，这个“时”不是上文的“时”。上文的“时”是表示一年四季的“时”，每个“时”有90天之多。这里的“时”只是点火的时刻。

这也是讲火。

（3）上风和下风

“火发上风，无攻下风”，俗话说，“风助火势，火乘风威”，风向的辨别很重要。放火只能在上风头，不能在下风头。

这是讲风。

（4）昼风和夜风

“昼风久，夜风止”，这是讲一天之内风势的变化。《老子》有句话，“飘风不终朝”（第23章），是类似的话。“飘风”是旋风，旋风刮不长。中国古代，时制划分，不止一种。一日，可以两分、四分，也可以十二分、十六分。两分，或以朝、夕分，或以昼、夜分，朝或昼是前半天，夕或夜是后半天。四分，是以朝、昼、昏、夕分，朝和昼是前半天，昏和夕是后半天。这里是说，风起风止，往往只在一天之内，变化很快。

这也是讲风。

（三）分寸的把握

“凡军必知五火之变，以数守之”，这是总结。

上文讲火攻，火是人放的，风是天刮的，风力和火势很难驾驭，如何观察风向，控制火候，是一件难事，弄不好，会反过来伤着自己。作者总结，只有四个字，“以数守之”。“数”是分寸，“守”是掌控。分寸的掌握很重要。

12.3　故以火佐攻者明，以水佐攻者强。水可以绝，不可以夺。这段话是拿火攻与水攻作比较。

“故以火佐攻者明，以水佐攻者强”，这里有两个“佐”字，说明水、火都是辅助性的进攻手段，不是唯一的和主要的进攻手段，“明”与“强”相对，是含义相近的词。[1]“明”

1　杨炳安《孙子会笺》，郑州：中州古籍出版社，1986年，192—193页。

有显赫之义，“强”有强大之义，都是好词。

“水可以绝，不可以夺”，“绝”和“夺”不一样，有高下之分。“绝”是断绝、隔绝的意思。杜牧注说“绝敌粮道，绝敌救援，绝敌奔逸，绝敌冲击”，四个“绝”字都是断绝的意思。这个解释没问题。“夺”有两个意思，一个意思是“夺取”之“夺”，偏于获得；一个意思是“剥夺”之“夺”，偏于去除。

作者说，水火都有用，但水不如火。水可以把敌人隔开，但不易操控，不易直接用于杀伤敌人，彻底瓦解敌方的斗志，剥夺其最后的抵抗力。

历史上，用水作攻击手段，例子也有。例如公元前279年，秦将白起拔鄢，就是拦坝蓄水，引水灌城，淹死城中居民数十万，很惨（《水经注·沔水》）。这种工程，筑坝开渠，费时耗力，谈何容易。《三国演义》有关云长“水淹七军”的故事（第七十四回）。这事，《三国志·蜀书》提到，条件是“秋，大雨霖，汉水汎溢”，也是可遇而不可求。前者灌城，后者灌兵，都不容易碰上合适的机会。[1]

火攻不一样，第一，它比水易于操控，杀伤力比较直接，在进攻上更主动；二是在燃料性能的开发上，它很有潜力，科技含量比水高，更有发展前途。武器发展史可以证

1　古人说，灌城比灌兵难，“灌兵之水顺而速，灌城之水渐而迟，速则敌不及防，而迟则敌能自守也”（《三国演义》第七十四回毛宗岗评）。

明，火攻的地位一直是呈上升趋势，越玩越火；水攻，几千年还是老样子，没多大出息。

火比水更重要，《孙子》的看法没错。

火攻和水攻，都借助自然力。自然力，风灾、火灾、地震、海啸，破坏力很大，至今对人类仍是很大的威胁。火攻，因风纵火，火可控而风不可控。水攻，决堤放水，坝可控而水不可控，都带有不可控的因素。水火无情，火弄不好，会伤着自己，水也一样。

抗战，蒋介石决花园口（1938年6月），不但没挡住日军，反而淹死无数老百姓；文夕大火（1938年11月），烧毁房屋5.6万幢，烧死市民3000多人，也是自己把自己烧了。

12.4　夫战胜攻取而不修其功者凶，命曰“费留”。故曰：明主虑之，良将修之，非利不动，非得不用，非危不战。主不可以怒而兴师，将不可以愠而致战，合于利而动，不合于利而止。怒可以复喜，愠可以复说（悦），亡国不可以复存，死者不可以复生。故明主慎之，良将警之，此安国全军之道也。

《孙子》各篇，最后一段经常是警告的话，这里也是。作者先讲用兵的大忌，什么叫“费留”。

“战胜攻取”，前面我们已经讲过（见《谋攻》篇），

“战”和“攻”含义相近，但有区别。“战”，多与势均力敌、兵车对阵的野战有关，结果是以“胜”“负”分或“胜”“败”分。“攻”，不一样，多与“守”相对，一方取攻势，一方取守势。取攻势的一方，兵力必数倍于敌，形成合围，守方是被困在里面。比如城市攻防战，就是如此。攻而得之，把敌人顺利拿下，叫“攻取”或“攻克”；久攻不下，叫“不克”或“未能取”。两者不完全一样。

“不修其功”，是不懂利害，不计代价，不顾后果。“修”是把事情办好，处理好，使过程更合理，使结果更完善。“功”，古人有两种解释，一种是“劳”，乃“功劳”之“功”；一种是“绩”，乃“功绩”之“功”。过程和结果都包含在同一个字里。

“凶”，是古代占卜表示判断的术语，和“吉”相反。“吉”是兆头好，“凶”是兆头不好。军人，打仗为什么？当然是追求胜利。胜利了，于国于民有大功劳，毫无问题。但胜利的代价是什么？后果是什么？有什么好处，有什么坏处，不能不管。不闻不问的话，就是“凶”。

“命曰‘费留’”，意思是，这样做就叫“费留”。“费”是费金钱，“留”是费时间。这两条是用兵的大忌。《作战》篇就是讲这两条大忌。它说的“百姓之费”“公家之费”“日费千金”（下《用间》也有“日费千金”），就是这里的“费”。它说的“其用战也，胜久则钝兵挫锐，攻城则力屈。

久暴师则国用不足。夫钝兵挫锐，屈力殚货，则诸侯乘其弊而起，虽有智者，不能善其后矣。故兵闻拙速，未睹巧之久也。夫兵久而国利者，未之有也”，还有“故兵贵胜，不贵久”，一连五个“久”字，就是这里的“留”。

上面讲火，这里没说火，但连上文为读，又好像与火有一点关系。古人说，“夫兵犹火也，弗戢，将自焚也”。（《左传》隐公四年）意思是说，用兵好像用火，关键是要懂得控制。如果失去控制，不知道见好就收，火会烧到自己。火烧到自己，当然是凶。

“故曰”以下是作者的警告，主要是讲给君主和将军听。

“明主虑之，良将修之”，“明主”是贤明的君主，“良将”是优秀的将领，“虑”是深思熟虑，“修”是实际操办。

“非利不动，非得不用，非危不战”，这三句话是说，用兵分两种情况，一种是因为有利可图，一种是被危险逼迫。

“主不可以怒而兴师，将不可以愠而致战”，出兵于外是由君主下决心，投入战斗是由将军下决心，这个决心怎么下？是深思熟虑的结果，还是逞一时之忿，结果可大不一样。打仗是容易拱火的事。前面讲《谋攻》，大家已经读过，攻城，前前后后，准备六个月，“将不胜其忿而蚁附之，杀士卒三分之一，而城不拔者，此攻之灾也”。这是什么？这是灾祸。三分之一的兵都拼掉了，值吗？不值。“怒”和“愠”，不但于事无补，还十足坏事。作者说“将有五危”（《九变》），其中一条就是“忿速可侮”。发脾气，自取其辱，图什么？这是自古用兵的大忌。

“合于利而动，不合于利而止”，这是讲“（兵）以利动”（《军争》）。军事行动，原则是有利才干，没利千万不能干。这话，前面已经出现过一次（见《九地》）。

“怒可以复喜，愠可以复说（悦），亡国不可以复存，死者不可以复生”，发脾气，只是短暂发泄，哪怕气得死去活来，也很少能超过24小时，很快就得恢复（该乐还得乐。不然怎么着，难道还得发疯、自杀不行），但打仗不一样，军人战死沙场，不能死而复生；国家被人灭亡，后悔也没用。世上没有后悔药，战场上更没有。

“明主慎之，良将警之”，对比上“明主虑之，良将修之”，主要是说要小心翼翼，要时刻警惕。

“此安国全军之道也”，这里的说法很好，“安全”问题是属于“安国全军之道”。现代国家，什么事跟“安全”（security）关系最大？一是情报，二是军队。发达国家比不发达国家，这个问题更突出。穷人忧在温饱，富人忧在安全。“安全”这个词，古代就有，日语也有这个词。

用间第十三

——不用间，不胜（五间之用）

“用间”是使用间谍。[1]

“间”，《说文解字·门部》：“间，隙也。从门从月。”[2] 间字的本义是门缝，引申义是间隙、缝隙、空隙。这个字当动词，还有“离间”的意思。这里是名词，指刺探敌情的人。

“间”和“谍”类似。《尔雅·释言》：“间，俔（音xiàn）也。”郭璞注：“《左传》谓之谍，今之细作也。”“细作”，即后人说的“探子”“密探”。《左传》屡言“谍”，杜预注的解释是“谍，间也”。[3]

“间”“谍”也可合称“间谍”。如《六韬·龙韬·王翼》提到，将军的指挥部有72人，其中有“游士八人，主伺奸候变，开阖人情，观敌之意，以为间谍”。

间谍，《孙子》叫“间”不叫“谍”，《左传》《国语》

1 “间”字，本从月，简化字作“间”，这里是用简体。

2 “间”字，《说文解字·门部》所收古文的写法是从门从外，外和月都是声旁。

3 见《左传》的庄公二十八年、僖公二十五年、哀公十一年。

《周礼》叫“谍”不叫“间”。[1]

“间”和“谍”，混言无别，细说还不太一样。

（一）小间叫间，大间叫谍

《大戴礼·千乘》：“以中情出，小曰间，大曰（讲）〔谍〕。”[2]

（二）谍是反间

（1）《说文解字·言部》：“谍，军中反间也。”

（2）《左传》桓公十二年：“伐绞之役，楚师分涉于彭。罗人欲伐之，使伯嘉谍之，三巡数之。”杜预注：“谍，伺也。”孔颖达疏：“《说文》云‘谍，军中反间也’，谓诈为敌国之人，入其军中，伺候间隙，以反报其主，故此训谍为伺，而兵书谓之反间也。”

（3）《周礼·夏官·环人》：“巡邦国，搏谍贼”，郑玄注：“谍贼，反间为国贼。”

（4）《周礼·秋官·士师》：“掌士之八成……三曰邦谍……”郑玄注：“为异国反间。”

（5）《周礼·秋官·掌戮》：“掌斩杀贼谍而搏之”，郑玄注：“谍谓奸寇反间者。”

---

1 “谍”字，见《左传》的桓公十二年、庄公二十八年、僖公二十五年、宣公八年、成公十六年、哀公元年、哀公十一年、哀公十六年，还有《国语·晋语四》，以及《周礼》的《环人》《士师》《掌戮》。《史记·淮南衡山列传》有“中詗”（音xiòng），《索隐》引孟康说“詗音侦。西方人以反间为侦”。

2 朱骏声《说文通训定声·谦部》引此，作“小曰间，大曰谍”，已把“讲”当“谍”字。

谍是反间，但什么是反间，有不同解释。

《孙子》说的“反间”是利用敌间，反为我用，等于现在的双重间谍，不是自己派出的间谍；[1]“生间”才是自己派出，最后把情报送回来的人。如果按上孔颖达的解释，“谍”应相当于《孙子》的“生间”，而不是《孙子》的“反间”。

“谍”很重要，他是最后把情报送回来的人。古书有“谍报”一词，例子很多（如《旧唐书·浑瑊传》），除作动词，也可作名词，就反映了这一含义。现代汉语仍用这个词。

现代间谍，英文有几种叫法：

（1）spy（间谍），有监视和察看之义，和中国古代的“间”类似。

（2）agent（间谍），有代理人之义。这种人也叫intelligence agent（情报人员）或secret agent（秘密工作者）。他们是隐藏在敌人内部（所谓“卧底”），替我方做事的人。

（3）intelligencer（情报人员）。这个词更接近“谍”。intelligence有智慧、情报两个意思。情报工作的特点是斗智，这种人应该具备很高的智商。

间谍，现代汉语还有一种叫法，是“特务”（现在多称“特工”）。“特务”这个词，是借自日语（tokumu）。日语的

1　几乎所有英文译本都把“反间”译为“双重间谍”（double spies或double agents）。

“特务”是翻译英语的special service（特殊工作）。这种特殊工作，也叫secret service（秘密工作）。

现代间谍工作，各国有各国的特点。[1]共同点是：

（1）一般都有内控（秘密警察）和外情（国际间谍）两个系统。前者管国内，后者管国外（往往以外交官的身份为掩护）。军队还有军队自己的情报系统。[2]所有这些，对国家安全都至关重要，再民主、再透明的国家也离不开它。

（2）情报组织是个分工细密、纪律严格的网络。虽然，从事这种工作的人，总是蒙受道德谴责，但其招募选拔，要求却极高，特别需要忠诚、勇敢、沉着、冷静和严守机密。

（3）情报工作，科技含量高，如卫星侦察、飞机侦察、电报破译、窃听监听，都要依赖高科技。它们是另一种形式的武器，杀伤力最大的武器。

（4）情报工作，包括情报、反情报：一方面要派出自己的间谍，一方面要策反敌方的间谍；一方面要刺探敌方，一方面要防止敌方刺探；一方面要获取真情报，一方面要制造假情报。整个工作，你中有我，我中有你，虚虚实实、真真假假，最能体现“诈”。

1　美国有CIA、FBI，英国有军情五处和六处，苏联有KGB。中国的特工组织，国民党有中统（后来改称“党通局”）、军统（后来改称“保密局”），共产党有特科。

2　比如20世纪30年代，领导过中国工农红军的德国人李德（Otto Braun），当初都以为是由共产国际派出，后来发现不是。据考，他是由苏军总参情报部派出，属于著名的佐尔格小组。还有中美合作所，也是美国海军参谋部情报署与国民党军统合办。

（5）它还包括很多特殊行动，如投毒、纵火、爆炸、刺杀、刑讯，特别是清除己方的叛徒和泄密者，在常人看来，手段很残忍。

这五条，除第一条的“内控”，《孙子》没谈到，第三条，古代不太发达，其他三条，《用间》都有所涉及。

“用间”，是一种特殊的战争，战争中的战争。战争有“明战”，有“暗战”。通常说的战争只是“明战”。“明战”只是战争的一部分，还不是全部。“暗战”也很重要，绝对不可少。“暗战”是一种秘密战争，一种看不见的战争。

用间的重要性有二：

第一，《孙子》贵谋，强调“知彼知己，百战不殆”。用间不光是刺探敌人，也包括内情的监控。[1]“知彼”和“知己”都离不开用间。今本《孙子》，始于《计》，终于《用间》，是个巧妙的安排。“多算胜少算”，前提是“知彼知己”。“知彼知己”怎么知？关键是用间。《用间》是个圆满的结尾。

第二，《孙子》尚诈，强调“兵者，诡道也”（《计》），强调“兵以诈立”（《军争》）。“诈”这个字，不好听，千百年来，谁都羞于启齿，不敢公开谈论，只有军人最坦荡，

1　即使和平时期，即使“民主国家”，也照样有这种监控，只不过比较隐蔽而已。比如窃听，就很普遍，特别是在某些“非常时期”。前有麦卡锡时代，后有“美式反恐”，都很重视窃听。

“兵以诈立”就是“兵以诈立”，敢说敢做，从不躲躲闪闪。什么是最大的“诈”？莫过于用间。

用间，技术性很强，不光组织手段有技术，通讯手段有技术，行动手段也有技术。古人强调“攻心”，现代强调“信息”，两者都离不开用间。黑虎掏心，“掏心”最重要。它是兵法的精髓，最能体现兵家的智慧。

军事行动，离不开用间。本篇有言，“微哉微哉，无所不用间也”。银雀山汉简《孙膑兵法·篡（选）卒》也说，“不用间，不胜”。

我把《用间》分为三段：

第一段，讲“间事之重”。

第二段，讲“五间之用”。

第三段，讲“上智为间”。

13.1　孙子曰：

凡兴师十万，出征千里，百姓之费，公家之奉，日费千金，内外骚动，怠于道路，不得操事者，七十万家。相守数年，以争一日之胜，而爱爵禄百金，不知敌之情者，不仁之至也，非（人）〔民〕之将也，非主之佐也，非胜之主也。故明君贤将所以动而胜人，成功出于众者，先知也。先知者，不可取于鬼神，不可象于事，不可验于度，必取于人，知敌之情者也。

这段话，主要是讲“用间”的必要性。第一，是讲打仗要花多少钱，数目惊人。第二是讲用间要花多少钱，少得可怜。第三是讲军事行动靠“先知”，“先知”只能得之于用间。

这个开头和《作战》篇相似，也是一上来先讲战争动员，说打一场战争，国家要花多少钱。然后，再讲用间的费用，跟读者算笔账，告诉大家，在间谍身上花钱，不是费钱，而是省钱，很划算。这是用战争经济学讲话。

它分三层意思。

（一）战争的消耗有多大

作者说，如果出动一支10万人的大军千里迢迢到国外打仗，将有两大消耗：

一是伤财，老百姓的开销，国家的开销，加在一起，要“日费千金”。“日费千金”是多少钱？我们在《作战》篇已经讲过，这是一笔很大的开销。

二是劳民，前方有10万人作战，后方就要有70万家搞运输，内外骚动，全在运输线上疲于奔命，把家里的地都荒了。

战争规模大，耗费多，时间短还好说。如果拖下去，“相守数年，以争一日之胜”，麻烦就大了，花钱更多，简直是无底洞。

《火攻》篇说，“夫战胜攻取而不修其功者凶，命曰‘费留’”，“费”是费钱，“留”是费时间。这里就是讲“费留”。

战争很花钱，“日费千金”，这是一天的开销。一年360天，天天如此，算下来，要花36万金，三年的话，就是100多万金。

（二）花钱收买间谍，值不值

收买间谍，就算高官厚禄，能花多少？只不过“爵禄百金”。“爵禄百金”只是每天开销的1/10，在整个战争预算中，只是个零头。

用间很重要，对了解敌情很重要。不了解敌情，是要死人的。掌握敌情，可以少死很多人。作者说，如果抠门，不肯在这件事上花钱，是“不仁之至也”，也太残忍了。这样的将军，不配叫人民的将军，不配叫国君的助手，不配叫胜利的主宰。明君贤将，战必胜，攻必取，比一般人成功，关键是“先知”。

（三）如何才能先知

“先知”是“知”在敌先，“知”在事先，事事比敌人早知道。不是“事后诸葛亮”，而是“事前诸葛亮”。下棋，谁比谁算得快，是得胜的关键。哪怕早几步也好。早几步，就有先机之利。

但怎么才能做到“先知”呢？

拍脑瓜不行，求神问鬼也不行，作者说，要靠间谍。

“先知”在古代是个神秘概念，不是借助灵感（自发地得到神谕），就是求之鬼神（通过祷告求取神谕）。比如《圣经·旧约》的一批希伯来先知，还有《圣经·新约》的耶稣基督，就是西人所谓“先知”（prophet）。我国的“先知”也差不多。比如“圣人”就是这样的“先知”。当时，大家都认为，“先知”一定如此，这是“常识”。但这里，不同寻常的是，作者反对的恰好是这类“常识”。你们看，他一连说了三个“不”字，“先知者，不可取于鬼神，不可象于事，不可验于度”，他不相信这类“常识”。

“不可取于鬼神”，“取于鬼神”指祷告（prayer），通过祷告，从鬼神那里求情报。

“不可象于事”，“象于事”是从事物的表象理解事物的构造，比如风水讲气脉，人畜讲骨法，都是用这种方法。

“不可验于度”，“验于度”是根据事物的数理关系来预测未来，比如卜筮讲蓍数，天文讲躔度，都是用这种方法。“度”是“数”的另一种说法。

相法主于“象”，占法主于“数”，两者属于广义的“象数之学”。这种学问，古人叫“数术之学”或“数术”，西人叫occult arts（数术）或divinations（占卜）。“象事”这个词，曾见于《易·系辞下》，作“象事知器，占事知来”。“象事知器”属于相法，“占事知来”属于占法。古人认为，除了祷告，占卜也是通神的重要手段。

这三条，作者都反对。他赞成什么？答案很简单，不靠鬼神只靠人，“必取于人，知敌之情者也”。知敌情的人是什么人？就是间谍。

这段话，因为涉及中国古代的井田制，值得留心。它说，“凡兴师十万，出征千里，百姓之费，公家之奉，日费千金，内外骚动，怠于道路，不得操事者，七十万家”，这是一条非常宝贵的社会史资料。

在《兵以诈立》一书中，我已经讨论过这个问题，可参看。这里只简单说两句。[1]

（1）古代井田制，主要史料是《司马法》佚文，它是一种按“里”来编户齐民、按“井”来授田于民的方法。一里就是一井。它把一方里大小（1方里=1里×1里=300步×300步）的土地像画井字格那样，划分为九块，每块是一顷或100亩（1顷=100亩，1亩=100步×1步）。这样大小的一块土地，是授田的基本单位。如果按“一夫百亩”（每个农民授田百亩）计算，可以安置九家农户。这种井田制是“九家说”。

（2）孟子设计的井田制（见《孟子·滕文公上》）和这种制度不同，它是把私田以外的公田析分，包干到井。每井只有八家农户，授田800亩，另外100亩是均摊的公田。这种

1 李零《兵以诈立——我读〈孙子〉》，北京：中华书局，2006年，367—368页。

井田制是“八家说”。

这里，曹注说，“古者八家为邻，一家从军，七家奉之，言十万之师举，不事耕稼者七十万家”，他是采用孟子说。这种说法不可信。其实，《司马法》讲的井田出军法有两种。一种是每10家出一人，一种是每7.68家出一人。这里是后一种制度。

13.2　故用间有五：有因间，有内间，有反间，有死间，有生间。五间俱起，莫知其道，是谓神纪，人君之宝也。因间者，因其乡人而用之。内间者，因其官人而用之。反间者，因其敌间而用之。死间者，为诳事于外，令吾间知之而传于敌间也。生间者，反报也。故三军之事，莫亲于间，赏莫厚于间，事莫密于间，非圣智不能用间，非仁义不能使间，非微妙不能得间之实。微哉微哉！无所不用间也。间事未发而先闻者，间与所告者皆死。凡军之所欲击，城之所欲攻，人之所欲杀，必先知其守将、左右、谒者、门者、舍人之姓名，令吾间必索知之。（必索）敌间之来间我者，因而利之，导而舍之，故反间可得而用也；因是而知之，故乡间、内间可得而使也；因是而知之，故死间为诳事，可使告敌；因是而知之，故生间可使如期。五间之事，主必知之，知之必在于反间，故反间不可不厚也。

这段话是讲“五间”的使用。我们可以把它分为五个层次。

（一）“五间”是哪五种间谍

作者说，“五间”是“因间”“内间”“反间”“死间”“生间”，先把名字列出来，解释在下面。

接下来，他有一段话，“五间俱起，莫知其道，是谓神纪，人君之宝也”。这段话，是说这五种间谍很重要。

“五间俱起”，是强调间谍行动的组织性，这五种间谍，各有分工，相互配合，是个组织严密的谍报网，行动是集体行动，不是个人行动。

“莫知其道”，是强调间谍行动的神奇奥妙，间谍工作是秘密工作，常人莫知其道。

“是谓神纪”，是说达到出神入化的境界。

“人君之宝也”，是说这个间谍网，对“人君”来说，是制胜的法宝。

（二）“五间”的定义

作者说的五种间谍可以分为两大类：

（甲）从敌方策反和收买的间谍

（1）“因间”，是用敌国的百姓为间谍，搜集敌国下层的情报。原文的定义是“因其乡人而用之”。“乡人”，古书有三种用法：一种指乡大夫，是管理乡的官员；一种指乡民，是住在乡里的百姓；一种指同乡。这里是第二种用法。我们要注意，古人说的“乡”是州乡之乡。这种“乡”是首都郊区的居民组织，不等于现在说的“乡村”。这里的“乡人”，和下文的“官人”相反。“乡人”是老百姓，“官人”是当官的。下文，这种间谍也叫“乡间”，贾林、张预说，这里的“因间”当作“乡间”，但传世古本和古书引文皆作“因间”，银雀山汉简本又恰好残去这个字，我们无法判断原来是不是作“乡间”。

（2）“内间”，是用敌国的官员为间谍，搜集敌国上层的情报。原文的定义是“因其官人而用之”。

（3）“反间”，是收买和策反敌国的间谍，反过来为我所用。这种间谍，也就是现在说的双重间谍。原文的定义是“反间者，因其敌间而用之”。

（乙）我方派出的间谍

（1）“死间”，是故意制造假情报，让我方间谍得到，设法传达给敌方间谍的间谍。因为情报是假的，用来骗敌人，事情暴露后，往往被杀，所以叫“死间”。原文的定义是“死间者，为诳事于外，令吾间知之而传于敌间也”。“诳事”，是假情报。诳音kuáng，是欺骗的意思。

（2）“生间”，是我方派出，传真情报回国的间谍。他要把情报安全送回来，一定要活着，所以叫“生间”。原文的定义是“生间者，反报也”。“反报”的“反”是返的意思。

这个间谍网，“因间”在外，“内间”在内，“反间”隐藏最深，是处于核心的核心，一层包着一层。

他们，“反间”知情最多，为第一环节；“因间”和“内间”是配合“反间”使用，为第二环节；“死间”传假情报于敌，“生间”传真情报于己，为第三环节。三个环节，一环扣一环，哪个环节都不能少。

古人论间，分间论和间例。间论，是与用间有关的论述，多半抄《孙子》。间例，是与用间有关的例子，多半抄史书。如宋《武经总要前集》卷十五有《间谍》篇，就是抄录《孙子·用间》，宋《武经总要后集》卷一有《用间》《用谍》两篇，就是抄录史书。清朱逢甲的《间书》也是这种体例。[1]大家都承认，《用间》是论间的经典。[2]

“五间”，“反间”最重要，花钱最多，保密层次最高，它是什么意思？一定要搞清。

古人所谓“反间”，有两种不同用法：

（1）策反敌人，让他们的人当自己的间谍。

1　朱书体例不善，搜集不全。今坊间有一本杨易唯编译的朱逢甲《间书》（南宁：广西人民出版社，2007年），编译者说，此书是“中国古代第一间谍奇书”“世界第一本间谍研究专书”，评价过高。其实在它之前，不仅有《孙子·用间》，还有《武经总要》的《间谍》《用间》《用谍》。

2　据说，国民党的“间谍王”戴笠就很欣赏《孙子·用间》。但他真正心仪的“间谍王”是《三国演义》中的诸葛亮。参看：［美］魏斐德《间谍王——戴笠与中国特工》，梁禾译，南京：凤凰出版传媒集团、江苏人民出版社，2007年，318—319页。案：国民党以帮会起家（蒋介石和戴笠都有帮会背景），他们的特务组织最初是利用上海滩的帮会，带有“江湖气”，后来学契卡，学欧美，才逐渐现代化。参看：马振犊《国民党特务活动史》，北京：九州出版社，2008年。1948—1949年，国民党兵败如山倒，不仅输在战场，也输在谍战。

（2）离间敌人，让敌人互相猜忌，自己杀自己，自己整自己。

《用间》属于前一种，《三十六计》的“反间计”（第33计）属于后一种。

后一种用法的“反间”，战国秦汉很流行，史书上的例子，多半属于这一种。[1]

朱逢甲讲“反间”，分为四种，第一种是“以书反间之法”，第二种是“即以敌间反间之法”，第三种是“反间其人者”，第四种是“反间其事者”。

“以书反间之法”，是用伪造书信的办法，挑拨离间，借刀杀人。例如“蒋干盗书”（《三国演义》第四十五回），蒋干、曹操中的计，就属于这种“反间计”。

“即以敌间反间之法”，是利用敌间，传假情报回去。

“反间其人”，是用离间计，让敌人互相猜忌，自相残杀。

“反间其事”，是制造假象、制造假情报。

这些间例和《孙子》使用的“反间”都不一样，大家要注意。

1　如《战国策·赵策四》“秦使王翦攻赵”章、《燕策二》“昌国君乐毅为燕昭王合五国之兵而攻齐”章，以及《史记》的《燕召公世家》《田敬仲完世家》《陈丞相世家》《苏秦列传》《白起王翦列传》《魏公子列传》《范雎蔡泽列传》《乐毅列传》《廉颇蔺相如列传》《田单列传》。

（三）再申用间的重要性

这是一段插话。

一是“三莫”，“故三军之事，莫亲于间，赏莫厚于间，事莫密于间”，与间最贴心，关系最亲最密。

二是“三非”，“非圣智不能用间，非仁义不能使间，非微妙不能得间之实”，“圣智”是绝顶聪明，“仁义”是道德高尚，“微妙”是出神入化。“圣智”“仁义”是很高的头衔。孔子品鉴人物，“圣”比“仁”高。“微妙”是夸赞其技术的高妙。下文，作者把伊尹、吕牙这样的大功臣、大能人说成商、周的间谍，就是体现这种说法。

三是总结，“微哉微哉！无所不用间也”，“微哉微哉”，还是强调用间的神妙，上文叫“神纪”；“无所不用间”，则体现在下文的三项原则中。下文“凡军之所欲击，城之所欲攻，人之所欲杀”，就是强调“无所不用间”。

（四）间谍行动的三项原则

（1）“间事未发而先闻者，间与所告者皆死。”

这是讲保密和除奸。情报工作是保密工作，保密最重要。如果行动还没开始，有人把行动计划泄露出去，后果不堪设想。作者说，泄露机密的间谍和所有不该知道却事先知道的人全都要杀掉，这是第一条。

（2）“凡军之所欲击，城之所欲攻，人之所欲杀，必先知守将、左右、谒者、门者、舍人之姓名，令吾间必索知之。”

这是讲所有需要刺探的事项。“军之所欲击”是野战，“城之所欲攻”是攻城，这是正规的军事手段。“人之所欲杀”是刺杀要害人物。刺杀是恐怖手段。“守将”等词，可以参看《墨子》城守各篇。[1]“守将”是守城的总指挥，也简称“守”或“将”，他有他的指挥部。军队也一样，也有指挥部。野战攻城，首先要刺探其指挥者是谁，叫什么名字；其次，是他的“左右”，即他身边的人，贴身保镖和伺候他的人。“谒者”，是管通报或把门的警卫，现在的传达室和警卫室，是干这种工作。“门者”，是看守城门的人。“舍人”，是看守官署的人。这是第二条。

（3）“（必索）敌间之来间我者，因而利之，导而舍之，故反间可得而用也；因是而知之，故乡间、内间可得而使也；因是而知之，故死间为诳事，可使告敌；因是而知之，故生间可使如期。五间之事，主必知之，知之必在于反间，故反间不可不厚也。”

这是讲五种间谍的使用程序。第一，是摸清敌人打入我方的间谍，把他挖出来，策反和收买，然后因势利导，让他天衣无缝丝毫没有破绽地返回敌营，为我方做事，这种间谍是反间；第二，是起用乡间和内间，让他们配合反间，搜

1　李零《〈孙子〉十三篇综合研究》，北京：中华书局，2006年，438页。

集情报；第三，是玩真真假假，派死间把假情报传给敌人，派生间把真情报传回国内，而且是在规定的时间范围里把情报准确无误地传回。

（五）五间之中，反间最重要

作者说，全部情报，整个行动，身为国君，不可不知。怎么知道？关键在于反间。反间最重要，不可不厚待，给予最高的奖赏。

13.3　昔殷之兴也，伊挚在夏；周之兴也，吕牙在殷。故明君贤将，能以上智为间者，必成大功。此兵之要，三军所恃而动也。

这段话是全文的总结。作者强调，间谍可不是一般人，只有最聪明的人才能当间谍。

“昔殷之兴也，伊挚在夏；周之兴也，吕牙在殷”，这是讲历史掌故。古人讲掌故，喜欢用“昔”字开头。原文提到两个故事。一个故事是讲商灭夏，崛起于东方，靠的是伊挚入夏，在夏当间谍；一个故事是讲周灭商，崛起于西方，靠的是吕牙入商，在商当间谍。这里的“夏”“殷”“周”都是国名。夏在今晋南豫西。殷是商的别名，商代晚期定都于殷（在今河南安阳市），也叫殷。“周”在今陕西。这三个国家，夏当大国最早，商取夏而代之，周取商而代之，同时是朝代名，古人叫“三代”。

“伊挚”（挚音zhì），就是古书常说的“伊尹”。“伊”是地名，战国时期也叫伊氏，在今山西安泽县西。“尹”是当时的官名。古史人物，有些是传说，但伊尹实有其人。商代的甲骨卜辞，里面就有这个人。东周铜器，宋代出土的叔夷钟（其实应叫“叔弓镈”），铭文提到“伊小臣”，也是这个人。他的名字叫“挚”。商灭夏，他是大功臣，古代很有名。

“吕牙”，就是古书经常提到的“齐太公”。齐太公，是齐国的始祖。齐国是姜姓。[1]“吕牙”的“吕”是太公封齐前的居住地。这是以地名为氏。姜姓有四大分支，齐、吕、申、许四国。齐是最有名的姜姓国家，它这一支是出自吕国。吕国和申国都在今河南南阳。许国数迁，也在今河南境内。齐太公的名字是什么？这个问题值得讨论。古书提到齐太公，有三种叫法，一种是“吕尚”，一种是“吕牙”，一种是“吕望”。“吕尚”，是以字称。《诗·大雅·大明》称他为“师尚父”，“师”是官名，“尚父”是字。古代男子称字，多缀以“父”字，女子称字，多缀以“母”字，我们从周秦名字的惯例看，这是他的字。后人称勋臣元老为“尚父”，是误解了“尚父”的含义。“吕牙”，仅见于此，“牙”是他的名。司马贞《史记索隐》说“尚”是他的名，“牙”是他的

1　《封神榜》里的姜老爷、姜太公、姜尚、姜子牙就是这个人。这些叫法都是俗称。古代男人不称姓，古书不这么叫。

字，这是弄反了。“吕望”，是他的尊号。《孟子》《韩非子》管他叫“太公望”。“太公望”是什么意思？司马迁说，那是因为西伯昌初遇吕尚，说“吾太公望子久矣”（《史记·齐太公世家》），意思是“我爸爸盼望先生，已经盼望很久了”，可见这只是个号。周灭商，他是大功臣，古代很有名。

伊摯、吕牙当间谍，这类故事，估计是保存在古代的道家“阴谋书”里。《汉书·艺文志·诸子略》道家类开头有《伊尹》《太公》《辛甲》《鬻子》《筦（管）子》五书，就是这类书。其中头两部就是《伊尹》《太公》。它们都是借古代名臣贤相辅佐明君圣主取天下治天下的故事，讲治国用兵之术。这些故事，其实是古代的《三国演义》，当时的阴谋诡计大全。[1]

现在，《伊尹》《太公》，古本都已失传，但有四条史料保存下来，一条见于《孟子·告子下》，一条见于《吕氏春秋·慎大》，一条见于古本《竹书纪年》，一条见于《鬼谷子·午合》。我对这类故事做过一点儿考证，这里简单说一下。

据说，伊摯当间谍，曾五次投靠汤，五次投靠桀。汤派伊尹入夏，曾追射伊尹，用苦肉计取得夏桀的信任。夏桀有内宠琬、琰，外宠曲逆，疏远妺喜。伊摯入夏，用反间

1　《汉书·艺文志·诸子略》小说类还有《伊尹说》《鬻子说》，可能也收这类故事。

计，从妺喜获得很多情报，帮商汤推翻夏朝。

吕牙当间谍，也是三次投靠文王，三次投靠商纣。[1]

伊挚、吕牙是商周两朝的开国元勋，古人说“伊、吕”“管、晏”“萧、曹”，都是贤臣的代名词。其中最有名就是“伊、吕”，但《用间》却说，他们是间谍。

《孙子》把“伊、吕”说成间谍，是为了强调间谍事业的伟大。这对道德先生是很大的刺激，他们受不了，特别是宋人，他们受不了。他们说，伊、吕是商周圣人，他们怎么可以三番五次叛变投敌当间谍？这是亵渎圣人。所以，宋人郑友贤曾为之辩。他说：

> 或问：伊挚、吕牙，古之圣人也，岂尝为商、周之间邪？武之所称，岂非尊间之术而重之哉？曰：古之人立大事，就大业，未尝不守于正；正不获意，则未尝不假权以济道。夫事业至于用权，则何所不为哉？但处之有道，而卒反于正，则权无害于圣人之德也。盖在兵家名曰间，在圣人谓之权。汤不得伊挚，不能悉夏政之恶；伊挚不在夏，不能成汤之美。武不得吕牙，不能审商王之罪；吕牙不在商，不能就武之

1　参看：李零《〈孙子〉十三篇综合研究》，438—440页。案：这一考证，最初是发表在拙作《读〈孙子〉札记》中，该文写于1989年4月，旋提交首届“孙子兵法国际学术讨论会”（山东惠民，1989年5月22—25日），收入《孙子新探——中外学者论孙子》（北京：解放军出版社，1990年2月）189—206页。吴九龙等编《孙子校释》（北京：军事科学出版社，1990年9月）249页也提到这些线索，在拙作之后。

德。非此二人者，不能立顺天应人伐罪吊民之仁义，则非为间于夏商而何？惟其处之有道，而终归于正，故名曰权。兵家之间，流而不反，不能合道，而入于诡诈之域，故名曰间。所谓以上智成大功者，真伊、吕之权也。权与间实同而名异。（见宋本《十一家注孙子》附《十家注孙子遗说并序》）

这里，“假权济道”说，是本之《司马法·仁本》。宋人为了贬低《孙子》，经常是借《司马法》压《孙子兵法》。

克劳塞维茨说“战争是政治的继续”，我国的讲法是“诡诈是仁义的继续”。

郑友贤的意思是，圣人用间是本之于“正”，不得已才用“权”。“仁义”是“正”，“诡诈”是“权”。圣人用间，“假权济道”，出于“正”，返于“正”，叫“权”，怎么干都合适。兵家用间，流于诡诈，不能回到“正”，不可以。这是保卫道德。

这个总结很有意思。

《孙子》论兵，不大讲人，书中一共只有四个人。

前面，专诸、曹刿是古代最有名的刺客。这里，伊尹、吕牙也是大名人，被《孙子》说成“上智为间”的典范。两个恐怖分子，两个间谍特务，都被《孙子》夸。这四个人，都是用来挑战道德。

前面，我们说过，“兵以诈立”对道德是个很大的挑战。“用间”是诈中之诈，它对道德是更大的挑战。

道德，古今中外，谁都讲。没人说，我是不讲道德的。但什么是道德？什么是大家公认的道德？归纳起来，十戒、八戒，就那么几条。这些道德训条能对付治国用兵的大事吗？不能。

古代人上人，全世界普遍，首先是宗教家，他们管灵魂，地位最重要。其次，是军人和政治家，他们是贵人。再其次才是近代的商人和企业家，他们是富人。

间谍是一种非常独特的角色。说起间谍，如果泛泛而谈，大家都怕，大家都骂，但骂是骂别人的间谍，不是骂自己的间谍。就像人拿狗骂人，骂都是骂别人的狗，绝不是骂自己的狗。自己的狗不一样，亲得不得了。

事亲交友是小事，治国用兵是大事。大事怎么讲道德，是个大问题。

最后，顺便说一下，“昔殷之兴也，伊挚在夏；周之兴也，吕牙在殷”，今本只讲两大间谍，银雀山汉简本不一样，这四句下还有四句，是作“〔□之兴也，□〕率师比在陉；燕之兴也，苏秦在齐”，[1]不是两大间谍，而是四大间谍。

苏秦，大家很熟悉，他是传太公阴谋的大外交家。上面，我们说过，现代的间谍，很多是外交家。其实，古代也

1 “〔□之兴也，□〕率师比在陉”，待考。“燕之兴也，苏秦在齐”，“燕”字前面有句读。

是如此。战国时期，国际关系很复杂，螳螂捕蝉，黄雀在后，不伐交，没法打仗。当时的外交家，不光是一般的外交使节（行人、宾客、使者），很多还擅长游说，古人叫纵横家。比如苏秦，挂六国相印，就是有名的国际间谍。

苏秦的著作在哪儿？《汉书·艺文志》里有本叫《苏秦》的书，已经失传，但我国著名目录学家余嘉锡先生考证，今《鬼谷子》是汉代《苏秦》三十二篇中的一部分。大家要研究外交阴谋，一定要研究《鬼谷子》。另外，《战国策》和马王堆帛书《战国纵横家书》，也是研究苏秦的必要参考。

当然，这里增加的两大间谍，孙武是不可能见到的，见到的话，就成了侯宝林说的“关公战秦琼”。这种情况，在古书体例的研究上是叫“增益”，同样的例子，其实很多。我们既不要以偏概全，仅凭个别词句，就说《孙子》是伪书，也不要误判增益之文为古已有之。它们肯定是后人加上去的。但什么时候加上去，要具体问题具体研究。比如这一条，我们可以肯定的是，它比孙武晚，但绝不会晚于汉武帝时期，也不会早过苏秦活动的战国晚期。